障害者雇用と
ディスアビリティ・マネジメント

二神恭一＋二神常爾＋二神枝保 著

中央経済社

はしがき

「異成分（heterogeneity）からなるひとつの全体」，そして各成分のウェル・ビーイングというのは，いま世界にとっても，社会にとっても，個々の組織にとっても，留意すべき考え方になっているのではないか。ある成分を切り捨てたり，隔離したり，分離したりするのは，決して問題の解決にはならない。今日の世界の情勢，社会の実情をみると，そう思わざるをえない。一方において参加，共同決定，産業クラスター，インテグレーション，インクルージョンという表現もよく使われるようになり，そうした具体的システムも構築されるようになって，分野によっては，それが「メインストリーム」にもなってきている。

雇用の分野では，女性，高齢者，外国人，マイノリティなどの活用は次第に増えている。本書では，インクルージョンのコンセプトを意識して障害のある人の雇用や活用の問題を取り上げる。インクルージョンには，現行の社会・経済システムの中で，これまで閉め出してきた異成分に対し，扉を開いて活動の場をつくるという意味をこえた含意がある。「異成分からなるひとつの全体」，ダイバーシティという考え方を生かすには，相応の社会的イノベーションを行う覚悟が要るであろう。福祉論というよりも，社会経済や組織のこれからのあり方として，障害者雇用とディスアビリティ・マネジメントを議論したい。

障害のある人の雇用問題は昨今にわかに浮上した新しいテーマではない。第1次世界大戦後に最初の障害者雇用の波が到来し，その波の中において近代的な障害者雇用システムの構築がはじまった。この問題で先行したドイツでは1920年に「重度障害者雇用法」を制定し，義務的雇用率，厳しい解雇制限などを定めた。第2次世界大戦後，1953年に旧西ドイツにおいて戦前と同じ名称の「重度障害者雇用法」が成立し，障害者雇用調整金・納付金制度が加わったり，重度障害者代表制の整備などを行った。日本でもドイツ・モデルを視野に入れて1960年に「身体障害者雇用法」が生まれた。

そしていま，障害者雇用問題があり，またディスアビリティ・マネジメントの発展がある。障害者雇用の支援システムの整備が一段とすすみ，支援も多様化し，複雑化してきた。以前に比しての今日の特徴は，そうした多様化・複雑化にも求められるが，なんといってもグローバルなレベルで方向性が打ち出されていることであろう。具体的なものは国連の障害者権利条約（コンヴェンション）であり，そのインパクトは非常に大きい。そこでは，重度障害の人，身体障害のある人だけでなく，障害のある人すべての人の基本的人権がうたわれ，障害のある人にはウェル・ビーイングのための就労の権利があることが強調されている。この権利をよりよく行使できるように，本人も努力し，周囲も支援するという人権ベース・アプローチが，今日の国際的な流れになってきている。同時に，欧米では企業の事業所でもディスアビリティ・マネジメントに対する関心が高まり，しごとの維持（ワーク・リテンション）だけでなく，国連の障害者権利条約を受けて，障害等の理由で職場を離脱した従業者のしごと復帰，RTW（リターン・ツー・ワーク）のプログラムもつくられるようになった。もっとも，障害者権利条約では，人権に対する侵害も，差別もなお多くあることをみとめ，差別を解消していく努力が続けられなければならない，という。

　近年の障害者雇用，ディスアビリティ・マネジメントに関する動きの背景には，人口減少の中での労働力人口のダウンや，増大する社会保障費問題もあろう。ドイツには「しごとからの離脱と年金よりも，雇用を」というスローガンがある。労働力人口減，増大する社会保障費という事態は今後も続くであろう。

　本書をまとめるに至った経緯にも，少しふれておきたい。3つのきっかけがあった。まず，近代的な障害者雇用の法制化はワイマール時代に，企業の事業所における従業者代表システム，従業者参加システムのそれと同時期にスタートした。その後，両者は関連しつつ雁行して発展し，ドイツでは今日，ともにビッグなシステムとして揺るぎない存在になっている。従業者参加システムを少し研究してきた二神恭一は，障害者雇用システムの発展についても，無関心たりえなかった。本書においてドイツのシステムがしばしば登場するのは，むろんドイツが障害者雇用システムの構築において先行していたこともあるが，以上のような自らの関心事にもよる。

次に，共著者の二神枝保は，2007年10月から1年間，国際交流基金の知的交流フェローシップで，ILO（国際労働機関）とチューリッヒ大学に客員教授として招聘された。その間，二神恭一はそれらの機関を訪れる機会があったが，ディスアビリティ・マネジメントという言葉をよく耳にした。スイスのドイツ語圏の企業の事業所では，これが導入されて間もない時期で，話題になっていた。障害者雇用がこのようなかたちで，展開されようとしていることに，すこぶる興味をもった。これまで，企業をはじめ，ほとんどの組織はアビリティがある者を選んでメンバーとし，しごとを担当させ，あるいはしごとを競わせるというアビリティ・マネジメントの世界の中で業務を行っていたわけであるが，いまや時代の要請として，ディスアビリティ・マネジメントにも取り組まざるをえなくなった，と思えたのである。

　さらに，勤務する公益財団法人荒川区自治総合研究所は荒川区のシンクタンクであるが，西川太一郎区長の強い思いがあり，同研究所では2010年春に「親なき後の支援に関する研究プロジェクト」を立ち上げ，障害のある人，とくに知的障害のある人に対し調査研究を行い，2013年夏に報告書をまとめた。自らも調査研究，報告書の執筆に大いに関与するという，まことに貴重な機会を得た。「親なき後」の問題とは，とりわけ知的障害のある人は，親との同居率が高く，その分なんらかの理由で親の世話を受けられなくなったときのインパクトが非常に大きく，この事態にいかに対応するか，地域・行政はどのような支援ができるかというものである。報告書では，当人と家族が，置かれているそれぞれの状況の中で，前もってそのときに備え個人別ライフプランを策定すべきであるということ，地域と行政は障害のある人・家族による個人別ライフプラン策定に際しての相談に十分に応じうるシステムを構築すべきこと，また住まい，しごと能力の形成・就労，成年後見等の支援メニューをいっそう充実させるべきことを提言した。個人別ライフプランの重要な構成成分のひとつは，少しでも可能性があるなら，しごと能力を形成し，就労とむすび付けるプランである。本書は障害のある人のしごと能力の形成，就労の問題を，より一般的なかたちで取り上げたことになる。いずれにしても，この研究プロジェクトに深くかかわるというこの得難い経験がなければ，本書を執筆する気持ちは生じなかったであろう。

本書の粗稿は主に二神恭一が執筆した。ただ，執筆する段階において文献・資料の探索・収集，資料の整理，作図，計算，それらに伴う補筆などは二神常爾に負うところが非常に大きかった。彼の誠実な助力がなければ，本書は決して出来上がらなかったであろう。また執筆をすすめる中で，ケース・スタディの実施・分析，データの収集・分析などが必要になった。こうした作業を二神枝保が担ってくれた。具体的には，一般社団法人企業アクセシビリティ・コンソーシアム（ACE），横浜国立大学教育人間科学部附属特別支援学校，社会福祉法人・電機神奈川福祉センターぽこ・あ・ぽこ，株式会社ニッパツ・ハーモニー，GEジャパン株式会社，株式会社ニコンつばさ工房，株式会社エフピコについてケース・スタディを行った。これらは，平成28年度文部科学省科学研究費補助金基盤研究（C）（課題番号 16K03856）「戦略的人材開発の日欧比較研究」（研究代表者　二神枝保）の研究成果の一部になる。

　親子3人が協力し，本書が出来上がったというのが実感であり，少なからざる感慨がある。本書を3人の共著としたゆえんである。

　　　　　　　　　　　　　　　　　　　　　　　　2016年12月
　　　　　　　　　　　　　　　　　　　　　　　　執筆者代表　二神恭一

謝　　辞

　本書の公刊においては，大勢の方々のご厚意，ご理解，ご協力に負うところが大きいと存じます。

　荒川区長・公益財団法人荒川区自治総合研究所理事長西川太一郎氏には日頃ご高配を賜っているうえ，「はしがき」でのべたように，障害者問題に取り組むきっかけをつくって下さったことに謝意を表します。また，荒川区，荒川区自治総合研究所，荒川区社会福祉協議会，障害者団体の方々からも，多くのご教示とご協力を頂いたことについてお礼を申し上げます。とくに小澤あや女荒川区心身障害児・者福祉連合会会長，高村デンNPO法人かがやき理事長，佐藤安夫荒川区副区長，北川嘉昭副区長，高梨博和教育長，猪狩廣美総務企画部長，山形実前福祉部障害者福祉課長，長田七美前荒川区自治総合研究所副所長，檀上和寿同副所長，三嶋重信荒川区社会福祉協議会会長，藤田満幸前同事務局長，同鈴木訪子地域ネットワーク課長，藤本賢治同就労・生活支援コーディネーターには大変お世話になりました。

　「はしがき」でのべたように，筆者たちはスイスにおいてディスアビリティ・マネジメントに関心をもつに至ったのですが，そうした機会が得られたのは，Backes-Gellnerチューリッヒ大学教授のおかげであり，同教授に謝意を表します。また，ジュネーブのILOのRaymond Torres所長には，いつも貴重な情報と問題意識をご教示頂いておりまして，心よりお礼申し上げます。さらに，ドイツの連邦雇用機構のDirk Richter氏からは，同国の事情に関し，多くのご教示を頂きました。照会する度に，ご丁寧なお答えを頂戴し，まことにありがとうございました。

　本書では多くのケースを取り上げました。その中のいくつかの先進的なケースについては，村木厚子前厚生労働事務次官からご紹介・ご助言を頂きました。同氏に厚くお礼を申し上げます。

　一般社団法人企業アクセシビリティ・コンソーシアム（ACE）の取材では，

GEジャパン株式会社人事部マネジャー安藤美智子様から，東京都立永福学園高等部就業技術科の教育については，朝日慈也校長先生ならびに高等部就業技術科学部主幹の西村健先生から，また，横浜国立大学教育人間科学部附属特別支援学校では，校長渡部匡隆先生，副校長中戸川伸一先生，進路指導担当教諭青木実先生から貴重なお話を伺いました。厚くお礼を申し上げます。なお，青木先生には，ぽこ・あ・ぽこ，および株式会社ニッパツ・ハーモニーをご紹介頂き，両事業所にご同行下さいまして，感謝申し上げます。

　福祉作業所関連では，社会福祉法人荒川のぞみの会・作業所ボンエルフの内藤良一施設長，荒川区立荒川生活実習所及び荒川福祉作業所の福田めぐみ施設長，社会福祉法人・電機神奈川福祉センターぽこ・あ・ぽこの三杉礼美支援課長，社会福祉法人めだかすとりぃむ・すいーつばたけの山下敏夫理事長ならびに山下朋和所長から，それぞれ多くのご教示を頂きました。厚くお礼を申し上げます。

　特例子会社に関しては，株式会社ニッパツ・ハーモニーの大田辰夫管理部長，株式会社ニコンつばさ工房元代表取締役社長・VSNビジネスサポート（株式会社VSN特例子会社）専任アドバイザー・障害者職業生活相談員・職業コンサルタント・産業カウンセラー・心理アドバイザー森藤武様，株式会社ニコンつばさ工房現代表取締役社長酒井信治様，株式会社ニコン顧問金澤健一様から，一般企業については株式会社図書館流通センターの小堀淳経営管理次長，GEジャパン株式会社の前記の安藤美智子様，合同会社セグチパッケージの瀬口高雄会長，株式会社エフピコ執行役員　総務人事副本部長　特例子会社・就労継続支援A型事業管掌兼　環境対策室管掌　兼　法務・コンプライアンス統括室管掌　西村公子様，総務人事本部　特例子会社・就労継続支援A型事業担当チーフ　長塚幸子様，株式会社ダックス四国　福山工場　障がい者雇用責任者　旦田久美様，エフピコ愛パック株式会社　福山工場　管理者　石川令様からそれぞれ，具体的なお話を伺うことができまして，感謝申し上げます（肩書はインタヴュー当時のもの）。なお，一般社団法人障害者雇用企業支援協会（SACEC）障害者雇用企業相談室障害者雇用アドバイザーの丹下一男様，同上の小川保様には，株式会社ニコンつばさ工房元代表取締役社長森藤武様をご紹介頂きまして，お礼申し上げます。

謝　辞

　以上，多くの方々からたくさんのご教示を頂きましたが，本書は二神恭一，二神常爾，二神枝保の個人的な研究であって，文責は3人にあります。

　本書の出版をお引き受け頂いた，中央経済社ホールディングス　最高顧問の山本時男氏，ならびに会長の山本継氏，社長の山本憲央氏には，深甚の謝意を表します。また，本書の編集や校正を担当頂いた経営編集部副編集長の酒井隆氏をはじめとする関係各位にも，併せてお礼申し上げます。

　また，日頃もそうであるが，とくに本書に3人が取り組んでいる間，妻の文子，常爾の妻玲子，枝保の夫である斉藤遵にも大いに支えてもらった。このことを感謝の気持ちをこめて，記しておきたい。

2016年12月

二神恭一
二神常爾
二神枝保

　本書のカバー表紙には，ねむの木学園のやましたゆみこさんが長い時間をかけ丹念に描いた素晴しい絵「みんなであそびに行ったら，黄色い木を1本みつけたの」を使わせて頂きました。やましたゆみこさんと，このことでお骨折り下さったねむの木学園長の宮城まり子先生に厚くお礼を申し上げます。

目　次

はしがき　i
謝　辞　v

第Ⅰ章　障害者雇用問題とその背景 ………… 1

1　就労弱者？ ——————————————————————— 1
2　国際的な動きの中の日本 ———————————————— 2
3　ウェル・ビーイング —————————————————— 4
　　3-1　ウェル・ビーイングとしごと・4
　　3-2　障害のある人のウェル・ビーイング・7
4　人口減少社会 —————————————————————— 11
　　4-1　少子高齢化・11
　　4-2　増大する社会保障費・13
5　日本の障害者雇用の実状 ———————————————— 15
6　障害のある人 —————————————————————— 17
　　6-1　『障害者白書』の人数・17
　　6-2　荒川区の障害者手帳所持者・19
7　障害とは，障害があるとは —————————————— 21
　　7-1　医学モデル，社会モデル，バイオ-サイコ-
　　　　　ソーシャル・モデル・22
　　7-2　法的規定・24
　　7-3　障害の期間・26
　　7-4　障害グレード・27
8　障害と日常生活と就労 ————————————————— 28

第Ⅱ章　近代的障害者雇用の はじまりと発展 ……… 35

- 1 近代以前と障害のある人 ──────── 35
  - 1-1 Garland 研究・35
  - 1-2 産業革命をはさんで・37
- 2 ドイツの1923年の「重度障害者雇用法」──── 39
  - 2-1 生活援護主局・39
  - 2-2 重度障害者雇用の義務化・41
  - 2-3 職場での重度障害のある者の利益擁護・43
  - 2-4 ワイマール時代という背景・44
- 3 ドイツ西部の製鉄企業の事業所の実施状況 ──── 46
- 4 1953年の「重度障害者雇用法」と 1974年のいわゆる「重度障害者法」──── 48
  - 4-1 「重度障害者雇用法」・48
  - 4-2 いわゆる「重度障害者法」・50
- 5 日本の「身体障害者雇用促進法」──── 52
  - 5-1 法的システム・52
  - 5-2 日独の異同・55
- 6 障害者雇用と企業と事業所 ──── 56
  - 6-1 経営社会政策論の考え方・56
  - 6-2 障害者雇用の内部化の途・59
  - 6-3 ACEの取り組み・60
  - 6-4 制度的環境・65
- 7 障害者雇用とディスアビリティ・マネジメント ── 69
- 8 インテグレーション，インクルージョン， ダイバーシティ ──── 72

第Ⅲ章 障害のある人に向けた雇用の制度的枠組み ……… 79

1 ハビリテーションとリハビリテーション ——— 82
 1-1 「ドイツ社会法典第9編・障害者のリハビリテーションと参加」の考え方と給付・82
 1-2 日本の職業リハビリテーションの枠組み・85

2 労働市場の外側の作業所 ——— 87
 2-1 ドイツの場合・87
 2-2 日本の場合・89

3 クォータ・システム（法定雇用率）——— 91
 3-1 ドイツの法定雇用率・91
 3-2 日本の場合・93

4 特例子会社等 ——— 95

5 障害者雇用調整金等・納付金システム ——— 97
 5-1 ドイツの方式・97
 5-2 日本の方式・99

6 ジョブコーチ ——— 101
 6-1 ドイツのインテグレーションのための専門支援員・102
 6-2 日本のジョブコーチ・105

7 インテグレーション・プロジェクト，インテグレーション企業 ——— 106

8 「使用者の義務と重度障害のある者の権利」，合理的配慮，インテグレーション協定 ——— 108

9 重度障害者代表制 ——— 111

10 解雇規制 ——— 113

11 インテグレーション機構と連邦雇用機構 ——— 114

第IV章　しごと能力と特別支援教育 ……… 119

1　しごと能力 ————————————————— 120
2　Heckmanモデル ————————————————— 123
 2-1　二元モデル・123
 2-2　時間的進化モデル・125
 2-3　子どものときが大切・126
3　キャリア発達モデル ————————————————— 128
4　特別支援教育 ————————————————— 132
 4-1　特別支援教育の流れ・132
 4-2　特別支援学校と特別支援学級・133
 4-3　特別支援学校―ケースⅠ　横浜国立大学教育人間科学部附属特別支援学校―・136
 4-4　特別支援学校高等部―ケースⅡ　東京都立永福学園―・139
 4-5　特別支援学級と通級指導学級・144
5　ドイツの特別支援教育 ————————————————— 146
6　特別支援学校高等部の役割 ————————————————— 152

第V章　福祉作業所 ……… 161

1　福祉作業所とはいかなるところか ————————————————— 161
2　日本の福祉作業所の生成 ————————————————— 165
 2-1　親の会の苦闘・165
 2-2　荒川福祉作業所のケース・169
 2-3　ぽこ・あ・ぽこのケース・172
  (1)　就労移行支援事業と就労状況について・174
  (2)　就労継続支援事業B型と工賃の向上・175
  (3)　自立訓練事業（生活訓練）とモティベーションの向上・176
  (4)　ケースの特徴・177

3　ドイツの障害者作業所モデル ──────────── 177
　3-1　職業リハビリテーション・システムとしての
　　　 障害者作業所・177
　3-2　障害者作業所の課題・180
4　福祉作業所と工賃とマネジメント ──────── 182
　4-1　工　　賃・183
　4-2　マネジメント問題・187
　4-3　福祉作業所とコラボレーション・190
5　福祉作業所の今後のあり方 ──────────── 190

第Ⅵ章　一般労働市場における障害者雇用 ⋯⋯⋯ 195

1　一般労働市場参入のむずかしさ ──────── 195
　1-1　就労支援・195
　1-2　就労チャンネルの多様性・196
2　就労支援クラスター ─────────────── 197
　2-1　市区町村と就労支援・197
　2-2　じょぶ・あらかわの登録者・203
3　特例子会社 ───────────────────── 206
　3-1　概　　況・206
　3-2　特例子会社のケース・207
　　（1）　株式会社ニッパツ・ハーモニーのケース・207
　　（2）　株式会社ニコンつばさ工房のケース・211
4　株式会社エフピコのケース ──────────── 219
5　一般会社就労の場合 ─────────────── 224
　　（1）　株式会社図書館流通センターのケース・224
　　（2）　GEジャパン株式会社のケース・225

（3）合同会社セグチパッケージのケース・229

　6　ドイツのインテグレーション・プロジェクト ——— 230

　　6-1　イニシアティブ「ジョブ−バリアフリーのジョブ」・231

　　　（1）職業教育実習所との「かみ合った職業教育」
　　　　　プロジェクト・233

　　　（2）ヒュンゲリンク・ロウターのケース・234

　　　（3）プレボブ・プロジェクト・235

　　6-2　積極組織におけるベスト・プラクティス・236

　　　（1）職業教育分野・236

　　　（2）雇用分野・237

　　　（3）予防分野・238

　　6-3　インテグレーション・プロジェクトの近況・239

　7　一般労働市場での就労をすすめるための要点 ——— 240

第Ⅶ章　ディスアビリティ・マネジメント …… 243

　1　はじめに ——— 243

　2　ドイツのインテグレーション・マネジメントと実態 ——— 244

　　2-1　インテグレーション・マネジメントとはなにか・244

　　2-2　Niehaus調査・246

　3　ディスアビリティ・マネジメントとはなにか ——— 252

　　3-1　職場でのディスアビリティ・マネジメント・252

　　3-2　ディスアビリティ・マネジメントの諸領域・255

　4　Geisen等によるスイス企業調査 ——— 258

　　4-1　調査対象・258

　　4-2　導入の動機と時期・260

　　4-3　対象となる従業者・261

4-4　施策とアウトカム・264
5　マネジメントとしてのディスアビリティ・マネジメント ────── 266
6　ケース・マネジメント ────── 268
7　アクション・リサーチ ────── 270
8　日本の「健康経営銘柄」────── 272
　　8-1　安全・衛生，健康のマネジメント・272
　　8-2　RTWに向けて・278

索　引 ────── 283

第 I 章

障害者雇用問題とその背景

1　就労弱者？

　世の中にはしごと能力が高く，すぐに就職ができて，ばりばり業務をこなして，職場の管理者をはじめ同僚，後輩からも頼りにされている人がいる。そして職層の上方へと昇っていく。一方において，なかなかしごとに就けない人，いったん就労しても続かない人もいる。しごと能力があっても，障害[1]があったり，病弱であったり，家庭や社会的状況などにより，それを十分開花できない人がいる。
　これまで一般の目はとかくしごと能力を大いに発揮し，活躍している人のほうに向き勝ちであった。このタイプの人が中心になって経済，社会は回っていくと考えられていて，就労弱者，しごと弱者が関心事になることは，あまりなかったのではないか。しかし，ここにきて，就労意欲が弱い，あるいは就労してもすぐ辞めてしまう若者，体力の衰えた高齢者の雇用のあり方，貧困世帯の母親と子どもの就労力，しごと能力の形成問題などが，トピックになってきている。同時に，そうした人びとには本当にしごと能力がない，あるいは低いのであろうか，そんな問題も提起されている。
　たとえば，貧困問題，とくに子どもの貧困・社会排除（social exclusion）問題がある。2011年に日本の厚生労働省と国立社会保障・人口問題研究所ははじめて相対的貧困率と子どもの相対的貧困率を公表した[2]。日本人の多くは，貧

困が遠い国々のことではなく，自分たちの身近なところに，ごく一般的に存在することを知らされたわけであるが，相対的貧困率と子どもの相対的な貧困率は双方ともその後も上昇を続けている。子どもの貧困・社会排除は実に複合的で構造的な問題であるが，その大きな因子は親のしごと能力開花の問題であり，とりわけ母子世帯の母親の就労に際しての弱さであるというエビデンスがある[3]。しかも，子どもの学力・しごと能力の形成にとって「不利な家庭」(Cunha & Heckman, 2008)[4]のアウトカムは，例外も多々あるにしても，就労弱者・しごと能力弱者である。つまり，いわゆる「貧困の連鎖」であり，就労弱者はまた就労弱者を生む。しかし，どうしてそうなるのか。そうした人びとが就労力，しごと能力を身に付けるにはどうしたらよいのか。いかなる支援が必要か。

ここで取り上げようとしているのは，障害のある人の就労・雇用問題である。障害のある人も，例外は多々あるにしても，就労弱者，しごと能力弱者だと思われているのではないか。

次節において詳しく述べるが，障害のある人とは必ずしも公的に認知された，各種障害手帳を交付された人にかぎられるものではなかろう。ただ，障害者雇用の支援の法的枠組みの対象となるのは主に，公的に認知された人びとである。障害のある人について，法的規定をこえてひろくとらえる必要があるが，雇用問題に関してはそうしたデータはあまりない。ひとまずは，公的に認知された障害のある人を中心とした議論にならざるをえない。

2 国際的な動きの中の日本

近年，障害のある人の就労・雇用の推進が国際的な流れになっている。国際労働機関（International Labor Organization：ILO）の報告書（2007年）によると，「20世紀の最後の10年間から21世紀のはじめにかけて，世界の多くの国の政府は，障害のある人に対する雇用機会を拡大する努力をしている」[5]（序文）。

障害者雇用がクローズアップされたのは，今回がはじめてではない。次章で述べるが，国際的にみると，少なくとも第1次世界大戦後に，障害者雇用の第

1波があった。戦争が大量の身体障害者をつくり出すわけで，戦勝国も敗戦国も傷痍軍人をはじめ戦傷者への対応に追われた。ただ日本は第1次世界大戦に参戦はしたものの，幸いに大きな戦いはしないですんだために，他国のように障害者雇用問題はこのとき必ずしも浮上しなかった。ちなみに，第2波は1950年代から60年代当初にかけてである。

これに対し，今日なぜ，障害者雇用なのか。第3波の到来にはいくつかの背景がある。前回あるいは前々回とは異なった背景で事態は動いている。ひとつは，1981年の国際障害者年（International Year of Disabled Persons）にはじまる障害のある人の問題に対する国際的気運の高まりである。国際障害者年は1976年の国際連合第31回総会で決議されたものである。1979年には完全参加と平等をうたった国際障害者年行動計画が採択された。

この動きの基本的考え方はいまふれたように，障害のある人の「完全参加と平等」であった。参加とは排除（exclusion）の反対概念であって，様々な生活・社会分野に関与していくことであり，インテグレーション，インクルージョン（inclusion）の問題になる。そして，障害のない人と対等に共生をしていく。（社会）参加というとき，その最たるものが，労働市場，職場・しごとへの参加であり，そこでの平等が担保されなければならない，というわけである。それは障害のある人のウェル・ビーイング（well-being）の問題にもなる。

その後の国際的な大きな動きとしては，2006年に第61回国連総会で採択された「障害者権利条約」（Convention on the Right of Persons with Disabilities）の問題がある[6]。同条約第1条では，「条約の目的が障害のあるすべての人がすべての人権と基本的自由を完全に，平等に享受することを促し，守り，保証し，本来の尊厳に対しての尊敬を促すこと……」（The purpose of the present Convention is to promote, protect and ensure the full and equal enjoyment of all human rights and fundamental freedoms by all persons with disabilities, and to promote respect for their inherent dignity. ……）だとしている。そこでは一般的原則と義務がうたわれるとともに，様々な生活分野にわたって，障害のある人の権利が促進され，守られ，保証されるべきだという。障害のある人はハビリテーション・リハビリテーション（第26条）や労働・雇用（第27条）の分野でも，障害のない人と同等の権利を有する。「……障害の

ある人には，障害のない人と同等の基礎に立ち，働く権利を認める。これは障害のある人に開かれ，インクルーシブでアクセスできる労働市場・作業環境の中で自由に選択し，受け入れた労働によって生計を営む権利をふくむ。……雇用中に障害を有するにいたった人もふくめ，働く権利の実現を担保し，促進するものとする」。日本では2013年に「障害者権利条約」が批准された。

「障害者権利条約」は2013年において約140ヶ国がこれを批准しているという。この条約がひろく認められる中で，障害のある人の権利という表現も拡がってきている。障害のある人の状況を改善しようという動きは，今日，たんなる参加とか平等というレベルをこえて，人権問題として提起される事態に到達したのである。就労，雇用の分野においてもそうである。

こうした国際的な人権ベース・アプローチの動きを受けて日本の政府も1980年に国際障害者年推進本部を設け，それに関連する諸事業を推進した。政府の動きに呼応して，自治体も動いた。たとえば東京都の場合も，同じ1980年に国際障害者年推進本部を設置し，東京都心身障害者対策協議会に対し，障害のある人に対する支援のあり方について諮問をした。ちなみに，東京の荒川区が障害者福祉課を設けたのは1981年である。日本では1960年に「身体障害者雇用促進法」が制定されていたが，後述するように，障害範囲の拡大や雇用率の義務化などの措置がとられた。自治体でも，障害のある人の就労支援が開始された。「障害者権利条約」に関しても，政府は障害のある人にかかわる様々な法律について「障害者権利条約」の考え方を盛り込む方向で改正を行った。

3　ウェル・ビーイング

3-1　ウェル・ビーイングとしごと

今日，人権ベース・アプローチに呼応するかのように，いまひとつの重要なアプローチが浮上している。ウェル・ビーイング（well-being）がそれである。障害のある人は，自分の生活やその様々な分野の状況について，どんな認知をし，また感情をもっているのか。参加，平等，共生，自立といった理念や，障害基礎年金の受給率，雇用者数などの客観的データは，障害のある人の状況を

判断するうえで，むろん非常に重要だが，障害のある人がどんな思いをしているかについての，主観的な（自己報告の）情報も大切である。主観的情報については，たとえば支援施策に対する満足度調査あるいは意向調査などは，従来行われることがあった。荒川区も障害のある人に対して満足度調査を行い，その結果を障害者福祉をすすめるうえで参考にしている。これから取り上げる主観的ウェル・ビーイング（subjective well-being：SWB）とその調査は，特定の支援施策についてというよりも，もっと一般的なかたちの，また包括的なものである。

ウェル・ビーイングは幸福（happiness）とも表現されることが多い。ウェル・ビーイングの大部分はライフ・サティスファクション（life satisfaction：LS）だともいわれる。要するに，さきにふれたように，ウェル・ビーイングは，自分の生活の様々な事柄についてのある時点でのプラスの認知や感情のことである。ウェル・ビーイングは20世紀の最後の4半期から今世紀にかけてのエウダイモニズム（幸福主義）が台頭した中での主要コンセプトである。この議論は大昔からある幸福論のたんなる現代版だというよりは，19世紀からの啓蒙主義（enlightment）のコンテクストにおいてとらえるべきものだと思うが，ここではその議論はしない。

ウェル・ビーイングに関し，一般論としては「ビッグセブン」が知られている（たとえばLayard, 2005, p.57）[7]。ビッグセブンとは家族関係，経済状況，しごと，友人等ひととの絆，健康，ならびに個人の自由，個人の価値（パーソナル・ヴァリュー）である。これらの因子が人のウェル・ビーイングの大きな源泉だという。

本書のテーマである就労，雇用からみると，一般論としてしごともウェル・ビーイングの重要な源泉をなしている，ということになる。こんな実証研究もある。Di Tellaたちは欧米の大勢の人びとの1970〜90年代のウェル・ビーイング（Di Tellaたちはライフ・サティスファクションという表現を用いている）について，ユーロ・バロメータ・サーベイやアメリカの一般社会調査等のデータを使って，しごとをもつ人とそうでない人（ただし，年金生活者，学生，いわゆる専業主婦は除いてある）の対比を行っている（Di Tella et al., 2003）[8]。図表Ⅰ-1は，ユーロ・バロメータ・サーベイのほうの27万1,224人のライフ・

●図表Ⅰ-1　しごとをもつ人とそうでない人との平均的ライフ・サティスファクションの対比

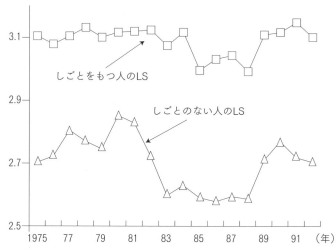

（注）　LSの尺度は1～4。
（出所）　Di Tella et al. p.822.

●図表Ⅰ-2　GAHに関するアンケート調査の結果

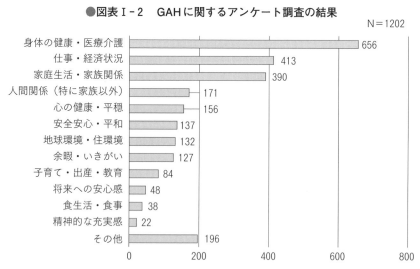

（出所）　荒川区,「平成26年度荒川区民総幸福度（GAH）に関する区民アンケート調査」より。

サティスファクションを示すものである。同図表によると，しごとをもつ人とそうでない人とのライフ・サティスファクションのちがいは各年において大きい。

図表Ⅰ-2は，荒川区での荒川区民総幸福度（Gross Arakawa Happiness：GAH）に関する区民アンケート調査の結果である（複数回答）。幸福にとっての重要因子として，「身体の健康・医療介護」に次いで，「仕事・経済状況」が挙がっている[9]。3番目には「家庭生活・家族関係」が挙がっている。これらの因子がウェル・ビーイングのビッグスリーである。

3-2　障害のある人のウェル・ビーイング

以上は一般の人びとに関してのウェル・ビーイングの状況であるが，ウェル・ビーイングにとってしごとが重要な意味をもっていることがわかる。ウェル・ビーイングの研究には，障害のある人についてのものも数多くふくまれている。障害のある人の場合，すでに健康上の問題がある。すでにふれたように，健康はウェル・ビーイングを規定する大きな因子である。健康上の問題があると，しごと関連をふくめて，活動に制約が生じ，ほかの因子にも影響がでる。

以前においては，障害のために人がうつになったり，精神が不安定になったり，自尊心を傷つけられたり，不幸を感じたりするといった実証研究がよく行われてきた。こうした研究は今日も行われていて，たとえばNymanたちの視力低下による心理的，社会的インパクトの研究（2010）[10]の中で，その一端を知ることができる。ただ，近年はポジティブ心理学[11]の流れがつよくなって，そうしたマイナスの認知，感情の問題を，ウェル・ビーイングのそれと絡めて論じるようになっている。第Ⅱ章においてふれるストレングス・ファインダーの技法も，ポジティブ心理学に立脚するものである。Nymanたちの研究も，そうしたコンテクストでも位置づけることができる。

イギリスでは2008年に18～64歳（スコットランドは16～64歳）の労働力人口において約8万人が視覚障害をもつとされ，年齢の高い層ほど，視覚障害のある人の割合が高くなるといわれている。さきにふれたNymanたちは2001～2008年のあいだにイギリスでなされた視覚障害関係の29の研究を調べ，視覚障害がうつ，精神不安定，社会機能の低下，そしてウェル・ビーイング

(Nymanたちの論文ではQOLと表現)にマイナスの作用を及ぼしているとして，それに対する支援が必要だと論じている[12]。

　PinquartとPfeifferはより広範囲に諸研究を調べて（198研究についてのメタ分析），視覚障害のある人とそうでない人との心理的ウェル・ビーイング（psychological well-being：PWB）を分析している[13]。同じウェル・ビーイングでも，SWBのほうは自分の生活の外的状況・条件についての認知や感情の問題であるのに対し，PWBはその人のより内面の認知や感情にかかわるものである。2人によると，視覚障害のある人のPWBは，そうでない人に比しかなり低い。しかし，視覚障害が影響を及ぼさない領域のPWBは，それほど低くはない。ただ，当然のことながら，サンプルや比較基準のとり方によって，立論はちがってくる。重い障害の人，また加齢黄斑変性の患者のPWBは低い，という。

　障害のある人の経時的なウェル・ビーイングについて有名な研究もある。OswaldとPowdthaveeは1996～2002年にかけて調査を行い，「障害はあるものの，家事，階段の昇り降り，衣服を着たり脱いだりの動作，少なくとも10分間の歩行といった日常の活動はできる」カテゴリーと「障害があり，上記の日常活動の少なくともひとつができない」カテゴリーに分け，前者については315人，後者は2,204人についてウェル・ビーイングを調べた（いずれもイギリスの家計パネル調査の中から選んで面接）[14]。2人はウェル・ビーイングではなく，ライフ・サティスファクションという言い方をしている。障害のない人との比較も行っていて，7段階評価によると，障害のない人が5.28（標準偏差1.27）に対し，前者のカテゴリーが4.69（標準偏差1.67），後者のそれが4.05（標準偏差1.78）であったという。

　OswaldとPowdthaveeは定点研究ではなく，経時研究を意図していて，障害になってから，時間の経過によって，ウェル・ビーイングがどのように変わるかが関心事である。その変わり方は様々である。**図表Ⅰ-3**はいくつかあるパターンのそのひとつであるが，いずれの場合も障害をもつことで，ウェル・ビーイングは大きく落ち込む。しかし，落ちたウェル・ビーイングはいつまでもその状態ではない。やがて少しずつ上昇していく。いわゆるヘドニック・トレッドミル（hedonic treadmill）現象である。いうところのトレッドミルとは

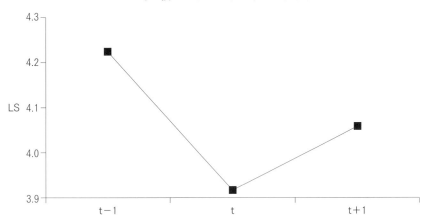

●図表Ⅰ-3　t時点において障害のある人になった人の
その後のライフ・サティスファクション

200人のケース。t-1の時点において平均ライフ・サティスファクションは4.2強であったが，突然障害のある人になって（t），それは3.9にダウンした。だが，t+1の時点になると，平均ライフ・サティスファクションは4.1近くまで戻った。
（出所）　OswaldとPowdthaveeの論文より引用。

はつかねずみ，ハムスターがかごの中で回している踏み車のことであり，ヘドニック・トレッドミルとは永遠にたどり着くことがないゴールを目指し，どんどん車を踏むうちに，だんだんとウェル・ビーイングが低下してくる現象のことである。逆に，辛いことも，時間が経過するうちに，辛さや痛みが和らいでくる。ウェル・ビーイングの問題には，そうした面がある（セットポイント理論）。辛さや痛みがなかなか癒えず，つまりウェル・ビーイングの上昇率が非常に低い場合もある。ウェル・ビーイングが障害前の水準に戻る場合は少なくて（そうしたパターンもある），多くの場合は元には戻らない。

　その際，上昇をはやめたり，底上げしていくのが支援である，といわれる。金銭，人との絆，可能な場合のリハビリテーションを通じてのしごと復帰（return to work：RTW）などの支援が効果的だとされている。とくに，RTWは本人の自信，自尊を取り戻すうえできわめて重要であり，同時にしごとは人との絆をつよめたり，報酬を得ることにもなる。

　知的障害のある人のウェル・ビーイング研究も注目すべきであろう。Hensel

たちは知的障害のある人とない人とのウェル・ビーイングの比較を行っている（Hensel たちは生活の質 Quality of life：QOL という表現をしている）[15]。Hensel たちは「物質的幸福」、「健康」、「生産活動」、「親密な交友関係」、「安全・安心」、「コミュニティ」、「感情的幸福」の 7 分野から幸福度を計測する「包括的 QOL 尺度」（Comprehensive Quality of Life Scale：ComQol）を用いている。ComQol で用いられる 7 分野に、「かかりつけ医」に関する質問を加えた計 8 分野について、各項目の重要度と満足度を尋ねたところ、「知的障害のある人は一般の人々と同じように高いレベルの満足度を示した」が、「健康」の分野だけは知的障害のある人のほうが非障害者よりも有意に低い数値になることが明らかとなった。また、各項目の重要度に関しては概して知的障害のある人のほうが高く評価している。このほか、知的障害のある人の PWB について、McGillivray, R. A. Cummins たちが開発した指標、PWI-ID（Personal Well being Index-Intellectual Disability）もある[16]。

　知的障害のある人のウェル・ビーイング調査に関しては、ひとつの問題がある。対象者に質問し、答えてもらうわけであるが、従来からそうした人の認知力、判断力には問題があるのではないかという指摘がある。

　K. Stalker と P. Harris によると、選択の機会が非常に少ないか、あるいは制限されているために、選択力が未発達のままになっているものの、重度の知的障害のある人をふくめ、すべての知的障害のある人は判断を行ったり、選好を示すための一定程度の選択力を有している[17]。「この研究からの重要な発見は、だれでもあるレベルの選択ができるという点である。重度の障害があっても、それははっきりと選好を示すこと、手早く選択することを妨げるものではない」（Stalker & Harris, 1998, p.70）。

　荒川区自治総合研究所では 2011 年に知的障害のある若者 8 人に対し、2 時間にわたり住まい、「親なき後」問題、就労などの質問に答えてもらうために、支援員 1 人も同席したうえで 1 人ひとりに質問を行った。8 人の愛の手帳のグレード（程度区分、支援区分）は 3 ないし 4 であった。ときに支援員や仲間が助け舟を出す場面もあったものの、質問に対しては有効な回答がスムーズに得られた。日頃からよく接触のある支援員や親しい仲間がいて、施設内の喫茶室で行われたこともあってか、被面接者たちはリラックスした様子で質問に答え

てくれたという印象である[18]。

4　人口減少社会

4-1　少子高齢化

　前述した障害者権利条約の精神にそい，またウェル・ビーイング研究から生まれる知見から，障害のある人の社会参加，とくに労働への参加は，日本でも今後さらにおし進められることになろう。グローバルな時代に，国際的な流れに抵抗はできない。また，実証的知見に逆らうことはできない。加えて，以下の2つの事情が障害者雇用を後押しするであろう。ひとつは今日の少子高齢化を伴った人口減少，労働力人口減少の見通しであり，いまひとつが周知の社会保障費の増大問題である。

　よく知られているように，日本の総人口は2008年の1億2,808万人をピークに，減少局面に入っているわけで，国立社会保障・人口問題研究所の『日本の将来推計人口（2012年推計）』[19]だと，現在の合計特殊出生率が続くとすると，2060年の人口は8,674万人になるという。政府は同年に人口1億人を維持するという戦略目標を示してはいるが。当然に，この中の15～64歳の労働力人口（就業者と完全失業者の合計）も減少せざるをえない。

　日本の内閣府の『労働力人口と今後の経済成長について』（2014年）という資料によると，2050年の労働力の推計人口は，合計特殊出生率が同年に2.07まで回復し，かつ30～49歳の女性の労働力率を90％とし（スウェーデンの水準），さらに60歳以上の男女が現在よりも5年長く働いたとすると，2013年の6,577万人が，2060年には5,407万人に減るという（**図表Ⅰ-4参照**）[20]。同図表によると，2030年には6,285万人になるという。これは年平均で労働力人口が0.3％，17万人減る計算になる。以上の出生率，女性の労働力率の実現はなかなか厳しいであろう。現状が継続すると仮定すると，2060年に3,795万人になってしまう。2030年では，現状継続の場合，5,683万人になる。

　労働力人口の減少に備え，たとえば高齢者雇用の拡大，女性の労働力率のアップなどが提起されているが，障害者雇用の拡大もひとつの対策になるだろう。

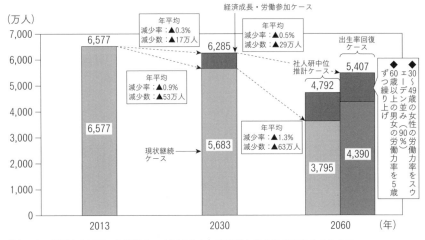

●図表Ⅰ-4　労働力人口の推計

(注)　1．労働力人口は，15歳以上の人口のうち，就業者と完全失業者を合せたもの。
　　　2．現状継続ケースは，2012年の性・年齢階級別の労働力率を固定して推計したもの（厚生労働省雇用政策研究会推計）。
　　　　経済成長・労働参加ケースは，女性，高齢者や若年層の労働市場への参加が進むとして推計したもの（厚生労働省雇用政策研究会推計）。例えば，30～49歳の女性の労働力率は，2012年71％→2030年85％に上昇し，M字カーブは解消すると仮定している。
　　　3．社人研中位推計ケースは，国立社会保障・人口問題研究所（社人研）が推計した2060年の性・年齢別人口に労働力率を乗じたもの。
　　　　出生率回復ケースは，2030年に合計特殊出生率が2.07まで上昇し，それ以降同水準が維持される，生残率は2012年以降一定などの仮定をおいて推計した人口に労働力率を乗じたもの。
　　　4．2060年の労働力人口では，上記「1．」の厚生労働省雇用政策研究会推計に加え，女性・高齢者の労働参加が更に進むとし，30～49歳の女性の労働力率をスウェーデン並み（2030年85％→2060年90％），60歳以上の労働力率を5歳ずつ繰り上げて推計している。
(出所)　総務省「労働力調査」，厚生労働省雇用政策研究会「労働力需給推計」（2014年），国立社会保障・人口問題研究所「日本の将来推計人口（平成24年1月推計）」，スウェーデン統計局「労働調査」をもとに作成。

　そもそも，高齢者雇用の拡大は，高齢者には障害のある人も多いから，障害者雇用と少なからず重複するだろう。あとでふれるが，世界保健機関（World Health Organization：WHO）の報告書，『障害に関するワールドレポート』（2011年）のデータによると，日本の総人口当たりの障害者雇用率も，障害のある人の中での雇用率も国際的にみて高くない（図表Ⅰ-9参照）[21]。

　労働力人口の減少が見込まれる中では，人的資源は貴重になる。それはまさ

に資源あるいは「人財」なのであって,障害予防,健康管理を推進して,従業者のしごと能力の維持を図ること,疾病や事故でしごとから離れた場合の「しごとへの復帰：RTW」といったことが切実なイシューとなってくる。個人・家族としても,地域としても,事業所としても,職場としてもこうしたイシューに取り組まなければならない。本書では,この関連で事業所と職場を舞台にしたディスアビリティ・マネジメント（disability management）を取り上げている。

　ディスアビリティ・マネジメントは企業等の事業所が従業者の健康管理をよく行い,また職場の安全衛生に留意し,本人にとって過重なしごとが継続しないように配慮するシステムの構築である。また万一,病気になったり,事故にあったりした場合はよくケアをし,しごとを長期に休まざるをえない際には,企業等の事業所側も積極的に本人のリハビリテーション,RTWを支援するというマネジメントである。社会全体として,働き手の確保が切実な課題になるとすると,企業サイドでも,ディスアビリティ・マネジメントに本格的に取り組み,これを推進することが求められるのではないか。また,障害のある人に対しても,以前にも増して工夫をこらして,雇用機会を拡大することが要請されよう。障害者雇用の拡大に関して,そうした試みがはじまっている。

4-2　増大する社会保障費

　いまひとつは増大する社会保障費問題である。

　昨今,年金,医療,介護などの社会保障給付費の肥大が懸念されている。社会保障給付費とともに,給付費プラス施設整備費などの個人に帰着しない支出をふくむ社会支出という概念もある。双方が社会保障費である。当然,社会支出も昨今は非常に膨らんできている。**図表Ⅰ-5**が示すように,2013年度の社会保障給付費は110兆6,566億円,社会支出は114兆1,356億円という巨大な金額であり,高齢化とともに増え続けている[22]。部門別には,とくに年金と医療が双璧であって,社会保障給付費でいうと,年金が54兆6,085億円で全体の49.3％,医療が35兆3,548億円で32.0％を占める。双方で実に81.3％になる。このうち,被保険者と使用者の拠出による社会保険料の収入が約半分であり,資産収入などもあるが,それでも国庫を主とする公費負担は3分の1ほどになる。

●図表Ⅰ-5　部門別社会保障給付費の推移

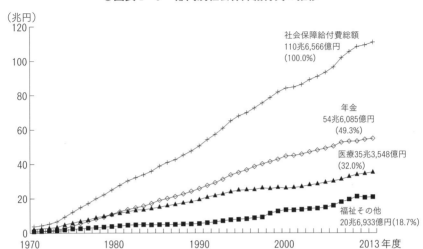

(出所)　国立社会保障・人口問題研究所（2015年），『社会保障費用統計』より作成。

2013年度において国庫負担は約30兆5,000億円であった。

　ちなみに，同年度の社会保障給付費を機能別にみると，障害関連は3兆8,547億円になる。

　ドイツの『障害者報告書』では，「職場からの離脱，年金よりもしごと」ということが強調されている。障害者雇用やディスアビリティ・マネジメントをおしすすめることで，社会保障給付費，社会支出はどう変わると予想されるか。まず，障害者雇用の推進によってこれらの費用がどう動くかは，なかなかわからない。正直わからない。ただ，指摘しうるのは，障害者雇用をおしすすめることによって，政策分野別にみた社会支出において，積極的労働市場政策のうちの障害関連の支出，障害者雇用やリハビリテーションに対する支援などの支出は拡大するであろう（2013年度で222億4,000万円）。

　ディスアビリティ・マネジメントについてはどうか。安全・衛生に留意し，健康管理を推進し，とくにRTWをおしすすめるならば，医療と年金の金額を抑制する効果があること，業務災害，傷病手当といった休業給付も減ることが期待できるであろう。

5 日本の障害者雇用の実状

　それでは，日本の障害者雇用はいかほどの段階になっているのであろうか。ILOの報告書によると[23]，障害のある人の雇用に関する統計数値は必ずしも十全でない。ひとつには，障害者雇用統計にはインフォーマル経済の中で働く部分が反映されていないとする指摘がある。障害のある人はインフォーマル経済の領域で就労している場合が多いともいう。また，障害のとらえ方，障害者の規定の仕方の問題もある。とらえ方は，規定の仕方は次節でふれるように，色々ある。

　内閣府の『障害者白書』には，民間セクターと公的セクターに分けての障害者雇用の状況が載っている。**図表Ⅰ-6**は民間セクターに関するものである。いわゆる「障害者雇用促進法」では，第43条7の規定により使用者は年1回，厚生労働大臣に対しその障害者雇用状況を報告しなければならないことになっている。同図表によると，2015年6月1日現在において雇用者数は45万3,133.5人であり，内訳は身体に障害のある人が32万752.5人，知的障害のある人が9万7,744人，精神障害のある人が3万4,637人である。なお，これらの人数は同図表下の注記にあるように，重度の知的障害の人はダブルカウントをしたり，短時間労働の精神障害の人は0.5でカウントしたものであって，実数ではない。これをみると，障害のある人の雇用の70.8％は身体に障害のある人であり，知的障害ならびに精神障害のある人の雇用は少ない（21.6％と7.6％）。精神障害のある人の場合は2006年から実雇用率に算入されることになったが，人数はさらに少ない。

　『障害者白書』では，雇用される人数と実雇用率が増えている傾向があるとしている。図表1-6では2001～2013年までの数値が示されている。はじめ民間セクターの法定雇用率は1.8％であったが，現在は2％になっている。ちなみに，実雇用率等については，次節において説明する。

　どの程度の企業が法定雇用率を充足したのか。法定雇用率が引き上げられたばかりだという事情もあって，2015年の達成率は47.2％にすぎない。半数を上回る企業が，これを達成していない。2015年の実雇用率は，1.88％である。ち

●図表Ⅰ-6　民間企業における障害者の雇用状況
実雇用率と雇用される障害者の数の推移

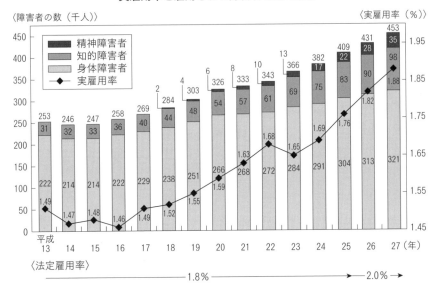

(注)　1．雇用義務のある企業（平成24年までは56人以上規模，平成25年以降は50人以上規模の企業）についての集計である。
　　　2．「障害者の数」とは，次に掲げる者の合計数である。

平成17年度まで	身体障害者（重度身体障害者はダブルカウント） 知的障害者（重度知的障害者はダブルカウント） 重度身体障害者である短時間労働者 重度知的障害者である短時間労働者
平成18年度以降	身体障害者（重度身体障害者はダブルカウント） 知的障害者（重度知的障害者はダブルカウント） 重度身体障害者である短時間労働者 重度知的障害者である短時間労働者 精神障害者 精神障害者である短時間労働者 （精神障害者である短時間労働者は0.5人でカウント）
平成23年度以降	身体障害者（重度身体障害者はダブルカウント） 知的障害者（重度知的障害者はダブルカウント） 重度身体障害者である短時間労働者 重度知的障害者である短時間労働者 精神障害者 身体障害者である短時間労働者（身体障害者である短時間労働者は0.5人でカウント） 知的障害者である短時間労働者（知的障害者である短時間労働者は0.5人でカウント） 精神障害者である短時間労働者（精神障害者である短時間労働者は0.5人でカウント）

　　　3．法定雇用率は平成24年までは1.8%，平成25年4月以降は2.0%となっている
(出所)　内閣府『平成28年版　障害者白書』

なみに，以上の数字は従業者50人以上の企業についてのものであって，それ以下の企業でも，障害のある人は雇われているわけである。

一方，公的セクターについては，民間セクターよりも高い雇用率が義務づけられている。『障害者白書』には，国の機関，都道府県の機関，市町村の機関，都道府県等教育委員会の別に，算定基準となる職員数，障害のある人の数，実雇用率，達成割合が示されている。なお，『障害者白書』には国の機関別（たとえば，内閣府，宮内庁，公正取引委員会など）の状況も掲載されている。

ちなみに，障害者雇用というけれども，障害カテゴリーによって事情は異なる。身体障害のある人の雇用が74%だというのは，あとでふれる荒川区を例にとっての障害者手帳所持者の中の身体障害者手帳所持者の割合（74.7%）とほぼ同じである。身体障害は多様であるものの，総じてヨーロッパでは100年近い雇用促進の法制・施策の歴史があって，それなりの実績がある。また，このカテゴリーの人びとの中には，当初障害のない状態で就労し，つまりいわゆる「一般枠」で事業所に入り，その後なんらかの身体上の障害が生じ，障害者手帳を所持することになったが，雇用は続いている人も少なくない。事業所にも相応の経験・ノーハウの蓄積がある。

ところが，知的障害と精神障害のカテゴリーの場合はそうではない。事業所にとって，知的障害のある人も対象にふくめた障害者雇用促進の法的整備・施策は比較的最近のことであり，事業所側にも，身体障害の場合に比し，経験・ノーハウの蓄積は少ない。むろん，身体障害のある人のいっそうの雇用促進も重要であるが，とくに今日，知的障害のある人と精神障害のある人の雇用促進が課題である。

6　障害のある人

6-1　『障害者白書』の人数

日本の障害者雇用を考える際に，障害のある人がどのくらいの人数か，という点も考慮事項になる。そもそも，障害とはなにか。障害のある人を概念上，どう規定するのか。その人数把握をいかにするのか。いずれも非常な難題であ

●図表Ⅰ-7　障害者数（推計）

（単位：万人）

		総数	在宅者数	施設入所者数
身体障害児・者	18歳未満	7.8	7.3	0.5
	男性	—	4.2	—
	女性	—	3.1	—
	18歳以上	383.4	376.6	6.8
	男性	—	189.8	—
	女性	—	185.9	—
	不詳	—	0.9	—
	年齢不詳	2.5	2.5	—
	男性	—	0.7	—
	女性	—	0.9	—
	不詳	—	0.9	—
	総　　計	393.7	386.4	7.3
	男性	—	194.7	—
	女性	—	189.9	—
	不詳	—	1.8	—
知的障害児・者	18歳未満	15.9	15.2	0.7
	男性	—	10.2	—
	女性	—	5.0	—
	18歳以上	57.8	46.6	11.2
	男性	—	25.1	—
	女性	—	21.4	—
	不詳	—	0.1	—

		総数	在宅者数	施設入所者数
知的障害児・者	年齢不詳	0.4	0.4	—
	男性	—	0.2	—
	女性	—	0.2	—
	不詳	—	0.1	—
	総　　計	74.1	62.2	11.9
	男性	—	35.5	—
	女性	—	26.6	—
	不詳	—	0.1	—

		総数	外来患者	入院患者
精神障害者	20歳未満	26.9	26.6	0.3
	男性	16.6	16.5	0.2
	女性	10.1	9.9	0.2
	20歳以上	365.5	334.6	30.9
	男性	143.1	128.9	14.2
	女性	222.9	206.2	16.7
	年齢不詳	1.0	1.0	0.1
	男性	0.4	0.4	0.0
	女性	0.6	0.6	0.0
	総　　計	392.4	361.1	31.3
	男性	159.2	144.8	14.4
	女性	233.6	216.7	16.9

（注）1．精神障害者の数は，ICD-10の「Ⅴ精神及び行動の障害」から知的障害（精神遅滞）を除いた数に，てんかんとアルツハイマーの数を加えた患者数に対応している。
　　　　また，年齢別の集計において四捨五入をしているため，合計とその内訳の合計は必ずしも一致しない。
　　　2．身体障害児・者の施設入所者数には，高齢者関係施設入所者は含まれていない。
　　　3．四捨五入で人数を出しているため，合計が一致しない場合がある。
（出所）「身体障害者」在宅者：厚生労働省「生活のしづらさなどに関する調査」（平成23年）。施設入所者：厚生労働省「社会福祉施設等調査」（平成21年）等より厚生労働省社会・援護局障害保健福祉部で作成／「知的障害者」在宅者：厚生労働省「生活のしづらさなどに関する調査」（平成23年）。施設入所者：厚生労働省「社会福祉施設等調査」（平成23年）より厚生労働省社会・援護局障害保健福祉部で作成／「精神障害者」外来患者：厚生労働省「患者調査」（平成26年）より厚生労働省社会・援護局障害保健福祉部で作成。入院患者：厚生労働省「患者調査」（平成26年）より厚生労働省社会・援護局障害保健福祉部で作成。

るが，概念規定の問題は次節において取り上げる。ここでは，『障害者白書』の数字を挙げておく（図表Ⅰ-7）。

『平成28年版障害者白書』では「身体障害，知的障害，精神障害の3区分で障害者数の概数を見ると，身体障害者数393万7,000人，知的障害者数74万1,000人，精神障害者数392万4,000人となっている」という。図表の下の資料の出所をみるとわかるように，身体障害のある人，知的障害のある人，精神障害のある人のこの数的把握は，別々の調査によるものであることがわかる。とくに，「精神障害者」の場合は『障害者白書』に書かれているように，医療機関を利用した精神疾患者数を精神障害者数としている。このため「一過性の精神疾患のために日常生活や社会生活上の相当な制限を継続的には有しない者も含まれている可能性がある」（『障害者白書』，28ページ）。次節で述べるように，障害の規定にあたっては，その重さ，障害グレード，その障害の最低継続期，支援の必要性などが考慮事項になる。

なお，日本の障害者手帳保持者は，身体障害者が522万7,529人（平成26年度福祉行政報告例），知的障害者が97万4,898人（平成26年度福祉行政報告例），精神障害者が8万3,653人（平成26年度衛生行政報告例）の合計700万6,080人となっている。

6-2　荒川区の障害者手帳所持者

多くの自治体では障害者手帳所持の有無によって人数の把握をしている。荒川区は2013年において1～7級の身体障害者手帳所持者が7,664人，1～4度の愛の手帳（療育手帳）所持者が1,231人，1～6級の精神障害者保健福祉手帳所持者が1,371人であり，単純合計で1万266人，実人数は8,161人であった（図表Ⅰ-8）。ちなみに，荒川区の総人口は20万6,457人であった（2013年1月1日現在）。なお，手帳所持の点からすると，荒川区の数値では知的障害のある人数は，精神障害がある人の数と大差がない，ということになる。ちなみに，荒川区における身体障害と知的障害の手帳所持者の推移にごく簡単にふれておくと，身体障害者手帳所持の人は1971年が2,581人であったのが，1981年に4,823人，1999年には5,036人になった。愛の手帳所持者の場合は1971年が290人，1981年が477人，1999年が646人と増加している。精神障害については1995年に

●図表 I-8　荒川区の障害者数把握のイメージ

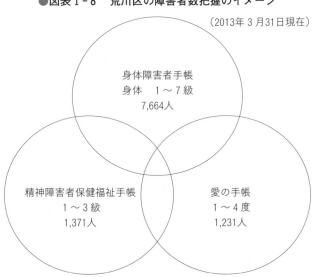

（出所）　荒川区自治総合研究所（2014年），『親なき後の支援に関する研究プロジェクト報告書』17ページ。

手帳制度が実施されたが，実施後も手帳はなかなか普及しなかった。

　障害者雇用問題は障害のある人の人数との対比で考える必要がある。さきに挙げたWHOの『障害に関するワールドレポート』（2011年）は雇用面において，偏見，制度の不備，ハードの環境整備のおくれ等により，障害のある人がそうでない人に比し，いかに差別されているかを述べている。この差別状況を数値で示すのは非常に難しい。国によって障害の定義がちがうし，ときに労働力人口のとらえ方も異なる。加えて，さきにふれたような，インフォーマル経済の問題もある。WHOの報告書はそれらを承知のうえで，障害者内雇用比率，総人口対比障害者雇用比率，労働力人口対比障害者雇用比率を国別に示している（**図表 I-9**参照）。

　同図表をみると，日本はいずれの比率のうえからも障害者雇用がすすんでいるとはいえない。とくに，障害者内雇用比率の低さが目立つ。南アフリカを別とすると，もっとも低いグループに入っている。

●図表Ⅰ-9　国別雇用率

国	年次	障害者内雇用率A（％）	総人口の雇用率B（％）	比（A／B）
オーストラリア	2003	41.9	72.1	0.58
オーストリア	2003	43.4	68.1	0.64
カナダ	2003	56.3	74.9	0.75
ドイツ	2003	46.1	64.8	0.71
インド	2002	37.6	62.5	0.61
日本	2003	22.7	59.4	0.38
マラウィ	2003	42.3	46.2	0.92
メキシコ	2003	47.2	60.1	0.79
オランダ	2003	39.9	61.9	0.64
ノルウェー	2003	61.7	81.4	0.76
ペルー	2003	23.8	64.1	0.37
ポーランド	2003	20.8	63.9	0.33
南アフリカ	2006	12.4	41.1	0.30
スペイン	2003	22.1	50.5	0.44
スイス	2003	62.2	76.6	0.81
イギリス	2003	38.9	68.6	0.57
アメリカ	2005	38.1	73.2	0.52
ザンビア	2005	45.5	56.5	0.81

（出所）　WHO（2011），World Report on Disability.

7　障害とは，障害があるとは

　障害とはなにか，障害があるとはいかなる事態を指すのか。日常，障害という言葉はよく使われているが，改めてこれに正面から答えようとする人は，難渋するのではないか。「ひとくちに障害というが，これには実に何百もの異なった種類がある」とは，『哀れみはいらない』でのShapiroの言葉である（Shapiro, 1993）[24]。Shapiroはまた，「だれでも障害者になり得る」ともいう。その通りであって，人は加齢とともに，肢体不自由になったり，認知症になっ

たりする可能性が高くなる。WHOはその『障害に関するワールドレポート』（2011年）の中で人が障害をもつ確率の高さや「障害のある人のダイバーシティ」を強調している[25]。それらは人間のダイバーシティのひとつの構成要素である。

障害というと，肢体不自由，低い認知力・判断力，統合失調症などのことを頭に浮かべる。従来は心身の健康からの逸脱，心身の機能の異常の程度から，医学的判断により障害を考えてきた。医学モデル（medical model）といわれるものである。長い間，障害のとらえ方は，この医学モデルに拠るものであった。日本の障害者関係の法律の中にも，医学モデルにそう考え方が刻印されている。

7-1　医学モデル，社会モデル，バイオ-サイコ-ソーシャル・モデル

障害あるいはそれがある人の問題に関して，医学モデルと社会モデルということがよくいわれる。前者は障害を医学的にとらえ，主に医学的対応をする。障害の問題は長い間，医学モデルに基づいて取り上げてきたが，20世紀末にパラダイムシフトがあって，とりわけアメリカ，イギリス等において社会モデルが浮上してきた。それは「人はその人の身体よりも社会によって障害がある状態に押しやられる」[26]とする考え方である（World Report on Disability, p.4）。同モデルは障害の差別問題とかかわりがある。

医学モデルと社会モデルはしばしば相対するものとして考えられもするが，障害は純然たる医学上の健康問題でもなければ，全くの社会的なそれでもなく，双方のパースペクティブが必要だともいわれる。

しかし，医学モデルと社会モデルとでは，人間観（人間モデル）をはじめ考え方が非常に異なる，手続もちがうという指摘もあろう。たとえば，医学モデルでは，人間にはなんらかの欠陥が生じるものであり，医師などの専門家が診断をして，ラベルを貼り，その欠陥・疾病・障害に注意を集中すべきだと考える。そして隔離して支援し，正常に戻れば社会復帰させるが，そうでなければ排除してしまう。これに対し，社会モデルでは人はだれでも評価されるべき存在であり，実際評価すべきなにかをもっている。専門家だけでなく，本人その

●図表Ⅰ-10　人の活動，障害，健康についての国際分類（ICF）

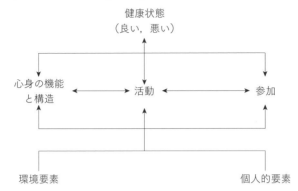

（出所）　WHO（2011），World Report on Disability, p.5.

他の人が強味と支援ニーズを定義し，ラベルを貼るのではなく，なにがバリアであるかを突き止め，解決策をさがし，また利用できる資源をさがす。訓練ではみんな対等であり，ダイバーシティは歓迎すべきものである。

WHOの『障害に関するワールドレポート』では，バイオ-サイコ-ソーシャル・モデル（bio-psycho-social model）と称するパースペクティブが登場し，障害がより多くの変数に規定された，実に複雑な事態であることが示されている[27]。バイオ-サイコ-ソーシャル・モデルに拠って，障害（そのキャリア）を説明すると以下のようなことになる。また図表であらわすと，**図表Ⅰ-10**のようになる。

障害は健康状態の問題である。WHOの定義では，「健康とは身体上の，また心の，そして社会上のウェル・ビーイングの状態だと定義できる」（health can be defined as a state of physical, mental, and social well-being）のであって[28]，単に疾病にかかっていない，医学上障害がない，ということではない（WHO, 2011, World Report on Disability, p.57）。そして，人の障害というのはこうした「健康状態と環境上の諸要素と個人要素との相互作用から生じる」（WHO, 2011, p.5）。

WHOの図表Ⅰ-10によって説明すると，健康状態の良し悪しは，3つの次元においてあらわれる。すなわち，心身の機能と活動と参加である。これらが悪いと心身の機能，構造の異常がおこる。麻痺，視力低下など。活動の制約と

は歩行とか摂食に支障が生じるといったことであり，参加の制約とは，生活の様々な分野での関与，参加に支障が生じる，差別をうけるといったような問題がおこる，おこっている事態である。障害とは「からだの損傷，活動の制約，参加の制約をふくむ包括的概念」[29]である。それらはさらに，環境要素と個人的要素によっても規定されている。環境要素としては，清浄な水の有無，地域の衛生状態，食生活，貧困の程度，労働条件，健康ケアへのアクセスなどの広汎な要素がふくまれている。個人的要素とは，当人のモティベーション，自尊，ケーパビリティなどの属性を指す。

こうしたバイオ-サイコ-ソーシャル・モデルの特徴とは，環境と個人的要素，とくに前者を強調するところにある。医学モデルと比べると，障害の問題領域あるいは問題性が大きく拡がってきている。バイオ-サイコ-ソーシャル・モデルは，障害の問題領域の大きさを示しているし，個々の問題，課題のありかを示唆している，ということができよう。

障害について，以上のようなとらえ方をすると，Shapiroがいうように，「だれでも障害者になり得る」し，人は非障害と障害の間，健康と非健康の間を往き来しているともいえる。両者は連続しつながっている。

だが一方において，障害があるか，障害がないかの間というよりも，障害がある人のあいだにおいて，公的支援がその人に必要かどうかといった点から一線を引くことが行われる。とくに法的な線引きをするのである。この線引きは従来，主に医学モデルによって行われてきた。「障害者」について法的規定が行われ，法的概念がつくられることになる。特定の障害がある人を保護し，支援するため，こうした線引き，法的区画，規定が必要になるわけであるが，この範囲内の人びとだけが障害がある人だととらえてしまうと，それは間違いである。

7-2　法的規定

日本の「障害者基本法」では，「障害者」について「身体障害，知的障害，精神障害（発達障害を含む。）その他心身の機能の障害がある者であって，障害及び社会的障壁により継続的に日常生活又は社会生活に相当な制限を受ける状態にあるものをいう」（同法第2条）。人の心身の機能について医学からみて

支障があり，社会的障壁も加わって，日常生活または社会生活に継続して相当の制約を受ける状態にあることだとされている。

この規定では，障害のカテゴリーとして「身体障害，知的障害，精神障害（発達障害を含む。），その他の心身の機能の障害……」という言い方がされている。身体障害，知的障害，精神障害，発達障害についてはそれぞれ法律があって，それぞれの規定がある。身体障害者に関しては「身体障害者福祉法」があって，「別表に掲げる身体上の障害がある18歳以上の者であって，都道府県知事から身体障害者手帳の交付を受けたもの」（同法第4条）となっている。知的障害者については「知的障害者福祉法」には定義が見当たらない。その施行規則に「知的障害者は，児童相談所，知的障害者更生相談所，精神障害者福祉センター，精神障害者指定医または都道府県の障害者職業センターによって知的障害を有すると判断された者をいう」とある。WHOの欧州地域事務局の定義をもってすると，知的障害とは，新しいまたは複雑な情報の理解や，新しい技能の学習と応用に関する能力が著しく減じていることを意味する[30]。この障害カテゴリーではとくに新しい事態への対応力ともいうべきものが低いとされる。日本では知的障害が認定されると，療育手帳が交付される。東京都の場合は「愛の手帳」という名称になっている。

「精神障害者」については，「精神保健及び精神障害者福祉に関する法律」において「統合失調症，精神作用物質による急性中毒又はその依存症，知的障害，精神病質その他の精神疾患を有する者」（同法第5条）と定義されている。精神障害者は申請すれば，審査のうえで精神障害者保健福祉手帳が交付される（同法第45条）。

身体障害，知的障害，精神障害の3カテゴリーのほかに，2004年に「発達障害者支援法」が成立して，従来は精神障害の中に含められていた発達障害が4番目のカテゴリーとして明文化された。「『発達障害』とは，自閉症，アスペルガー症候群とその他の広汎性発達障害，学習障害，注意欠陥多動性障害その他これに類する脳機能の障害であって，その症状が通常低年齢において発現するものとして政令で定めるもの」（同法第2条1項）だとし，「『発達障害者』とは，発達障害を有するために日常生活又は社会生活に制限を受ける者をいい，『発達障害児』とは，発達障害者のうち十八歳未満のものをいう」（同法同条2

項)。

　発達障害は条文にもあるように，多分に生まれつきの脳障害によるもので，外見上，障害の有無の判断がむずかしいといわれる。親もなかなか気が付かない可能性が大きいし，専門医も少ない。成人して発達障害だと判明することも少なくない。しかし，早く発見し，早く対応することが必要なのはいうまでもない。乳幼児健診，発達障害についての医師研修，相談体制の整備などが行われている。ちなみに，2013年の「障害者の日常生活及び社会生活を総合的に支援するための法律」(以下，「障害者総合支援法」という)によって，130の難病患者も法対象に加わることになった。障害がある人の法的範囲は拡大しているのである。

　なお，難病とは原因不明で治療方法も確立していないような慢性疾患のことであり，長期にわたる療養が必要であり，医療費もかさむ。おそらく就労はむずかしく，本人は経済的に厳しい状況に置かれる。公的支援が必要になる。国指定の難病のほかに，自治体指定(東京都指定)の難病もある。

　以上のように，障害についての法的規定は，WHOの一般モデルとはちがい，カテゴリー別に，より具体的な規定となっている。そして当人からの申請があれば，審査を行って手帳を交付し，様々な具体的な支援が受けられる，ということになっていく。

7-3　障害の期間

　障害が持続する(多少の中絶はありうる)時間が，障害の規定のひとつの条件になることもある。たとえば，ドイツの「社会法典第9編・障害者のリハビリテーションと参加」では，「身体機能，知的能力，精神的健康が高い確率をもって6ヶ月以上にわたり年齢に相応した状態から逸脱していて，社会生活への参加が損なわれている」のが障害だとされる。6ヶ月という期間が，障害のひとつの規定条件になっている。ディスアビリティ・マネジメントにおいても，病欠の期間がいかほどであるか，何日休むと長期欠勤とするか，といった点によって，問題処理がちがってくるであろう。実務上，障害状態にある時間，期間といったオペレーショナルな規定が，必要になってくる。

7-4　障害グレード

　障害カテゴリー（種別）とともに，障害グレードの問題がある。まずは障害者手帳のグレードについてのべる。身体障害者手帳には1～7級があり（内部障害の場合は1～4級），療育手帳（東京都は愛の手帳）については1～4度がある。精神障害者保健福祉手帳のグレードは1～3級になっている。なにか原因があって障害になり，それが持続的で日常生活に支障をきたす程度の問題である。数値の低いほうが重度である。人数も数値の低いほうが少なくなる。

　身体障害を例にとると，「身体障害者福祉法」には別表があり，手帳の交付対象となる障害の範囲が定められ，「施行規則別表5号」により区分の基準が示されている。障害者手帳の交付，グレードの決定は都道府県が行う。

　いわゆる「障害者総合支援法」による，様々な障害者福祉サービスのための支援区分は障害カテゴリーを問わず，1～6に分かれている。障害者手帳のグレードが医学的に決められているのに対し，こちらは医師意見書にもよるが，認定調査員がマニュアルに基づき当人の日常生活状況について（認定）調査を行った結果もみて判定される。こちらは市町村が審査する。

　ちなみに，障害の範囲は視覚障害，聴覚または平衡機能の障害，音声，言語機能またはそしゃく機能の障害，肢体不自由（上肢，下肢，体幹，乳幼児期以前の非進行性の脳病変による運動機能障害，心臓，じん臓もしくは呼吸器又はぼうこうもしくは直腸，小腸，ヒト免疫不全ウイルスによる免疫もしくは肝臓の機能の障害となっている。それぞれが7等級になっている。

　ちなみに，ドイツの障害グレードにふれておく。あとの各章において，ドイツの障害者雇用の諸問題が取り上げられるからである。ドイツの「福祉医学政令」では機能損傷結果（Grad der Schädigungsfolgen：GdS）と障害グレード（Grad der Behinderung：GdB）がある。双方とも同一原則により判定される[31]。GdSのほうは健康がなんらかの原因があって損なわれた結果を測定するが，GdBは原因によらない健康損傷を扱う（最終的な）ものである。GdSもGdBもつねに年齢相応の健康状態から，どのくらい逸脱しているかを判断するものである。

　GdSは公表されている。その数値は理論というよりも，長年の経験から得ら

れたものであり，年齢とも関係ない。GdS表の数値から，個々の条件に照らして判断がなされる。GdS表は10進法になっている。GdSは近似値しか決められないからである。

　GdS表では，まず指示がある。そのあと，以下の大項目が18ある。①頭部・顔面，②神経・精神（プシケ），③視覚，④聴覚・平衡感覚，⑤鼻・嗅覚，⑥口腔・咽頭，⑦胸部・気管・肺，⑧心臓・循環器，⑨消化器，⑩ヘルニア・脱腸，⑪泌尿器，⑫男性性器，⑬女性性器，⑭新陳代謝・体内分泌，⑮血液・造血器官，⑯免疫，⑰皮膚，⑱運動器官・リューマチ。

　いずれにも細項目があり，0〜100の目盛になっている。0〜20未満がGdSでは障害がないとされる。20〜100が障害ゾーンであって，数値が高いほど，障害グレードが高い。ひとつ，運動器官の例を挙げる。

人指し指，中指，薬指のいずれか1本の喪失……………10
2本の喪失……………………………………………25〜30
3本の喪失……………………………………………30〜40
4本の喪失……………………………………………40〜50

8　障害と日常生活と就労

　実際，障害カテゴリーのちがいで，活動への制約も異なる。荒川区の調査によると[32]，障害のカテゴリーのちがいによって日常生活で必要となる手助けの内容やその度合いが異なることがわかる。もちろん，同一カテゴリーの中でもたとえば，身体障害だと，肢体不自由と視覚障害といったサブ・カテゴリーとでは，当然にちがった手助けが必要だし，あとでふれる障害のグレードからも差が生じる。身体障害の場合，「自分でできる」が50％を割り込んでいるのは「布団を干すこと」(36.8％)，「室内の掃除・整理整頓をすること」(45.1％)，「洗濯をし，干し，畳むこと」(49.4％)である。逆に，歯磨き，洗顔，食事などは自分でできるとする割合が高い。知的障害の場合は，「全部に手助けが必要」なことのトップは，「お金を管理すること」であって，「自分でできる」の割合は16.3％に過ぎない。「一部に手助けが必要」だとする者を加えても，39.7

●図表Ⅰ-11　障害カテゴリー別の就労形態

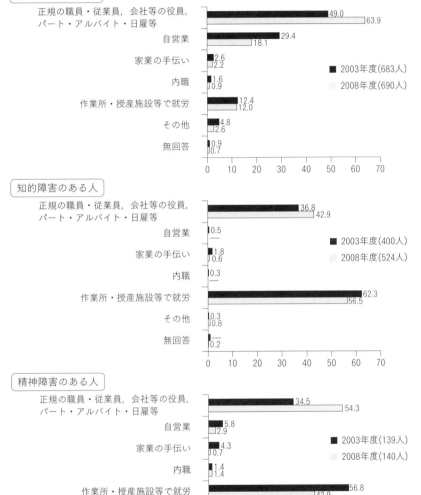

（注）　2008年度調査の「パート・アルバイト・日雇等」は契約職員，派遣職員等を含む。
（出所）　東京都保健福祉局（2009年）『障害者の生活実態』214ページ。

%である。逆に自分でできる割合が高いのは，歩行，食事などである。

　ちなみに，精神障害の場合，質問内容が身体障害と知的障害のそれと必ずしも同一ではないので，単純な比較はできないが，精神障害のある人で「自分でできる」という回答が一番低かったのは「近所付き合い（挨拶をする等）をすること」であった。逆に，手助けを必要としない割合が高いのは，交通機関の利用，身の回りの整理整頓などである。

　要するに，障害そのものに，機能・活動面においてShapiroがいうように，非常なダイバーシティがある。それぞれのグレードによっても，少なからぬ差異がある。これらに「環境的要素」と「個人的要素」が絡むと，ダイバーシティはさらに増幅するであろう。もうひとつ，障害とは特定の機能・活動についてのものであり，ある部分に障害があるからといって，それが必ずしも全部に及ぶわけではないという点である。障害があっても，なお多くのケーパビリティがあり，環境の整備がすすめば，その開花が大いにありうる。

　次に，障害のある人がしごとに就く状況を，障害カテゴリー別にみると**図表Ⅰ-11のようになっている**[33]。この図表をみると，身体障害のある人の一般就労，つまり正規従業者，会社等の役員，パート・アルバイト・日雇い等は63.9％に達するのに対し，知的障害のある人の場合は，それが42.9％にすぎない。精神障害のある人は54.3％になっている。知的障害のある人の場合は福祉作業所・授産施設等において働いていることが多い（56.5％），精神障害のある人も42.9％がそうしているのに対し，身体障害のある人で福祉作業所，授産施設に通所する者の割合は小さい（12.0％）。一般就労，一般労働市場での就労については，障害カテゴリーでいうと，知的障害と精神障害のある人にとって，参入障壁が高いことがわかる。今日の障害者雇用の課題は，これらふたつのカテゴリーの人びとの一般就労を，さらにおしすすめることにある。

（注）
1）　障害の表記については多岐にわたる意見がある。「障がい者制度改革推進会議」は作業チームを設け，表記について検討をした。検討の経緯は「『障害』の表記に関する検討結果について」（2010年）においてのべられている。関係団体等に対するアンケート調査も行われている。内閣府の『平成23年度版障害者白書』はこの点に関し以下のような引用をしている。「様々な主体がそれぞれの考えに基

づき，様々な表記を用いており，法令等における『障害』の表記について，見解の一致をみなかった現時点において新たに特定の表記に決定することは困難であると判断せざるを得ない。(中略)当面，現状の『障害』を用いることとし，今後，制度改革の集中期間内を目途に一定の結論を得ることを目指すべきである」。「障がい」その他の表記をしようとすると，関係の法律や機関名は「障害」であるから，文中両者が入り交じることになる。本書は以上のような事態をできるだけ避けるため，「障害」という表現をしている。

2) 厚生労働省（2009年），「相対的貧困率の公表について」http://www.mhlw.go.jp/houdou/2009/10/h1020-3.html参照。
3) 公益財団法人・荒川区自治総合研究所（2011年），「子どもの貧困・社会排除問題研究プロジェクト最終報告書・地域は子どもの貧困・社会排除にどう向かい合うのか—あらかわシステム」http://www.rilac.or.jp/参照。
4) F. Cunha & J. J. Heckman (2008), A New Framework for the Analysis of Inequality, *Macroeconomic Dynamics*, Vol.12, Cambridge University Press.
5) ILO (2007), The employment situation of people with disabilities: Towards improved statistical information.
6) 松井亮輔・川島聡編（2010年），概説障害者権利条約，法律文化社。
7) R. Layard (2005), *Happiness: Lessons from a New Science*, The Penguin Press, N.Y., p.57.
8) R. Di Tella et al. (2003), The Macroeconomics of Happiness, *The Review of Economics and Statistics*, 85(4), p.822.
9) 荒川区（2015），平成26年度荒川区民総幸福度（GAH）に関する区民アンケート調査，38ページ。
10) S. R. Nyman et al. (2010), Psychosocial Impact of Visual Impairment in Working Age Adults, *British Journal of Ophthalmology*, 94.
11) M. Seligman (2002), *Authentic Happiness*, Free Press. 小林裕子訳（2004），「世界でひとつだけの幸せ・ポジティブ心理学が教えてくれる満ち足りた人生」アスペクト。
12) Nyman et al. (2009), Psychosocial Impact of Visual Impairment in Working Age Adults, *The British Journal of Ophthalmology*, Vol.94, No.11.
13) M. Pinquart & J. P. Pfeiffer (2011), Psychological well-being in visually impaired and unimpaired individuals: A meta-analysis, *The British Journal of Visual Impairment*, Vol.29, No.1.
14) A. J. Oswald and N. Powdthavee (2006), Does Happiness Adapt? A Longitudinal Study of Disability with Implications for Economists and Judges, *IZADP*, No.2208.
15) E. Hensel, J. Rose, B. S. Kroese & J. Banks-Smith (2002), Subjective judgements of quality of life: a comparison study between people with

intellectual disability and those without disability, *Journal of Intellectual Disability Research*, Vol.46, Issue 2. このほか，知的障害をもつ人のwell-being に関する調査には，以下のような論文もある。

 R. A. Cummins (1991), The Comprehensive Quality of Life Scale-Intellectual Disability: An Instrument under Development. *Australia and New Zealand Journal of Developmental Disabilities*, Vol.17, No.2.: K.Arscott, D.Dagnon, and B. S. Kroese (1998), Consent to Psychological Research by People with an Intellectual Disability, Vol.11,Issue1.: E. Emerson & C. Hatton (2008), Self-Reported Well-Being of Women and Men with Intellectual Disabilities in England, *American Journal of Mental Retardation*, Vol.113, No.2.: S. M. Miller & F. Chan (2008), Predictors of life satisfaction in individuals with intellectual disabilities, *Journal of Intellectual Disabilities Research*, Vol.52, Part 12.

16) J. A. McGillivray, A. L. D. Locu, R. A. Cummins and G. Davey (2009), The Utility of the Personal Well-being Index Intellectual Disability Scale in an Australian Sample, *Journal of Applied Research in Intellectual Disability*, Vol.22. Issue 3. なお，知的障害のある人のウェル・ビーイング，QOLの測定ないし測定定義については，やや古いが，R. A. Cumminsのレヴューがある。R. A. Cummins (1997), Self-reported Quality of Life Scales for People with an Intellectual Disability: A Review, *Journal of Applied Research in Intellectual Disabilities*. Vol. 10, No, 3.

17) K. Stalker & P. Harris (1998), The Exercise of Choice by Adults with Intellectual Disabilities: A Literature Review, *Journal of Applied Research in Intellectual Disabilities*, Vol.11, Issue 1.

18) 荒川区自治総合研究所（2014年），親なき後の支援に関する研究プロジェクト報告書，http://www.rilac.or.jp/ 参照。

19) 国立社会保障・人口問題研究所（2012年），「日本の将来推計人口」。

20) 内閣府（2014年），「労働力人口と今後の経済成長について」http://www5.cao. go.jp/keizai-shimon/kaigi/special/future/0312/shiryou_02.pdf, 参照。

21) World Health Organization (2011), World Report on Disability, p.238.

22) 国立社会保障・人口問題研究所（2015年），平成25年度社会保障費用統計。

23) ILO (2007), op. cit.

24) J. P. Shapiro (1993), *No pity: people with disabilities forging a new civil movement*, Times Books, 秋山愛子訳（1999），哀れみはいらない，現代書館。

25) WHO (2011), World Health Organization (2011), World Report on Disability, p.7f.

26) WHO (2011), op. cit.,p.4.

27) WHO (2011), op. cit.,p.5.

28) WHO (2011), op. cit.,p.57.

29) WHO (2011), op. cit.,p.5.
30) World Health Organization Regional Office for Europe (2010), Definition: intellectual disability, WHO/Europe. Retrieved from http://www.euro.who.int/en/health-topics/noncommunicable-diseases/mental-health/news/news/2010/15/childrens-right-to-family-life/definition-intellectual-disability.
31) Verordnung zur Durchführung des §1 Abs. 1 und 3, des §30 Abs. 1 und des §35 Abs. 1 des Bundesversorgungsgesetzes.
32) 荒川区自治総合研究所（2014年），親なき後の支援に関する研究プロジェクト，21ページ以下参照。
33) 東京都保健福祉局（2009年），障害者の生活実態，214ページ。

第 II 章

近代的障害者雇用のはじまりと発展

1 近代以前と障害のある人

1-1 Garland研究

　障害があっても，卓越した活躍をした人間は数多い。中央アジアにチムール帝国をうち建てたTimurは跛者チムール（Tamerlane）とよばれていた。Ludwig van Beethovenは難聴に苦しみながら，作曲を続けた。Franklin, D. Rooseveltは小児麻痺（急性灰白髄炎）で車椅子を使いながらアメリカ大統領を務めた。山下清は知的障害があっても立派な絵画を残し，辻井伸行は盲目でありながら，ピアノを見事に弾き，人びとを魅了する。

　筆者たちは2016年5月に東京銀座画廊美術館で開催された特別支援学校・ねむの木学園（宮城まり子学園長）の子どもたちの作品展を観に行った。多くの絵画，ガラス工芸品などが展示されていて，いずれも実に見事な出来映えであることに感動した。大勢の入場者からも盛んに感嘆の声があがっていた。大人のように，あれこれ思案し，計算して作品に取り組むのとはちがい，子どもの場合，感じたことを，実に純粋かつ素直に表現するのだという。それにしても，障害のある子どもの才能，しごと能力を見抜いて，ここまで開花させているねむの木学園の教育に大きな衝撃をうけた。いまは，まだまだ多くの課題はあるものの，障害のある子どもの教育が，ここまできたのか，という思いがする。

35

人間社会は少しずつ，良い方向に向かっていると信じたい。

しかし，障害のある人に関する歴史研究をみると，総じて苦難の歴史が綴られている。その惨い歴史を直視し，そこから教訓を得てきたのである。「古代の生活は不潔で，残酷で，短いものであった。もっとも恵まれていたのは，自由の身に生まれた裕福で健康な男性だけで，圧倒的大多数の人びとは，この理想の生活からは遠かった。貧困層，奴隷，寡婦，ひとり者の女性，未成年者，病人，障害のある者といった自活できない人びとにとって，生活はおそろしく危険をはらんだものだった」(Garland, 2010, p.11)[1]。「社会の緊張が高まると，外国人をふくめ，一般の人と見上異なる人は身体的迫害の対象となりやすく，迫害がそうした人びとを追いつめた……」(Garland, p.23)[2]。また，ギリシャ時代の発掘された男の骨には4人のうち3人には骨折のあとがあったという (Garland, p.19)。デフォーミティ (deformity) の発生率も高かったのかもしれない。おそらく，当時の人びとには今日的意味での障害というコンセプトはなく，一般の人とは外見上異なるという意味のデフォーミティのほうが意識されていた。Garlandはデフォーミティを具体的に説明している (Garland, p.112f)。

この時代におけるデフォーミティの人に対する態度は，そうした子ども，あるいは病弱の子どもに対する態度に象徴的に示されている。Garlandによると，ギリシャ時代はそうした子どもが生まれるのは宗教上の理由によるものであると考えられた。親としてはそうした子どもをかくすようにした。宗教的理由のほかに，デフォーミティの子どもを育てるには大変な労苦，経済的負担があるし，上記のような社会では，育て甲斐もないと親は思うかもしれない。「親はどうしようかと大いに悩んだ」(Garland, p.16)。

人種的同質性を誇り，優生原則を非常に重んじたスパルタでは，デフォーミティの子ども，あるいは病弱の子どもを遺棄することが実際に法で求められていた (Garland, p.14)。またGarlandによると，Aristotleはそうした子どもの養育を阻む法があって然るべきだという提言が必要だとしている (Garland, p.15)。

もうひとつ，古代にはデフォーミティの人にとってまことに堪え難いことがあったのではないか。社会道徳が未発達の社会では，そうした人びとは嘲笑の

格好の対象となった。「古代には嘲笑に道徳的境界はなかったのである」（Garland, p.76）。脚本家もそうしたコミックを書いた。役者が着用したマスクがそのことを物語っている。Aristotleさえも，デフォーミティは嘲笑のぴったりの対象だと考えていたという。詩の中でも雄弁術の中でも，いくつもの例がある，とGarlandはいう。

　古代，中世，近世は障害のある人をはじめ，弱者とよばれる人びとにとって，実に過酷な環境だったことは，想像できるのであるが，1980年代から，障害のある人の生活に関する研究が盛んになってきて，この想像が裏付けられるようになった。こうした研究も，あとでふれる1981年の国際障害者年のインパクトの結果かもしれない。H. J. Stiker（1999）の研究[3]をはじめ，様々な研究成果が出ている。とくに，Garlandの文献は大変興味深い（Garland, 2010）。

　ほかの研究にも通じるものであるが，Garlandは文献，社会制度，儀式，彫刻，絵画，神話，それに発掘した人骨などから，とくにギリシャ時代とローマ時代に，障害のある人がどんな生活を強いられていたかを浮きぼりにしている。Garlandはその中で，障害のある人たちがどんなしごとを担っていたかについても記述している。自由な身のギリシャ人，ローマ人は賃労働を嫌悪し，侮っていて，とくに肉体的なしごとは下層の人と奴隷が担っていた。自由の身でない，障害のある人も，そうしたしごとの担い手であった。当時の社会では娯楽も盛んであったが，音楽，舞踏，道化，曲芸は，しばしば障害のある人間のしごとであったという。才能があれば，障害のある人でも詩人になり，芸術の担い手になる途もひらかれていたという（Garland, p.33）。この時代は障害のある人にとって非常に厳しかったが，わずかながら，それなりの「キャリア・パス」もあったという。

1-2　産業革命をはさんで

　H. G. Harder & L. R. Scottによると，産業化の以前と以後において，障害のある人の暮らしは大きく変わったのだという[4]。以前の時代には，障害がある人はうちにいて，その世話は家族がしていた。そして，農業やパン焼き等を手伝ったりして，それなりに家業に寄与もしていた。ところが，工場ができはじめて，その労働力として人びとが家を空けることが多くなると，障害のある人

はたちまち居場所を失ってしまう。そうした人びとを受け入れる施設はない。

2つの考え方が障害のある人びとを苦しめた。ひとつはソーシャル・ダーウィニズムであり，障害のある人は不完全であって，社会から駆逐されて然るべきだというような極端な主張まであった。もうひとつがF. Galtonの優生学（ユーゼニアス）である（Galton, 1904）。優生学は「生まれながらの民族の質を改善し，発展させるすべての影響を生理的，メンタルに扱う科学」[5]である。この「科学」がナチスの手で極端なかたちにおいて使われたわけであるが，障害のある人についても，子孫を残さないようにすべく，それらが実行されたかどうかは確認できなかったものの，強制的不妊，安楽死などの恐ろしい提案が行われたりしていた。こうした状況の中では，障害者雇用がテーマになることはなかった。

大きな流れとしては，Harder & Scottがいう通りであろう。ただ，現実はより複雑であろう。ドイツの経営社会政策史をみると，少なくとも19世紀以降，工場などで働いていて事故や疾病にあい，働けなくなった人，つまり多分に身体障害者に対しては，企業者が相応の支援をすることも行われていた[6]。パターナリスティックな（家父長的な）企業経営，農業経営などの中では，あるいは修道院の自己事業所では，事故による障害，疾病，老齢に対する配慮，支援がなされていたといわれる。19世紀には手工業，海運，鉱山などでは，互助的な社会保険組合もつくられていた。これは今日でいう，事故・疾病に備えてのリスクマネジメントの問題である。プロシャの場合，すでに18世紀に労働災害の多い鉱山では，立法により鉱夫共済金庫（Knappschaftskasse）が義務づけられていた。鉱山では，「前産業的社会政策から産業的社会政策への断層なき移行」が行われていたといわれる。とくにドイツ西部の石炭業，鉄鋼業を中心に，企業者がイニシアティブをとる経営社会政策がすすめられていた。ただ，事故による障害，疾病により働けなくなる場合の生活支援，老後支援が中心であって，そうした人の再雇用について考えるという発想は希薄であった。

もっとも，これは障害のある人あるいは障害をもつに至った人の雇用の場が世の中に全くなかったことを意味するものではない。WHOの報告書でふれているように，家事，農事，家族経営などの中で，こうした人びとは働いていた。この意味での障害者雇用はインフォーマル経済の中でのことであって，統計な

どには浮上してこないものである。

　近代的障害者雇用の引き金を引いたのは戦争である。「戦争は障害のある者をつくり出す最大のやり方だ」（war is the best way to create people with disabilities）（Harter & Scott, p.4）といわれる。国民に戦争に協力してもらうには，戦死者を尊崇し，戦傷者に対して敬意を表し，相応の処遇をすることが不可避である。パリのエッフェル塔の近くにあるアンヴァリッドはルイ14世が傷病兵を収容するために建てたとされる。ナポレオンの棺もあるこの建物は，戦傷者に対する配慮の象徴であろう。ドイツではプロシャがオーストリア，フランス等を相手に戦い，ドイツ統一後には第1次世界大戦まで戦って，膨大な戦死者とともに，多数の戦傷者が生まれた。戦傷者の社会復帰の問題は小さくなかった。アメリカでも，1918年に「兵士リハビリテーション法」（the Soldiers Rehabilitation Act）ができて，戦傷者に対するリハビリテーションが実施されることになった。ちなみに，アメリカの場合は，リハビリテーション，とくに職業リハビリテーションに力を入れるという方向がみられるように思う。1917年に「スミス・ヒュジス法」（the Smith-Hughes Act）ができて，職業教育プログラムのための連邦基金が設けられた。そして1918年にいまふれた「兵士リハビリテーション法」が成立したわけである。1920年には，職業リハビリテーションについて，利用者と州が50－50で費用負担する「スミス・フェス法」（the Smith-Fess Act）の可決をみた。

　「身体障害についての職業リハビリテーションに連邦政府が全国レベルで乗り出したのは1920年であり，1943年にはそれが精神障害と情緒障害にまで拡大された。ニューヨーク市の肢体不自由・障害研究所が設立されたのは1917年であり，同研究所はその後包括的なリハビリテーション・センターになった」（Super, 1957, p.271）[7]。

2　ドイツの1923年の「重度障害者雇用法」

2-1　生活援護主局

　ドイツの場合，戦争犠牲者遺族・戦傷者などの生活を援護すべく，1919年に

国の生活援護主局（Hauptfürsorgestelle）が設けられた。生活援護主局は1920年の「重度障害者雇用法」（Gesetz über die Beschäftigung Schwerbeschädigter）の制定をきっかけに，障害のある人の問題にもかかわるようになった。生活援護主局はその後の20世紀を通じ，障害のある人，とくに重度障害のある人に対する支援の主要なエージェントであったが，2001年に「社会法典第9編・障害者のリハビリテーションと参加」が成立し，「労働生活への重度障害のある者のインテグレーションの確保のための役所」としてインテグレーション機構ができると，生活援護主局はもっぱら，戦傷者福祉，兵役中障害になった人に対する福祉等を担う組織になった。現在は生活援護主局はインテグレーション機構とともに連合組織（Bundesarbeitsgemeinschaft der Integrationämter und Hauptfürsorgestellen：BIH）をつくっている。

　旧来の生活援護主局に関する規定は，まずは1920年，1923年の「重度障害者雇用法」の中で多くみられる。

　「重度障害者雇用法」は，近代的障害者雇用のあり方を規定する最初のものである。1923年までにはフランス，イタリア，オーストリア，ポーランドもこの種の法律をつくった（ILO, 2015, p.102)[8]。ここでは，1923年に改正された「重度障害者雇用法」を中心に，ドイツの動きだけを取り上げる。ドイツでは，産業，公的機関などでのシステマティックな障害者雇用が，同法から始まった。もっとも，対象となるのは，今日のような広範囲の人びとではなく，あとでふれる同法第3条が規定するかぎりのものであった。それが第1次世界大戦の戦傷者の社会復帰，就労の問題を主たる契機として，よりひろく身体障害者雇用問題のかたちであらわれた。障害のある人の就労は一般の慣行ではないわけで，そうした中での強制法規である。

　ドイツでは，すでにふれたように，「前産業的社会政策から産業的社会政策への断層なき移行」が行われてはいたものの，それは従業者とその家族に対しての福祉であり，老後の保障であって，産業災害で傷ついても，しごとを離れた後の支援はするが，障害のある人を働かせるという発想はあまりなかった。一定の国家的理念をかかげ，公権力を背景とした社会政策（他律的な経営社会政策）として，これを推進しなければ，大々的な，広範囲に及ぶ障害者雇用は現実のものとはならない。障害者雇用は法制化しなければならない。

「重度障害者雇用法」は直截である。同法は26条からなっているが（1920年法は22条），その冒頭において「職場に人材を配置しようとする各使用者は，当該しごとポスト（Arbeitsplatz）に適した障害のある者を……他の志願者に優先して選ぶ義務がある」（同法第1条）。ここにいう使用者とは民間企業の事業所の使用者だけでなく，公法上の，また公的組織のそれもふくまれている。障害のある者については，ドイツ人にして労働災害で障害をもつにいたった人，事故でそうなった人，戦傷者である人などのうち，障害グレードが少なくとも50％あるものが対象となる（同法第3条）。この障害グレード（日本の障害の程度区分，支援区分）が少なくとも50％というのは，あとでふれるように，今日のドイツの重度障害のある者の規定につながっている。障害グレードが50％をこえても，しごと能力の構築ができれば，働くことができる。なお，上記の同法第3条の人びとのほかに，視覚障害のある人で，この法律の支援がなければ適切な職場を見つけることができない人，障害グレードが30〜50の知的障害のある人も，生活援護主局が認定すれば，この法律の支援を享受できる（同法第8条）。

こうした規定から判明するのは，法律が主たる対象とするのは，新規に一般労働市場に参入しようとする障害のある人というよりは，ドイツ人にして就労していて疾病，事故等によりしごとから離れている人や，とくに戦傷者である。そして，しごとに復帰できる人である。そうすると，同法は第Ⅲ章でふれるインテグレーション・マネジメント，第Ⅶ章で取り上げるディスアビリティ・マネジメント，とくにしごと復帰（return to work：RTW）にもつながってくる。また同法では，条文では知的障害のある者などにもふれているけれども，身体障害のある者が主に念頭に置かれている，ということができよう。だが，排他的に身体障害のある人だけだというわけでもない。

2-2 重度障害者雇用の義務化

同法では，国の労働大臣によって，民間の各使用者が重度障害者を配置しなければならないしごとポストの一部が決められる。クォータ・システム（quota system）である。その一部とは100分の2までであって，労働大臣が100分の2をこえる決定をしようとするときは，議会とその社会委員会の同意

が必要となる（同法第5条）。公的セクターにおいては，政府には議会の同意を得て重度障害のある者を配置すべきしごとポスト数を決める権限が与えられている（同法第4条）。

　日本などとちがい，ドイツでは雇用率について，雇われている人数の何パーセントというようには定めず，しごとポストの何割という決め方になっている。いうところのしごとポストとは，個々人を配置するしごとの意味であって，障害のある人もしごとに就けるという意図，考え方がつよくでている表現になっている。次章でふれる現行の「社会法典第9編・障害者のリハビリテーションと参加」の法律もこの点では変わっていない。

　強制的配置の対象となるしごとポストについては民間セクターも公的セクターも，いくつかの除外条項がある。たとえば，労働福祉や障害者福祉を担当しているしごとポストは除外される。あるいは，一時的にのみ存在するようなしごとポスト，家内労働のしごとポストなどもカウントされない。

　ドイツでは重度障害者雇用については，生活援護主局が監督をする。民間企業の事業所の使用者が所定のしごとポストに重度障害のある者を配していない場合はどうなるのか。生活援護主局は一定の猶予期間を設け，その期限までに重度障害のある者をしごとポストに就けるように求める。この期限を過ぎると，生活援護主局が雇うべき重度障害のある者を指定することになる。この指定の通知でもって，使用者と当該重度障害者のあいだの労働契約が成立したことになる。その際に生活援護主局は現行の労働協約，経営協約，就業規則に従わなければならない。生活援護主局は強い権限をもっているのである。こうした仕方が可能になるためには，就労志望の重度障害者は予め生活援護主局に登録をしておくこと，生活援護主局も重度障害のある者それぞれのしごと能力の詳細を把握していることが必要であり，実際そうであった。

　使用者には，2％までしごとポストに重度障害のある者を就けるという義務のほか，その重度障害のある者と家族の適切な暮らしを可能にする住居を所有させたり，貸与したりすることで，その義務を全うすることができる。そのほか，使用者には重度障害のある者の利益にとって必要な情報を，生活援護主局に提供する義務が課せられている（同法第10条），など。

2-3 職場での重度障害のある者の利益擁護

　「重度障害者雇用法」が構想する障害者雇用推進システムの大きな特徴は，「経営協議会法」とのかかわりであって，使用者だけではなく，事業所での従業者（被用者）代表にも，障害者雇用と障害者利益の推進をすべき努力義務が課されていることである。「法律上，従業者代表が設けられるべきすべての事業所において，同代表は自らが当法の実施に努力しなければならない」（同法第12条）。しかも，障害のある従業者が少なくとも5人以上（一時的でなく）働いている事業所においては，1年任期の職場委員が任命されなければならないのであるが，この職場委員は「可能なかぎりにおいて障害のある人でなければならない」。そして，使用者はこの職場委員と協力するための自らの代理人を任命しなければならないのである。

　同法第13条から第17条までは，解雇に関する規定となっている。次章でふれるように，障害者雇用に関し，解雇問題は大きなイシューになっている。重度障害のある者は使用者の一存で解雇できない。「重度障害のある者は生活援護主局の同意があったときにのみ，解雇しうる。……」（同法第13条）。当人がほかに適当なしごとを確保しうるのであれば，文書で同意する。解雇告知期間は4週間である。ただ，同意が不要の場合も定められていて，使用者が雇用義務を果たしていて，空いているしごとポストに生活援護主局と同意のうえでほかの重度障害のある者を配置しようとしている場合や，事業所のしごとポストすべてに一時的ではなく完全に人が配置されているか，実質上制約があって，しかも解雇日と次の賃金支払日のあいだが少なくとも3ヶ月空いている場合などがそれである。

　同法第18条では，民間企業の事業所の使用者についての罰則が定められている。民間の使用者が法規を故意に，あるいは1年間無視して，法に違反したとき，生活援護主局の提訴があれば，労働裁判所はこれを審査する。提訴に妥当性があれば，この使用者に1万ライヒスマルクの罰金を科する。使用者がそれをも無視して，再度の提訴があり，それが認められれば，罰金は10万ライヒスマルクになる。

　この法律には，生活援護主局がよく登場する。それは当初は国の組織であっ

たものの，官吏が取りしきる監督官庁的存在ではなく，少なくとも重度障害者雇用に関しては，そこに設けられている重度障害者委員会が決定を下す（同法第22条）。同委員会は局長のほか，8人の委員によって構成されている。同法第22条ではその構成も規定されていて，障害のある者が3人，使用者が2人のほか，工業監督官か鉱山監督官の代表1人，同業組合と職業安定所のそれぞれの代表をもって構成される。

　以上がドイツの1923年の「重度障害者雇用法」の一応のあらましである。そこにおいては，法定雇用率，解雇の制約，重度障害のある者の職場委員任命，生活援護主局の重度障害者委員会などの規定が印象的である。中でも法定雇用率の設定には大きな意義があって，この考え方は今日にも引き継がれている。

2-4　ワイマール時代という背景

　ワイマール共和国の時代ともいわれる期間は，第1次世界大戦直後の1918年11月9日に社会民主党のF.Scheidemannが共和国の成立を宣言してはじまり，1933年1月30日に「第三帝国」がこれにとって代わる，時間上は15年ほどのごく短いものであった。ドイツの最初の民主化時代と位置づけられるワイマール時代に，1920年，1923年の「重度障害者雇用法」は生まれたのである。この点は留意すべきである。ワイマール時代には，今日においても重要性をもっているいくつかのシステムが芽生えた時期である。1920年には，事業所（Betrieb）での労使のコラボレーション，ファクトリー・ガバナンスを確保するための「経営協議会法」（Betriebsrätegesetz）が制定されている。経営協議会とは事業所の従業者の利益代表組織のことであり，労働組合とは一応別の組織になっている。同法は現在のドイツの特徴的な共同決定諸法のひとつの重要な源流である[9]。1922年には「経営協議会法補足法」が制定されて，経営協議会の代表の株式会社等の監査役会への参加も規定されることになった。

　経営協議会法第1条では「従業者の使用者に対する共通の経済的インタレストを擁護し，かつ使用者の能率的な企業経営を支えるために，従業者数20人以上の事業所には，すべて，経営協議会が設けられなければならない」。同法第66条1，2の規定は後者の点をふえんしていて，「経済目的をもつ事業所においては，助言によって事業所の使用者を支え，経営生産のもっとも高いレベル，

最高の経済性を使用者とともに慮(おもんぱか)らなければならないし,新しい作業方法の導入の促進についても協力しなければならない」とされている。

　ドイツ語のベトリープは,経営(経済)学では経営(体)と訳出されることが多い。ここではあえて事業所と表現している。外的事象としては,ベトリープは事業所としたほうがよい。ただ,ドイツではベトリープについてはG. Schmollerをはじめ非常に多くの経済学,経営経済学,経営社会学の研究者の規定が行われていて[10],事業所という表現では伝わらない,深甚な意味が付与されている点には注意しなければならない。たとえば,Schmollerはすでに1900年に,つまり経営(経済)学において企業とベトリープの識別が議論されるまえに,企業は経済的カテゴリーの問題であるのに対して,ベトリープ,とりわけ大規模なベトリープでは,場所的,技術的ならびに社会的問題が提起されるという。それは理念型としては,企業者の財産権,経営権の中に全く埋没してしまうような存在ではなく,それ自体が相対的に自律した社会的・物質的(あるいはソシオ・テクニカルな)構成体である,と考えられている。「大規模なベトリープは一私人の掌中にある場合であっても,半ば公共的性格をもった永久制度である」(Schmoller)。公私のベトリープのしごとポストに就いているのが従業者(Belegschaft)である。ベトリープの構成要素としてそこで働く従業者にはベトリープにおいて一定の発言権,共同決定権が与えられるべきである,ということになる。もっとも,現実には,ベトリープは存亡もふくめて,上部組織(たとえば企業)の裁量下にあるというように,必ずしもそうはなっていなかったわけで,ワイマール体制において,「経営協議会法」はベトリープの理念型にそうかたちでいわばファクトリー・ガバナンスを規定したことになる。そして,障害者雇用の主たる舞台は,企業とか官庁ではなく,それらのベトリープなのである。そして,ベトリープのしごとポストは,障害のない人ばかりでなく,障害があっても働ける人に対しても割り振られるべきであり,しかも,後者の人びとの意思もベトリープの運営に反映されて然るべきだというのが,ワイマール時代の規範的な考え方であった。

3　ドイツ西部の製鉄企業の事業所の実施状況

　1923年の「重度障害者雇用法」は企業側によって受け入れられたのであろうか。とくに義務的しごとポスト数の規定を，企業の事業所はどのように受け止めたのであろうか。この点に関してのデータは，なかなか見出すことができない。ただ，当時，企業での障害者福祉，重度障害者雇用に関心を寄せていたのは経営社会政策論であって，その中に重度障害者雇用の実態を取り上げたものがある。経営社会政策論は1920年代から30年代はじめにかけて開花した，従業者とその家族に対する企業福祉論であって，日本でも関心をよび，かなり取り上げられた[11]。第2次世界大戦後も旧西ドイツにおいて経営社会政策論の著作が刊行されている。R. Schwengerは1930年前後の経営社会政策論の旗手のひとりである。Schwengerはドイツ西部の製鉄業での重度障害者雇用の実態を取り上げている[12]。それはむろん，ドイツの企業全体の代表例というわけではないが，Schwengerはドイツ的なひとつのモデルを提示したものだと考えることができる。

　Schwengerによると，雇用情勢が厳しい中で「大部分の事業所は法的雇用率2％以上の重度障害のある者を雇い，全従業者の3％，あるいは4％の重度障害のある者を受け入れていた」(Schwenger, S.78)。以下で述べる合同製鉄のケースもSchwengerが挙げているものである（**図表Ⅱ-1参照**）。同図表は1926～1932年までの期間における同社の法定（義務的）雇用率と，実際に雇った（雇っていた）しごとポストの重度障害のある者の人数の推移を表わしている。同図表の上方は合同製鉄全体の法定（義務的）率のしごとポスト数と実際に雇ったしごとポストの重度障害のある者の人数であり，下方が同社の製鉄所での数字である。同図表をみると，合同製鉄全体では前半においては法定雇用率を満たすことができなかったが，後半になってからは，1929年の大恐慌の影響を大きく受けて事業が縮小し，従業者数の削減がはっきりとする中でも，実際の雇用率が法定雇用率を上回っていることがわかるのである。製鉄部門は一貫して実在数が義務数を上回っている。

　Schwengerによると，ドルトムント・ユニオーンでは，1933年において約

●図表Ⅱ-1　合同製鉄における重度障害のある者の義務数と実在数の推移

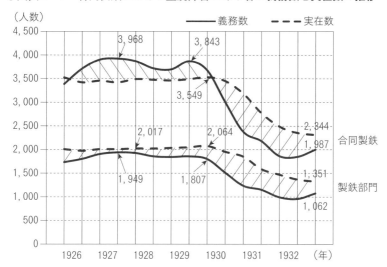

（出所）Schwenger, S.79.

80人の障害のある人が働いていて，作業服，手提げ袋，既製服，ブラシかけなどの職場を担当していた。5分の4が出来高給を入れていたが，事業所としては採算がとれず，ユニオーンが支援をしていた。ヘッシュ・ケルン・ノイエッセンも障害のある者のための立派な事業所を設けていて，約125人がそこの職場で働いていた。この事業所ではブラシ，靴づくり，木工，金属加工，袋・かご編み，印刷・製本などの雑多な作業が行われていた。125人の中には，6人の障害のない専門労働者がいて，この6人が障害のある作業者を支えていた，という。

こうしたケースをみると，障害のある者が就くことのできるある種の職場，しごとがあること，そうした職場，しごとを集めた事業所もつくられていたこと，障害がある作業者を障害のない作業者が支援している様子がうかがえる。こうした事業所はアンヴァリッド事業所とよばれていた。

たとえば，グーテホフヌンク（製鉄所）には，約50人の障害のある人が働くアンヴァリッド事業所があった。シェルカー協会のアンヴァリッド事業所では，障害のある人だけでなく，高齢者も働いていて，前者よりも後者のほうが多か

った。しかも,このアンヴァリッド事業所は有限責任会社になっていた。木工,金属加工,研磨,ブラシかけ,印刷,製本,造園の7部門があった。

アンヴァリッド事業所は「重度障害者雇用法」には規定がなく,実務の中で形づくられたものである。ドイツの鉄鋼業のアンヴァリッド事業所は,就労弱者が多く働いている作業所である。もっとも,従業者全員が障害のある人だというわけではなく,先のヘッシュ・ケルン・ノイエッセン,グーテホフヌンクなどの場合のように,若干の非障害の従業者もふくまれていた。そうした従業者は,障害のある従業者が行う作業を,様々なかたちで支援していた。

このアンヴァリッド事業所は一般労働市場の外では今日の福祉作業所（ドイツでは障害者作業所）や様々な授産施設につながるし,内側ではドイツのインテグレーション企業,日本の特例子会社などにむすびつくであろう。その意味では,アンヴァリッド事業所も注目すべきシステムである。

4　1953年の「重度障害者雇用法」と1974年のいわゆる「重度障害者法」

4-1　「重度障害者雇用法」

戦後の旧西ドイツでは,「経営協議会法」ならびに「経営協議会法補足法」の中の企業と事業所での共同決定の理念とシステムは一段と拡充されて,企業の監査役会を中心とする労資共同決定（いわゆる「モンタン共同決定法」,「1976年共同決定法」などの根拠法）と,事業所レベルでの労使協議・共同決定（根拠法として「経営組織法」）に分かれて発展し,旧西ドイツ・ドイツの経済社会体制の不可欠の構成部分となっているわけであるが[13],「重度障害者雇用法」も,戦後の1953年に成立し,施行された。ワイマール時代に「経営協議会法」の成立をすぐ追うようにして2ヶ月後に「重度障害者雇用法」ができたわけであるが,第2次世界大戦後の旧西ドイツでも,1952年に「経営組織法」が成立すると,その翌年に「重度障害者雇用法」が生まれた。また1972年に「経営組織法」が大きく変わると,1974年に「重度障害者のしごと,職業,社会へのインテグレーションの確保に関する法律」,いわゆる「重度障害者法」

が成立するというように，従業者の事業所での参加と障害者雇用は雁行して進展をみている。こちらもいまや，ビッグな分野になっている。

1953年の「重度障害者雇用法」(Gesetz über die Beschäftigung Schwerbeschädigter) は，名称が1920年法，1923年法と同じである。ただ，条文は増えて全部で42条になった。1953年法では障害者雇用の規定がより整理され，より細かくなったこと，新しい事態（たとえば，適用範囲が旧西ドイツとベルリンになること，ナチスによる政治的，人種的，宗教的理由からの迫害で健康を損ねた人も対象に加えたことなど）への対応があること等がみられる。また，使用者と経営協議会の義務がより整理されて規定されている。

けれども，公私の事業所の使用者に対する障害者雇用義務，解雇制限，生活援護主局のつよい権限，経営協議会の義務，重度障害のある者のための職場委員任命は1953年法にも引き継がれている。これらはドイツ的なシステムだと受け取ることができる。そして，1920年法も1923年法も1953年法も，戦傷による（多分に身体障害の）重度障害者救済に軸足を置いている。

ちなみに，1953年法では，「少なくとも7のしごとポスト以上を有するすべての使用者は少なくとも1人の重度障害のある者を雇わなければならない」としている。この規定にかかわらず，以下の使用者には，さらなる雇用義務がある。「連邦，州，自治体その他公的組織では100のしごとポストのうちの少なくとも10，民間の銀行，保険会社，住宅貯蓄組合も100のうちの最低10，その他の公的事業所と民間の事業所では100のうち少なくとも7のしごとポストに重度障害のある者が雇われなければならない」（同法第3条(1)）。

民間企業の事業所についていうと，上記の規定では，法定雇用率は7％になる。1953年法では，1923年法にはなかった算定基準も同法で示されている。端数が出た場合，0.5以上は切り上げること，同じ使用者が地域にいくつかの事業所をもっている場合には，それらを束ねて計算しうること，法人格を有する事業所の場合，役員の中に重度障害のある者がいる場合は，これを義務数の中に算入するなどである。

重度障害者雇用の義務的人数を満たさない民間の使用者については，生活援護主局か労働基準局の提訴に基づき，州の労働基準局は，それを満たす期間を設定しうる。この期限までに義務を果たさない場合，州の労働基準局は重度障

害のある者を指名し，雇用期日を決める。この通達により，使用者と重度障害のある者のあいだの雇用契約が成立するものとみなされる。生活援護主局と労働基準局とのちがいはあるものの，こうした強制配置は1923年の場合と変わらない。

　重要なのは，1953年法において，重度障害者雇用調整（負担）金（Ausgleichabgabe）がはじめて登場することである。1923年法の場合は，労働裁判所が命じる罰金だった。1953年法では，「民間の使用者が重度障害のある者の所定数を雇わず，義務を満たさない場合，同人は任命されていないしごとポスト数ごとに，月額で雇用調整金を支払わなければならない。……」（同法第9条）。それは月額で50ドイツマルクである。

　この雇用調整金はどのように使われるのか。「重度障害者法」第9条5によると，「雇用調整金は重度障害のある者及び寡婦・配偶者の就労・職業活動促進という目的のためにのみ使われるべきであり，またそうした人びとのしごと能力の再生と維持，その他重度障害のある者・戦没者遺族の援護だけに使うことがゆるされる」。次章でふれるように，重度障害者雇用調整金も，今日の重要なシステムになっている。

4-2　いわゆる「重度障害者法」

　1974年には，「重度障害者のしごと，職業，社会へのインテグレーションの確保に関する法律」，いわゆる「重度障害者法」（Gesetz zur Sicherung der Eingliederung Schwerbehinderter in Arbeit, Beruf und Gesellschaft）の制定をみる。同法は44の条文から成り立っていて，1953年法と条文の数ではそう変わらないが，障害者雇用の基本姿勢において，はっきりとした違いがある。障害者雇用システムは新たな段階に入ったといわれている。同法によって，「障害者の権利はこれまでと違った関係，とくに障害のあるすべての人びとに対し，包括的なリハビリテーションを行うという現代の考え方にそうこととなった」[14]。1971年において，約45万人の主として戦傷による者が働いていたが，いわゆる「重度障害者法」の成立後，労働生活に入った重度障害のある者の人数は増加していって，1981年には約100万人になったという。こうした流れからすると，1920年，1923年と1953年の「重度障害者雇用法」はいずれも，重度障害のある

者といっても，その一部，特別の人びとのみをその適用範囲にしていた，ということになる。それが，ドイツ的な仕方だった。1970年代になると，第Ⅰ章でふれたように，国際的にも国際障害者年に向けての動きが活発になってくるし，またヨーロッパ連合内での調整（harmonization）の中でドイツ的な仕方は相対化していく。

　ヨーロッパ連合（EU）についていうと，ベルギー，フランス，旧西ドイツ，イタリア，ルクセンブルク，オランダの6ヶ国でEECとしてスタートした当初は，お互い比較的似たシステムをもっていたためか，調整問題はさほど大きな課題ではなかったが，一方で加盟国が増え，他方で統合化がすすむ中で，拘束的提言を行う必要性が高まった。加盟国すべてに障害のある人の雇用と職業訓練について平等な機会を促す提言は1986年に採択された[15]。また，1996年に改訂された「ヨーロッパ社会憲章」の中でも障害のある人の自立，参加，インテグレーションがうたわれることになった。EUの場合は，まずは障害のある人についての人権を強調するという姿勢があって，しかもそれが一般的な基本的人権の一環として言及される（たとえば，2000年の「EUの基本的人権憲章」）。そして，具体的なEUの指令，戦略，行動計画が策定される。こうした，いわば演繹的なやり方は，「重度障害者」にウエートを置いてきたドイツにはなかったものである。ドイツでも2002年に「障害者対等法」（Gesetz zur Gleichstellung behinderter Menschen：BGG）が，また2006年には「対等の扱いに関する一般法」（Allgemeines Gleichbehandlungs-gesetz：AGG）が制定された。BGGの目的は「障害のある者であるがための不利益を取り除き，また阻止し，社会生活への対等の参加を保障し，自己決定の生活を可能にする……」（同法第1条）ことだし，AGGのほうは，「民族・人種，性，宗教，世界観，障害，年齢，性的アイデンティティを理由とする不利益を取り除き，また阻止すること」が法的目的である（同法第1条）。

　ドイツ国内では，障害者雇用に関して，いわゆる「重度障害者法」の制定をもって，「戦後の克服」とか，「すべての障害のある者の平等への方向への偉大な第一歩」といった評価が行われている。その通りであって，これが2001年の「社会法典第9編・障害者のリハビリテーションと参加」につながる。「重度障害者法」はこの「障害者のリハビリテーションと参加」に統合されたのである。

「障害者のリハビリテーションと参加」は,つぎの第Ⅲ章において取り上げる。ただ,日本からみると,障害者雇用の技術システムの生成という側面では,1923年法と1953年法は大きな役割を果たしたといわなければならない。

5　日本の「身体障害者雇用促進法」

5-1　法的システム

　日本でも1960年に障害者雇用を促進する法的フレームができた。ただし,それは身体障害のある人に限ったものであった。「身体障害者雇用促進法」は6章構成23条からなるコンパクトな法律である。ちなみに,日本の障害者雇用の法的フレーム・施策の発展については,いくつかの著作がある[16]。

　第1条（目的）では,「この法律は,身体障害者が適当な職業に雇用されることを促進することにより,その職業の安定を図ることを目的とする」としている。同法の具体的な柱は職業紹介等（第2章）,適応訓練（第3章）,雇用（第4章）,身体障害者雇用審議会の4つである。

　さきにふれたドイツの法律との対比でいうと,この「身体障害者雇用促進法」は法律名称どおりに,身体障害のカテゴリーのみが対象であり,ほかは適用外である,という点が指摘できる。ドイツの「重度障害者雇用法」（1920年法,1923年法と1953年法）も身体障害のある者を主たる対象としているが,1923年法では知的障害のある者に対する規定（同法第8条）が,1953年法では,戦傷者,戦死者の寡婦,ナチスによる迫害者などについての言及がある（同法第1条）。

　次に,「身体障害者雇用促進法」では身体障害のある者の中に重度障害のある者がいる,としている。そして身体障害のある者の雇用率と重度障害のある者の雇用率を規定しているのが特徴である。その場合,重度障害のある者は「労働能力はあるが身体上の欠陥の程度が著しく重いため,通常の職業に就くことが特に困難である」者のことであり,そのため政令でもってそうした身体障害のある者の能力にも適合すると認められる職種を用意する。それが特定職種である。この意味の重度障害のある者は,ドイツの規定の仕方とは異なって

いる。ドイツの場合それは，第Ⅰ章でのべた医学的なGdSと，より一般的なGdBに規定された概念であって，結果的にしごと能力の程度と関係してくるとはいうものの，建前としては，直接しごと能力とは必ずしも関連づけてはいない。

いよいよ雇用率の問題である。「身体障害者雇用促進法」でも，障害者雇用率がうたわれていて，その点はドイツの場合と同様である。しかも，公的セクターと民間セクターに分けて規定しているところも，日独は共通している。「国及び地方公共団体の任命権者（委任を受けて任命権を行なう者を除く）並びに日本専売公社，日本国有鉄道及び日本電信電話公社の総裁は，職員の採用について，当該機関（当該任命権者の委任を受けて任命権を行なう者に係る機関を含む。）に勤務する身体障害者である職員の数が，当該機関の職員の総数に，政令で定める身体障害者雇用率を乗じて得た数（１人未満の端数は，切り捨てる。）未満である場合には，身体障害者である職員の数がその身体障害者雇用率を乗じて得た数以上となるようにするため，政令で定めるところにより，身体障害者の採用に関する計画を作成しなければならない」（同法第11条）。

また「常時労働者を使用する事業所（国及び地方公共団体並びに日本専売公社，日本国有鉄道及び日本電信電話公社の機関を除く）の雇用主は，労働者の雇入れについては，常時使用する身体障害者である労働者の数が，常時使用する労働者の総数に，事業の種類に応じて労働省令で定める身体障害者雇用率を乗じて得た数（１人未満の端数は，切り捨てる。）以上であるように努めなければならない」（同法第13条）。

労働省令では，身体障害者雇用率は規定されているものの，しかし，これらは民間セクターでは義務ではなくて，「努めなければならない」努力義務になっている。ただ，身体障害者採用計画の作成がうたわれている。引用した同法第11条には，その旨が規定されているし，常時100人以上の従業者を使用する民間事業所については，公共職業安定所所長が，身体障害のある者の雇用が規定を満たさず，規定を満たすのに著しい困難を伴わないと認められる場合，身体障害のある者の雇入れに関する計画作成を命じることができる。そして，事業所の使用者は雇入れ計画を作成し，それを遅滞なく公共職業安定所所長に提出しなければならない。提出された計画が著しく不適当だと認めたときには，公

共職業安定所長はその変更を勧告できる。採用計画ないし雇入れ計画の規定もドイツの規定にはない。強制義務を課さない代わりの措置であろう。

重度障害のある者についても公的セクターと民間セクターの規定が設けられている。前者の場合，「任命権者等は，特定職種の職員の採用について，当該機関に勤務する重度障害者である当該職種の職員の数が，当該機関に勤務する当該職種の職員の総数に，職種に応じて政令で定める重度障害者雇用率を乗じて得た数（1人未満の端数は，切り捨てる。）未満である場合には，重度障害者である当該職種の職員の数がその重度障害者雇用率を乗じて得た数以上となるようにするため，政令で定めるところにより，重度障害者の採用に関する計画を作成しなければならない」（同法第15条①）。

後者の場合，「常時労働者を使用する事業所の雇用主は，特定職種の労働者の雇入れについては，常時使用する重度障害者である当該職種の労働者の数が，常時使用する当該職種の労働者の総数に，職種に応じて労働省令で定める重度障害者雇用率を乗じて得た数（1人未満の端数は切り捨てる。）以上であるように努めなければならない」（同法第15条③）。

日本の「身体障害者雇用促進法」では，二重の障害者雇用率がうたわれていることになる。ひとつは身体障害者についての雇用率であり，いまひとつが特定職種ごとの重度障害のある者の雇用率である。こうした雇用率の設定の仕方も日本的なものである。

身体障害者雇用審議会は労働省に設けるもので，「……労働大臣の諮問に応じて，身体障害者の雇用の促進に関する重要事項について調査審議し，及びこれらに関し必要と認める事項について関係行政機関に意見を述べることができる」（同法第17条）。審議会は20人以内の委員で構成され，労働者を代表する者，使用者を代表する者，身体障害のある者を代表する者，学識経験のある者の4者からなる。

なお，「身体障害者雇用促進法」では，雇用だけでなく，職業紹介等や適応訓練についても規定している，ということであった。前者は公共職業安定所がこれを行うことが規定されている。なお，「公共職業安定所は，正当な理由がないにもかかわらず身体障害者でないことを条件とする求人の申込みを受理しないことができる」（同法第3条）。後者では公共職業安定所はそのあっせんは

するものの都道府県，広域の自治体が適応訓練を担う。適応訓練は無料で行われ，都道府県は適応訓練を受ける身体障害のある者に対し，手当を支給しうる。要するに，都道府県が適応訓練を行い，その費用を担うが，国がその一部を補償する。

5-2　日独の異同

　1960年は日本経済が高度成長期に入ったところで，同時に近代的雇用システムがいっそう整備された時期であった。「身体障害者雇用促進法」はそうしたシステムのひとつとして制定されたということができる。旧西ドイツの「重度障害者雇用法」より7年あとのことである。

　すでに，日独の法文の技術的差異については，ある程度ふれたが，以下において，日本の「身体障害者雇用促進法」とドイツの「重度障害者雇用法」とをごく簡単に対比する。日本の「身体障害者雇用促進法」は旧西ドイツの「重度障害者雇用法」を参考にした筈である。とりわけ，障害者雇用率を定め，公私双方の組織が，その達成に努める中で，障害者雇用をすすめようとする点において，両者は同じである。ただ，旧西ドイツでは，1920年，1923年の「重度障害者雇用法」からそうであるが，雇用率は義務的であり，拘束的であった。日本においては民間企業は努力義務にとどまっている。もっとも，日本も1976年以降は，義務的雇用率になった。ちなみに，公的セクターと民間セクターに分けて規定を行う点も，日独双方に共通している。

　ただ，ちがいも目立つ。すでにふれたが，「身体障害者雇用促進法」は文字通りに，身体障害のある者だけが対象であるのに対し，ドイツの場合は1920年，1923年の「重度障害者雇用法」のときから，対象はより包括的であった。一方において，身体障害のある者については「少なくともグレード50」の重度の障害のある者にしぼられている。もっとも，1920年，1923年と1953年の法律は，多分に身体障害のある者，とくに戦傷者が念頭にあった，ということはいえる。その後，日本もドイツもともに，対象を拡大していく。

　日本とドイツの顕著なちがいは，障害のある人の権利をめぐってである。1920年，1923年の法律も1953年のそれも，重度障害のある者の解雇に関する保護規定があるが，日本の場合，それが手薄かもしれない。この点はつぎの章で

詳しくのべる。また，ドイツ，旧西ドイツにおいては，職場において重度障害のある者の（利益）代表が任命され，また経営協議会が同代表をバックアップをする仕組みが規定されている。次章でふれるが，ドイツではこの仕組みが現行の「社会法典第9編・障害者のリハビリテーションと参加」でうたわれている。重度障害者代表と経営協議会の関与に関する規定はドイツのシステムの大きな特色である。日本の場合，いわゆる「障害者雇用促進法」に解雇に関する条文はひとつ設けられたにとどまっている。ドイツでは，障害のある人の解雇は大きなイシューであって，連邦政府の『障害者報告書』やBIHの年次報告書において，障害者解雇問題がひとつの柱になっている。重度障害のある者の雇用は使用者の義務であり，障害のある人のこの点での権利意識がつよくなっていて，法的問題になるケースも少なくないという事情もあろう。

6　障害者雇用と企業と事業所

6-1　経営社会政策論の考え方

　一般の人びとにとっても，障害のある人にとっても，就労の一番の場は企業の事業所である。障害者雇用をおしすすめるためには，企業の事業所での就労がはかどるかどうかが決め手になる。企業の事業所は障害のある人にとって，働くことのできる場になりうるのか。

　前節でふれたように，1920年代から企業の事業所には，重度障害者の法定雇用率が強いられる事態になった。法定雇用率を設けるというやり方はドイツで今日まで続いている。日本でも，1960年に「身体障害者雇用促進法」が制定された段階では，企業の事業所において障害者雇用は努力義務であった。1976年からは，事業所に対し障害者雇用率が義務化されている。その他，次章で説明するような，企業の事業所での障害者雇用を支援する様々な仕組みもつくられてきている。しかし，一方において企業での障害者就労・雇用はなかなか進捗しないのではないか，と思う人びとも大勢いる。実際に，日本の企業での障害のある者の法定雇用率はどの程度に達成されているか。日本の『障害者白書』（2013年）によると，過去の年々と比較すると，就労した障害のある者の人数

は増えてきてはいるが，一方において，第Ⅰ章でのべたように，民間セクターでの法定雇用率を達成した企業の割合は，42.7％にすぎない（2013年）。公的セクターでは，大部分の官庁，自治体は法定雇用率は充足しているものの，身体障害のある人の雇用が中心であって，知的障害，精神障害といったほかの障害カテゴリーの人びととの雇用は，必ずしも進展しているとはいえない。

　公的セクターの問題はしばらくさておいて，民間セクター，とくに企業の事業所において障害者雇用はなぜなかなかはかどらないのか。障害者雇用をおしすすめるには，義務的数値を外から強制するクォータ・システムよりほかに途はないのか。この点で，「重度障害者雇用法」が制定された1920年代に，ドイツでは，どのような議論が行われていたのかは，興味のある点である。とくに，障害者雇用問題を取り上げていた経営社会政策論の中では，いかなる議論が行われていたのか[17]。

　当時，企業が営利追求の制度的装置だとする認識は一般化していた。社会の常識でもあったし，経済学においても企業は企業者の人格的延長線上の組織である，とする基本仮説に立って，理論が構築されていた。企業者は経済人モデルをベースにした，もっぱら経済動機，利益動機によって意思決定を行い，行動しようとする。以上のような見方に立てば，そうしたモデルとしての企業では，障害者雇用はなかなかすすまない。それが社会的に必要なら，法的に強制せざるをえない。障害者雇用は他律的経営社会政策の問題にならざるをえない。

　以上のような一般的見方がある一方において，ドイツのいわゆる歴史学派では，Schmoller，L. Brentano，A. Wagnerなどの新歴史学派もふくめて，経済人モデルにはすこぶる批判的な風潮があった[18]。多元的に動機づけられた「歴史的人間」をベースにした議論，主張が行われていた。もっとも，企業者において経済動機，利益動機が非常に大きい点は，否定されない。しかし，ほかの動機も働いている。「歴史的人間」モデルに立った議論は今日貧困者専門のグラミン銀行の設立者であるM. Yunusのソーシャル・ビジネス論[19]（2010年）などにおいて見当たるものの，あまり顧みられることがなくなったが，経営社会政策論では，さきにふれたような経営史のエビデンスもあって，多元的に動機づけられた企業者像に基づいた立論が行われていた。たとえば，障害者福祉をふくむ経営社会政策は生産政策的動機からも，社会倫理的動機からも，

宗教的・慈恵的動機からも，支配政策的動機からも展開されていたという（K. C. Thalheim, 1929, S.16-17）[20]。また，R. Reichwein は経営社会政策が企業者の慈恵的動機，外部からの介入防止動機，支配確保動機などの7つの動機によって行われているという（Reichwein, 1965, S.78f.）[21]。こうした動機から，国の社会政策が出動する以前には，企業が自律的に様々な従業者福祉，社会政策を行っていたとする。

また，そうした経営社会政策をも押しすすめることで，企業権力の正当性（レジティマシー），従業者に対する支配の合法性も担保されていた，ともいう。企業者が多く利益をあげるということだけでは，企業権力の正当性は成立しない。この見方に立つと，重度障害者雇用の場合，法定雇用率を設けることで，支配の正当性のガイドラインが明示された，ということになるかもしれない。企業の事業所がこのガイドラインを遵守している場合，支配の正当性は担保される。

経営社会政策論では，利益動機に発する政策（いわゆる経営経済政策）と経営社会政策とのあいだには相克のある点も指摘されている。この相克関係は，障害者雇用がきちんと制度化されることによって，企業裁量がなくなる分，抜き差しならぬものになるかもしれない。けれども，その相克を解消したり，やわらげたりする問題については，経営社会政策論ではほとんど言及がない。ただ，後年の（第2次世界大戦後の旧西ドイツの）経営社会政策論においては，経営社会政策の「経済化」という事態が指摘されるようになった（Reichwein, 1965, F. Voigt, 1962）[22]。経営社会政策の経済化とは，経営社会政策が企業経済上の意味を帯び，自己資本利益率（return on equity：ROE）とのコンテクストをももつようになったということである。経営社会政策の根拠を企業者の慈恵的動機などに求めることはなくなった。この点は，第Ⅶ章で取り上げる企業主導のディスアビリティ・マネジメントをみれば，よく理解できよう。それをいま本書なりに整理をすると，経営経済政策と経営社会政策の相互浸透，調和といったことであろう。あるいは企業の戦略のアリーナに，たとえば，障害者雇用も浮上してくる。あとでふれるが，障害者雇用やディスアビリティ・マネジメントは，企業戦略上のツールになりうるし，実際ドイツのフォード有限責任会社などそうした企業もある。多分，企業環境の大きな制度的変化が経営

●図表Ⅱ-2　企業の目標関係（相克vs相互浸透，調和）

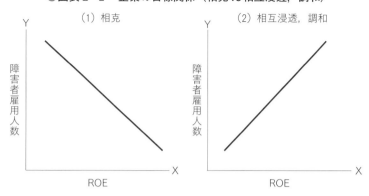

社会政策の経済化，経営経済政策と経営社会政策との相互浸透，調和をもたらしたのだということであろう。ソーシャル・ビジネスの成立基盤もここにある。これはどういうことか。

いま，モデルとしての企業が自己資本利益率，ROEといった経済的目標と障害者法定雇用率の達成という目標を，ともに追求しなければならないとする。相克の場合，両者は図表Ⅱ-2の左側の（1）のような関係になろう。X軸がROE目標であり，Y軸が障害者法定雇用率の達成，あるいは法定率を上回る雇い入れだとする。相克の場合は，投入するカネ，人材といった資源をめぐって相克，コンフリクトがおこる。一方の目標達成に向けて資源を投入すれば，その分，他方の目標達成は遠のく。企業がROEの目標の追求に熱心であればあるほど，障害者雇用はすすまない，ということになる。障害者雇用はROEの追求にとって制度的制約だとするとらえ方になる。

6-2　障害者雇用の内部化の途

相互浸透，調和の場合が，図表Ⅱ-2の右側の事態である。資源投入がROE目標の達成にも寄与するし，障害者雇用にも資する。もっとも，資源投入と両目標との関係は，図表のように，極端でないだろう。△X＝△Yではないであろう。つまり，直線の傾斜は様々であろうし（△X＞△Y，△X＜△Y），また直線であるとはかぎらない。すぐあとでふれるような，企業環境の変化の中で，とくに障害者雇用の制度的整備がすすむ中で，あるいは人びとの様々な取

り組みの中で図表Ⅱ-2の左側の相克（1）から右側の相互浸透，調和（2）への移行が，限定的ながら少しずつ可能になってきていると思われる。障害者雇用の内部化である。

ROEと障害者雇用のあいだの相克を和らげ，さらに両者の調和を成り立たせるには，つまり，上記の移行をすすめるには，どうしたらよいか。

6-3 ACEの取り組み

こうした取り組みが産業界でもはじまっているのは心強い。ひとつの非常に良い例がある。一般社団法人企業アクセシビリティ・コンソーシアム（Accessibility Consortium of Enterprises：ACE）の活動がそれである[23]。

2010年11月に日本IBM株式会社により企業のトップマネジメント向けの「天城アクセシビリティ会議」が開催されたのが，ACE設立のきっかけとなった。日本IBM社フェロー浅川智恵子氏からDID（Dialog in the Dark）の紹介があり，その後会合を重ねた後，2013年9月「障害者雇用の新しいモデルの確立」を目指し，志をひとつにする有志企業20数社が集まってACEを設立した。2016年3月時点で，会員企業数は28社である。

ACE設立の目的は，障害というダイバーシティを活かした新たな価値の創造と企業風土の変革，そしてインクルーシブな社会の実現を目指し，企業の成長に資する新たな障害者雇用モデルの確立と，企業の求める人材の社会に対する発信である。

ACEは，「障害」を「女性」や「外国人」と同様にダイバーシティのひとつとして捉えている。そして，図表Ⅱ-3のように，ACEのビジョンは，コンプライアンスへの対応の第1段階，企業の社会的責任（CSR）への対応の第2段階をこえて，企業の成長に資するインクルーシブな社会の実現の第3段階にあるという。

ACEでは，障害者雇用に関する企業現場の課題に加え，社会における構造的な課題にも取り組むために，図表Ⅱ-4のように，3つの事業部会が連携して活動している。

ひとつは，企業キャリア創出部会であり，ロールモデルを表出して，表彰したり，キャリア意識改革や雇用施策を促進する。会社をこえての障害者ネット

第Ⅱ章　近代的障害者雇用のはじまりと発展

●図表Ⅱ-3　ACEのビジョン

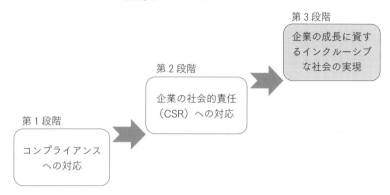

●図表Ⅱ-4　ACEの活動内容

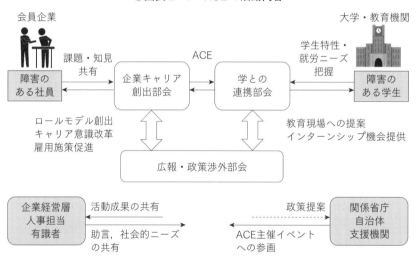

ワークをつくり，障害者向けセミナーなども開催する。

　次に，大学との連携部会がある。大学・教育機関との連携を深め，障害のある大学1，2年生に働くために必要なマインドセットを変えるなどキャリア・セミナーを開催したり，インターンシップを実施したりするという。

　さらに，広報・政策渉外部会があり，関係省庁など行政に対して政策提案をするという。たとえば，視覚障害がある人の自立支援のためのツールとして，

読み上げアプリの検討や提案などを行っている。

　ACEチャレンジ・セミナーと称するものも開催されている。業態，業種の異なる会員企業で活躍する障害のある社員が集まり，「自らの強み」にフォーカスすることで，働き方や自身のキャリアについてさらなる意識変革を起こすセミナーである。第Ⅰ章でふれたポジティブ心理学の活用である。参加する障害のある社員に，自分のキャリアについて考えてもらうだけでなく，さらなる成長のため，目標に向かってチャレンジし続けてもらいたいという思いを込めて，セミナー名を「チャレンジ・セミナー」としたという。

　ACEチャレンジ・セミナーでは，世界的に普及している強み分析ツールの「ストレングス・ファインダー」（StrengthsFinder）を活用している[24]。ストレングス・ファインダーとは，「人は自分の弱みを改善するよりも強みに意識を向け，それを活かすことで最大の能力を発揮する」というポジティブ心理学の考え方に基づいて開発された自己分析ツールである。

　ストレングス・ファインダーはUSギャラップ社が作成したもので，177の質問に回答することによって，実行力，影響力，人間関係構築力，戦略的思考力の4つの領域の34の資質の中から自分の強みをみつける。弱点を指摘されがちな障害のある人に自分の強みを認識してもらうことで，ポジティブなメッセージを送る。

　ACEチャレンジ・セミナーでは，ストレングス・ファインダーを活用しながら，障害のある社員が自らの強みを活かして今後どのように活躍していきたいかを具体的にイメージし，目標設定，アクション・プランを作成する。また，障害のある社員の上司には，目標設定やアクション・プラン作成，キャリア等について効果的にアドバイスできるように，コーチング・セッションを実施している。

　障害者雇用に関しての企業現場について，ACEは**図表Ⅱ-5**のようなシェーマを構想している。つまり，経営施策，人事・福利厚生制度，職場環境，支援体制・技術，社員教育・マインドセットが複雑に絡み合っていて，多くの解決すべき課題があるのだという。そうした課題の解決に向けて，会員企業各社で様々な観点から取り組みを行っているわけであるが，業態をこえたベスト・プラクティスの構築が急務だという。

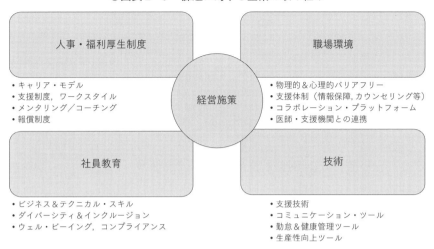

●図表Ⅱ-5　課題に対する企業の取り組み

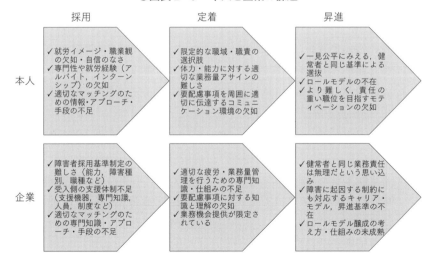

●図表Ⅱ-6　本人と企業の課題

　また，障害のある従業員の就労に関しては，採用，定着，昇進というフェーズでみると，**図表Ⅱ-6**のように，障害のある従業員と企業がそれぞれ異なる課題に直面するという。こうした課題解決も模索されている。

　さらに，障害者雇用は全社的な取り組みを要する問題であり，組織の階層ご

● 図表Ⅱ-7　ACEのバリュー・プロポジション

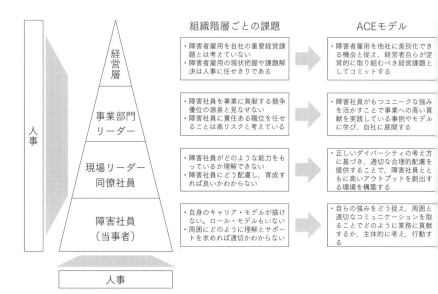

とに異なる課題が存在している。ACEでは，各層の課題を明確にし，会員企業間で多方面から知見を共有することで，組織的な解決を目指している（**図表Ⅱ-7**）。同図表では左側から階層，それぞれの課題，それぞれの課題解決の方向・提案（proposition）が示されている。

　以上のようなACEの取り組みは，図表Ⅱ-2でいうと，右側の相互浸透，調和の方向での障害のある人と企業の努力のベクトルが同じ方向を示している，ということができる。ここでは，「企業の成長に資する新たな障害者雇用モデル」が提示されている。こうしたモデルは，個々の企業がばらばらに取り組んでいたのでは，なかなか成就しない。図表Ⅱ-4のように，様々なエージェントが連携してはじめて実現できる。

　ACEのモデルの場合は（たとえば，図表Ⅱ-7），障害者雇用について企業組織各階層ごとの議論になっているのが特色だし，また日本的要素も織り込んだ独特の部分もあって，非常に興味深いモデルになっている。

6-4 制度的環境

　しかし，企業・事業所内の仕組みが有効にはたらくためには，制度的環境，外的条件も大切である。相互浸透，調和がすすむ制度的環境というものがある。

　(1)　補償経営。企業は売上高を得，利益を入手するには，投資を行い，費用をかけなければならない。補償経営では，ほかが費用を負担する，あるいは費用負担をほかに転嫁する。費用の全部あるいは一部を公的に負担してもらったり，第三者に肩代わりさせる。ある行動を企業に選択させたいとき，その行動をとる際に企業が負担する費用の全部ないし一部を補償する方法はよくみられる。補償経営の代表的仕方が，この費用補償である。前節で取り上げたドイツの1923年の「重度障害者雇用法」には，重度障害者雇用によって生じる費用の補償については，ほとんど規定がない。けれども，第Ⅲ章で取り扱う「社会法典第9編・障害者のリハビリテーションと参加」になると，障害者雇用に伴う費用補償がうたわれている。同法第34条では「使用者に対する給付」が規定されている。そこで挙がっているのは，事業所内での実習，職場へのインテグレーション，その際の人的支援，トライアル雇用に対する費用補償である。これらに対する助成金給付である。日本のいわゆる「障害者雇用促進法」においても，様々な費用補償が提示されている。そのほか，直接の費用補償ではないが，租税上の優遇措置，施設の無償の（ないし低額での）貸与，サービスの提供なども行われる。こうした公的費用補償があって，ソーシャル・ビジネスの活動も可能になる。また，企業の事業所でも，障害者雇用を拡大できる。

　もっとも，費用補償を受けると，企業の裁量の余地は一般にせばまる。補償を享受するための条件があり，また享受する際の細則があり，企業の意思決定は制約を受けることになる。また，費用補償は全額補償でないことが多い。補償の割合が小さいと，企業にとって誘因となりにくい。企業を期待した行動へと導く作用は弱くなる。

　(2)　費用というインプットではなく，企業のアウトプットである売上高，利益の増大に寄与するような仕方もある。障害者雇用に熱心に取り組んでいる企業に共感し，あるいはそうした企業を評価し，製品やサービスの購入決定に当たって，そうした点を考慮する顧客がだんだん増えるかもしれない。障害のあ

る人やその家族・知己，福祉関係のしごとに従事している人や組織は購入決定の際にそうするかもしれない。

これは企業の場合ではないが，福祉作業所でつくったパンやケーキをよく購入する職場もあるし[25]，知的障害のある人を雇った清掃会社のサービスを優先して受けるところもある。2013年には「障害者就労施設等からの物品等の調達の推進等に関する法律」，いわゆる「障害者優先調達法」もできて，とりわけ公的組織では，この法律にそう動きをするようになっている。

同法第3条によると，「国及び独立行政法人等は，物品及び役務の調達に当たっては，障害者就労施設等の受注の機会の増大を図るため，予算の適正な使用に留意しつつ，優先的に障害者就労施設等から物品等を調達するよう努めなければならない」。そのことは国および独立行政法人の責務であるとされている。地方公共団体と地方独立行政法人についても，同様の規定がある（同法第4条）。

ここにいう障害者就労施設にはいくつかのものが挙げられているが，福祉作業所もそのひとつである。

荒川区の場合，この法律を受け，まずは荒川区障害者就労施設等優先調達等検討委員会を設けて様々な検討を行い，そのうえで区としての「障害者就労施設等からの物品等の調達方針を定めた。「障がい者就労施設等からの物品及び役務の調達について受注の機会を確保するために必要な事項を定めることにより，障がい者就労施設等が供給する物品等に対する需要の拡大を図り，もって障がい者の自立の促進に資することを目的とする」。障害者就労施設の範囲としては，福祉作業所のほか地域活動センター，特例子会社，重度障害者多数雇用事業所，在宅就業障害者，在宅就業支援団体などもふくむ。

区としては，予算の適正な使用，契約による経済性，公平性および競争性に留意しつつ，上記のような施設から物品，役務の調達の推進に努める。より具体的には，新たな調達に当たっては，施設からの調達が可能かどうか検討したり，可能なかぎり分離分割発注を行うなど発注方法を工夫したり，施設に対し，性能・規格などを十分に説明したり，随意契約による調達をすすめることがうたわれている。そして，会計年度終了後に，調達の実績の概要をまとめ，公表するとしている。この方針により，各所管において，福祉作業所などから調達

できる物品等があるかどうかを検討し，そうした物品等があれば，調達の是非を決めることになる。

(3) 障害のある人が就労に向け自らのしごと能力を向上させる努力をしたりすること，すでに就労している障害のある人がしごと能力を自らさらに高めたりすること，また本人のそうした努力を周囲が支援することも，ROEにも，障害者雇用にも資する。この点についても，ドイツの「社会法典第9編・障害者のリハビリテーションと参加」では，その第1部において医学リハビリテーションと職業リハビリテーションに関し，様々な担当機関による支援が規定されている。日本の場合は，「障害者雇用促進法」が公共職業安定所を中心とした職業リハビリテーションの支援を規定している。ちなみに，特別支援学校は小学部においてすでにしごとを意識させるようなオリエンテーションを行い，中学部では1年生から毎週作業実習をカリキュラムに組み入れている。とくに，特別支援学校の高等部は第Ⅳ章でのべるように，生徒のしごと能力形成にかなりのウエートを置いたカリキュラムを組むようになっている。企業の事業所で働く人のしごと能力が高まるのは，企業にとっても好ましいことである。

ちなみに，障害のある人とない人が共に働く機会が増えるのであれば，まずはお互いがよく理解し合うことが大切であって，相手をよく理解してこそ，有効な協働が成り立つ。子どものときから，たとえば，東京都の副籍制度[26]のような，両者間の交流をすすめる仕組みをつくることが重要である。副籍とは都立特別支援学校小・中学部の生徒が居住地域の小・中学校にも副次的な籍をもち，居住地域の子どもとも交流できるようにするものであって，地域とのつながりの形成とともに，障害のある子どもとない子どもとの相互理解が期待されている。また，最近は企業によっては，一般の障害のない従業員に障害のある人との協働の経験をさせるため，福祉作業所での研修プログラムを組んでいるところもある。

(4) つまり，すべての企業が障害者問題に消極的だというわけではない。日本でも，障害者問題に積極的に取り組んでいる企業も少なくない。たとえば，ヤマト運輸が創設した公益財団法人ヤマト福祉財団は多岐にわたる障害者雇用の支援を行っている。障害者問題に力を入れてきた小倉昌男の名を冠した賞の贈呈，「夢へのかけ橋プロジェクト」の推進，クロネコDM便配達事業，ベー

カリー事業など。ヤマト運輸のこうした活動は障害者雇用の大きな刺激になるであろう。

(5) 最近注目されるものに，社会責任投資 (social responsible investment：SRI) がある。SRIとは，企業その他の組織や個人が行う，社会貢献を意識した，社会福祉の促進をねらった投資の問題になる。こうした社会責任投資がどんどん行われるようになると，そうした投資対象になるために，たとえば障害のある者にやさしい企業たるべく，企業がその雇用に力を入れるかもしれない。障害者雇用は戦略のアリーナの問題になってくる。

この関連において，国連の環境計画・金融イニシアティブ (Environmental Planning & Financial Initiative：EPFI) が2006年からすすめる責任投資原則 (Principles for Responsible Investment：PRI) がある[27]。EPFIは，「機関投資家 (institutional investor) は受益者のインタレストが長期にわたりベストであるように行動する責務があり，この役割を果たすに当たって，われわれは環境問題，社会問題，コーポレート・ガバナンス問題 (環境 (environment)，社会 (social issues)，ガバナンス (governance) の頭文字をとってESGという) が投資ポートフォリオの実績を左右すると信じている」という。EPFIの文書には，障害者雇用という具体的な言葉はないが，社会問題 (social issues) の中にそれはふくめられているであろう。

責任投資原則は6つある。すなわち，「ESGイシューを投資分析と意思決定プロセスに組み入れる」(原則1)，「自らアクティブな証券所有者となり，ESGイシューを，所有方針と実務に組み込む」(原則2)，「われわれが投資した法人に対しESGイシューについての適切な開示を求める」(原則3)，「われわれ投資業界内で，原則を受け入れ，実行することを促す」(原則4)，「原則の有効な実行をたかめるべく，お互いに協力する」(原則5)，「原則の実行に向けたわれわれの活動と進み具合を報告する」(原則6)。

以上のようなアピールに対し，2010年1月現在で683の信託投資会社，証券会社，年金基金などが署名していて，日本でも13の投資会社，年金基金等が署名しているという[28]。日本の場合は，三菱UFJ信託銀行，住友信託銀行，損保ジャパン，太陽生命，フジ厚生年金基金などが署名をしている。署名しているのは世界の有力会社であるから，PRIが投資原則として次第に実効性をたか

めてくると，企業の使用者もESGイシューに留意せざるをえなくなるし，障害者雇用やディスアビリティ・マネジメントを無視，軽視することがむずかしくなってくるであろう。

多くの人びとは，企業のROEが障害者雇用を阻んでいると考えるが，必ずしもそればかりが障害者雇用のブレーキになっているわけではない。公的セクターの組織は，障害者雇用の推進役，旗振り役を務めているはずだが，法定雇用率を達成して然るべきだと思うものの，必ずしもそうはなっていない。また，東京23特別区の区長会は1981年11月に区長会決定として，法定雇用率対象職員の雇用を，10年後に3％にするという目標を掲げたが，これがなかなか実現できていない。その理由として公的組織でも行政評価が一般化し，投入人材，予算規模との対比で事業成果を考える動きが強まっていることが挙げられたりする。また，障害のある人を雇うには，その人がしごと能力を十分に発揮できるような合理的配慮をふくめた職場の整備が不可欠であって，こうした準備が整わないうちに，障害のある人を職場に入れても，そのしごと能力が発揮できず，かえって本人を傷つけることになりかねない。そんな理由をいう担当者もいる。そうした理由はもっとものように聞こえるが，背後にはなにか根深い組織文化的要因，さらには個々人の意識の問題も絡んだ阻害要因が潜んでいるように思われる。

7　障害者雇用とディスアビリティ・マネジメント

　ILOの報告書（2015年）において，ディスアビリティ・マネジメントは障害者雇用のひとつの分野として位置付けられている[29]。しかし，一般には従来，両者はあまり関連付けられず，別々に取り上げられてきたのではないか。両者を関連付けることも，本書の眼目のひとつである。
　この章の第2節でのべたように，近代的障害者雇用のスタートは1920年代であるが，（固有の）ディスアビリティ・マネジメントの登場は20世紀の最後の4半期であって，両者が並立してから，まだ日が浅い。もっとも，ディスアビリティ・マネジメントの前身が，従業員の安全・衛生管理や健康管理だとす

ると，両者の並立は長い期間になる。

　障害者雇用の主たる推進力は法的規制であり，ドイツの「重度障害者雇用法」，次章で取り上げる同国の「社会法典第9編・障害者のリハビリテーションと参加」や，日本のいわゆる「障害者雇用促進法」のような枠組みをもつ公権力である。企業の事業所はこの他律的経営社会政策により，義務的障害者数を，総従業者数の中で確保しなければならない。もっとも，第Ⅵ章で取り上げるセグチパッケージ，日本化学工業のように，他律的でなく，「自律的に」積極的に障害のある人を雇っているところもあるし，ソーシャル・ビジネスにもそれがみられるが，そうした企業は今日，多数派ではないであろう。

　ディスアビリティ・マネジメントは企業主導ではじまり，今日も多分に企業主導である。とくに職場（workplace）におけるディスアビリティ・マネジメントはそうである。それは安全・衛生管理や健康管理が発展したものだということもできる。安全・衛生管理も健康管理も，日本の場合，「労働安全衛生法」の強制規定がある。しかし，法的規制があるから，これを実施しているという面はむろんあるが，この管理を怠ると，喪失労働日数や休業日数が増え，従業者の生産性は低下し，コスト高をまねくし，大事故にでもなれば，企業は甚大なダメージを受ける。安全・衛生管理，健康管理の推進は，企業の論理に合致するものである。そして，事業所，職場は障害の大きな発生源であるから，安全・衛生対策をすすめ，従業者の健康に配慮することは，大いに障害予防になり，障害者発生の抑制にもなる。それは従業者のしごとの保持ないし定着（ワーク・リテンション：work retention）になる。しごと保持はすでに障害予防の問題になってくる。

　厚生労働省の『平成26年における労働災害発生状況』によると，2014年の日本の全産業での労働者死傷者数は11万9,535人であって，10万人をこえる。労働災害で傷つく人が今日でも毎年10万人を下らない。死亡者は1,057人である[30]。**図表Ⅱ-8**をみると，死亡者は1978年の3,326人からみると，少なくはなっているが，現在でも毎年1,000人以上が亡くなっている。建設業と製造業での発生が半分以上になる。また，同省の「労働安全衛生特別調査」（2014年）をみると，現在のしごとや職業生活に関することで強い不安，悩み，ストレスとなっていると感じる事柄があるとする従業者は60.9％もいるという[31]。職場の

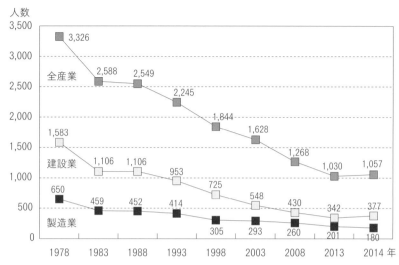

●図表Ⅱ-8　産業死亡災害発生状況の推移

(出所)　毎年の『労働災害発生状況』より作成。

人間関係，しごとの質，しごとの量といった問題が引き金になるとする。

　近年のディスアビリティ・マネジメントでは，ワーク・リテンションの問題とともに，しごと復帰（return to work：RTW）のそれも扱われている。ディスアビリティ・マネジメントの新しい展開は後者にある。企業の事業所は障害をかかえるに至った従業員のリハビリテーションなどを通じ，このRTWに取り組むことによってこそ，文字通りディスアビリティ・マネジメントが成り立つのである。障害者権利条約では，しごと保持とRTWがともにうたわれている。つぎの第Ⅲ章で取り上げるが，現にドイツにおいてインテグレーション・マネジメントのかたちで事業所のRTWは法制化をみているし，日本にもディスアビリティ・マネジメントのRTW局面に挑戦している企業があるわけである。RTWは障害予防ではなく，障害をもつに至った者のしごと復帰への事業所の取り組みである。

　したがって，企業その他の組織の事業所の側からいうと，障害者雇用との係わりには，3つのベクトルがある，ということになる。ひとつは，端的には法定雇用率を達成するという課題である。ただ人数分雇えば，それですむという

問題ではなく，当人が職場においてしごと能力をよく発揮できるように，また職場でウェル・ビーイングが体感できるように，合理的配慮をすることが不可欠であって，ハードとソフトの両面にわたって，しごとと職場に配慮をすることになる．

次に，安全・衛生管理，健康管理は生産性向上，欠勤防止，とくに職場での従業者の安全，衛生，健康に配慮するものであり，ワークリテンションと事故や疾病や傷害の防止に努める．過去においても，今日でもこの分野のマネジメントは企業その他組織の重要分野をなしている．このベクトルを推進しなければならない．

3番目のベクトルがRTWであり，ディスアビリティ・マネジメントの新しい動きを表わすものである．ディスアビリティ・マネジメントについては，第Ⅶ章で詳しくのべる．

8　インテグレーション，インクルージョン，ダイバーシティ

障害者雇用，あるいはディスアビリティ・マネジメントを推進する際の基本的な考え方・価値観はなにか．おそらく19世紀から20世紀の前半にかけてのそれは慈善的，宗教的理念であったのではなかろうか．これが20世紀後半になると，この時代のキーワードである参加，社会参加ということになる．多くの障害者関係の法律には，このキーワードが登場する．

参加するとは，ある事業，ある分野から排除され，疎外されていた人間が事案，分野，意思決定に加わる，コミットすることを意味する．障害がある人の場合だと，就労をふくめ，従来は障害を理由に閉め出されていた様々な分野の門戸が開かれる．たとえば，障害を理由に，ただそれだけの理由で，免許や資格が取得できなかったとか，あるしごとに就くことができない．そうした事態が，参加の思想を旗印に次々に打開されていった．

20世紀の最後の四半期になると，インテグレーションが，さらにインクルージョンが，キーワードになる．参加とインテグレーションとインクルージョンは思想として同じ内容か，それとも異なるのか．この問いに答えるのはむずかしい．参加の場合，実際上はもちろん，考え方のうえでも，必ずしも対等参加

を意味しない。最高レベルの労働者参加を規定しているといわれるドイツの「1976年共同法定法」でも，たしかに監査役会構成は労資同数だが，強力な権限をもつ議長はつねに資本側に帰する仕組みになっているなど，同法は対等参加を保証していない。

　この点で，（アメリカにおいて）1970年代から登場するインクルージョンのコンセプト[32]は，あきらかに「障害者権利条約」につながるものである。この条約では「障害者の人間としての権利の完全で対等な享受」(the full and equal enjoyment of the rights of persons with disabilities) がしばしば強調されている。インクルージョンというコンセプト，思想には，人権，平（対）等，ウェル・ビーイングといった，説得力のある普遍的価値観が刻印されている。まさにILOがいう人権ベース・アプローチなのである。その前提として世の中は多様な人びと，同質でない人びとから構成されているという認識がある。たんなる参加とインクルージョンとのあいだでは，パラダイムシフトがあるといえる。

　参加からインクルージョンに移行する中間プロセスでインテグレーションが登場するのかもしれない。インテグレーションとインクルージョンとの関係はすっきりしたものではない。たとえば，OECDの『インクルーシブ教育の実践』(1997年) をみても，執筆者が複数いるせいか，双方の用語が使われていて，用語法がよくわからない[33]。インテグレーションを上記のインクルージョンの意味で語っていることもあれば，たんなる参加に近い意味で用いていることもあろう。「インテグレーションとインクルージョンはともに中心的なコンセプトであり，ある部分は同義であり，別の部分では異なって使われる」[34] (A. Hinz, 2002, S.1)。Cramerたちの『社会法典第9編・コメンタール』(2011年) でも，「インテグレーションとインクルージョンの法的・実務的ちがいを正確に規定するのは，たしかにむずかしい」(Vorwort IX)[35]という。教育界と教育学の分野では「インテグレーションからインクルージョンへ」(from integration to inclusion) という指摘が多くあり，これが国際的潮流だという[36]。

　インクルーシブ教育の主張者の批判の標的は，日本とドイツ等では相応のウェートがある特別支援教育である。インクルーシブ教育は特別教育，特別支援教育の反対語である，というラディカルな見解もある。次章で取り上げるが，

障害のある子どもには，教育上，特別支援のニーズがあり，これに応えることが本人の利益，将来のウェル・ビーイングにつながるという主旨で特別支援教育は実施されるわけであるが，インクルージョンのラディカルな主張者はこうした発想に反発する。一般教育と特別教育，特別支援教育の分離，ツー・グループ・モデルは，前者からの後者の隔離，排除になってしまう。なにか「特別なものは，異常なもの，粗悪なものとみられてしまう」(A. Hinz, 2002, S.7)[37]。「レッテルを貼ってはいけない」(schooling without labels) (Biklen, 1992)[38]。一方で第Ⅳ章でふれるが，インクルージョンに関し，G.Oppのような，もっとフレキシブルな見解もある。

　インクルージョンの思想では，全体は分離できない異質性(heterogeneity)，ダイバーシティをもつ点が強調される。異質性，ダイバーシティがノーマルなのである。インクルーシブ教育は「ただひとつの分離できない異質グループに向けての一般教育である」(Hinz, S.7)[39]。これは一般教育の再規定ともなる。能力，宗教，人種，言語・文化，そして障害状況などの子どもの多様性を念頭において，個人別教育プランを立てて教育を行う(individual education plan)。アメリカの「障害者個人教育法」(Individual with Disabilities Education Act：IDEA)では，無料の公的教育，最小限の制約環境，適切な評価，保護者と教師の参加，十分な手続とならんで，個人別教育プログラムを大きな柱としている(6つの柱)。同法は公立学校に対し連邦と州の基準にしたがい資格ありとされる子ども各自に，個人別教育計画をつくることを求めている。

　インクルージョンはCramerたちの『社会法典第9編・コメンタール』によると，教育分野だけでなく，障害者雇用においても核心的なコンセプトだという[40]。ところが，ドイツの障害者雇用の分野では，職業教育の分野を別にすると，インテグレーションという用語がなお一般的である。法律上もインテグレーション・プロジェクト，インテグレーション企業，インテグレーション協定などのインテグレーションを冠した用語がある。なによりも，障害者雇用を推進する公的エージェントが「インテグレーション」機構である。
　障害がある人の雇用分野の実情は，上記の意味でのインクルージョンからは，まだ距離があると，いわざるをえないのではないか。事業所での人的資源管理

でも,近年はダイバーシティが語られるようになってきた。経済産業省も2012年度以降,「ダイバーシティ経営企業100選」事業を行っていて[41],ベストプラクティス企業を表彰,公表するようになっている。2016年度の場合52社が選定され,またダイバーシティ経営のすそ野を広げるコンサルティングを行っている企業2社も選ばれている。52社のなかには,障害者雇用を推進している7社がふくまれている。ダイバーシティとは人種,民族,国籍,性別,年齢,宗教,文化,価値観,心身の状況など,人びとの属性が様々であることを意味する。最近は職場の多様性をマネジメントすることによって,創造性を刺激したり,幅広い視点を得たりして問題解決力をたかめようとするダイバーシティ・マネジメントが関心を集めている。そのため,性別の偏り,差別を解消する努力が行われてきているし,年齢,人種,民族のダイバーシティも,少しずつ意識されるようになってきている。ダイバーシティの目録に,ようやく非障害・障害がリストアップされたわけであるが,現在の雇用は身体障害のカテゴリーが中心であって,知的障害や精神障害や発達障害のカテゴリーまでには,十分に拡がっていない。障害自体にも大きなダイバーシティがあるのである。

　ただ,ダイバーシティが多様性だけを強調するコンセプトだとすると,インクルージョンをベースとする本書の立場からは,それは問題だといわざるをえない。インクルージョンにおいては「全体は分離できない異質性である」という基本認識こそが大切であり,この基本認識に立っての多様性の強調であるならば,ダイバーシティとインクルージョンは合一する。

(注)
1) R. Garland (2nd edit. 2010), *The Eye of the Beholder: Deformity and Disability in the Graeco-Roman World*, Bristol Classical Press, p.11. 本書はアメリカで大きな反響があった著作であり,多くの書評の対象になった。批判的な書評もあるものの,総じて本書は高く評価されている。
2) Grarland, op. cit., p.23.
3) H. J. Stiker (1999), *A History of Disability*, University of Michigan Press.(原著はフランス語)
4) H. G. Harder & L. R. Scott (2005), *Comprehensive Disability Management*, p.2.
5) F. Galton (1904), Eugenics, Its definition, scope and aims. *The American Journal of Sociology*, Vol.10, No.1, pp.1-25.

6 ）二神恭一（1982年），西ドイツの労使関係と共同決定，日本労働協会。
7 ）D. E. Super（1957）, *The Psychology of Careers: An introduction to vocational development*, New York. Harper & Row，日本職業指導学会訳（1960年），職業生活の心理学：職業経歴と職業的発達，誠信書房。
8 ）ILO（2015）, *Decent Work for Persons with Disabilities: Promoting Right in the Global Development Agenda*, Geneva, p.102.
9 ）二神恭一（1971年），西ドイツ企業論，労使共同決定制の実態，東洋経済新報社。村田和彦（1987年），労資共同決定の経営学（増補版），千倉書房。佐々木常和（1995年），ドイツ共同決定の生成（改訂版），森山書店。二神恭一稿（2010年），その後のドイツ共同決定・ドイツのコーポレート・ガバナンス，神戸学院大学経営学論集，第 6 巻第 2 号。
10）G. Schmoller（1900）, *Grundriß der Volkswirtschaftslehre*, Leipzig. 山田伊三郎訳（1914年），国民経済学原論，第 4 冊・組織，冨山房。増地庸治郎訳（1921年），企業論，下出書店。
11）藻利重隆（1964年），労働管理の経営学（増補版），千倉書房。占部都美（1955年），経営社会政策，森山書店。石坂厳（1972年），経営社会政策論の成立，有斐閣。二神恭一稿（1964年），経営社会政策論前史，早稲田商学174・175合併号。
12）R. Schwenger（1934）, *Die betriebliche Sozialpolitik in der westdeutschen Grosseisenindustrie*, Duncker & Humblot.
13）二神恭一（1982年），西ドイツの労使関係と共同決定，日本労働協会。
14）BIH（2014），Jahresbericht 2013/2014, S.3.
15）ILO（2015），op. cit., p.33.
16）征矢紀臣（1998年），障害者雇用対策の理論と解説，労働行政研究所。手塚直樹（2000年），日本の障害者雇用，光生館。一般社団法人障害者雇用企業支援協会編（2014年），初めての障害者雇用の実務，中央経済社。永野仁美・長谷川珠子・富永晃一編（2015年），詳説障害者雇用促進法，弘文堂。
17）経営社会政策はベルリン工科大学の経営社会学研究所を中心に活躍したG. Briefs, L. H. A. Geck, W. Jost, R. Schwengerたちによって展開されたもので，大規模事業所の生産技術の発展によって引きおこされるとされた人間疎外問題にどう対処するかが論じられた。
18）Schmoller, 前掲書。L. Brentano（1879）, *Geschichtliche und ökonomische Studien*. Duncker & Humblot, Leipzig. A. Wagner（1892）, *Grundlegung der politischen Oekonomie*, 3, wesentlich um-, teilweise ganz neu bearbeitete und stark erweiterte Auflage, C. F. W. Verlagsbuchhandlung, Leipzig.
19）M. Yunus（2010）, *Building Social Business, The New Kind of Capitalism that Serves Humanity's Most Pressing Needs*. PublicAffairs. 岡田昌治（監修）・千葉敏生訳（2010年），ソーシャル・ビジネス革命，早川書房。
　　Yunusによると，「現代の資本主義理論の最大の欠陥は，人間の本質を誤解して

いることである。……ビジネスを営む人間は一次元的な存在として描かれていて，利益を最大化することが唯一の目的だとされている。つまり，人間は利益の最大化という経済目標を一途に追い求めるものとされている。これは随分と歪んだ人間像である。……人間が多次元的な存在であるというのは，人間のごく基本的な事実である……」。Yunusは従来型の営利事業と，他利的動機によるソーシャル・ビジネスがあるとするビジネスについての2分法を主張している。

20) K. C. Thalheim (1929), *Sozialkritik und Sozialreform bei Abbe, Rathenau und Ford*, Berlin.
21) R. Reichwein (1965), *Funktionswandlungen der betrieblichen Sozialpolitik: Eine soziologische Analyse der zusätzlichen betrieblichen Sozialleistungen*. Köln-Opladen.
22) Reichwein (1965), S.167.: F. Voigt (1962), *Die Mitbestimmung der Arbeitnehmer in den Unternehmungen.: Eine Analyse der Einwirkungen der Mitbestimmung in der Bundesrepublik Deutschland auf die Unternehmungsführung in: Zur Theorie und Prais der Mitbestimmung* (hrsg. W. Weddigen)
23) ACEについてのインタヴューは，二神枝保が2016年3月25日に実施した。なお，ACEでは「障がい者」と表記しているが，本書では統一性を図るため，「障害者」と表記している。
24) M. Buckingham & D. O. Clifton (2001), *Now, Discover your Strengths*. Simon & Schuster, New York. 田口俊樹訳（2001年），『さあ，才能に目覚めよう』，日本経済新聞出版社。
25) 荒川区自治総合研究所（2013年），親なき後の支援に関する研究プロジェクト報告書。
26) 副籍制度については，東京都教育委員会（2016年），副籍ガイドブック。
27) The Six Principles http://www.unpri.org/about-pri/the-six-principles/
28) https://www.env.go.jp/council/02policy/y0211-04/ref01.pdf（環境省のホームページ）参照。
29) ILO (2015), *Decent Work for Persons with Disabilities*, p.121.
30) 厚生労働省労働基準局安全衛生部安全課（2015年），平成26年における労働災害発生状況。
31) 厚生労働省（2013年），労働安全衛生特別調査。
32) A. Hinz (2015), *Inklusion—von der Unkenntnis zur Unkenntlichkeit!? Kritische Anmerkungen zu einem Jahrzehnt Diskurs über schulische Inklusion in Deutschland*. http://www.inklusion-online.net/index.php/inklusion-online/article/view/26/26.
33) OECD (1997), *Implementing Inclusive Education*, Paris.
34) A. Hinz (2002), Von der Integration zur Inklusion, terminologisches Spiel oder konzeptionelle Weiterentwicklung? *Zeitschrift für Heilpädagogik*, 53 S1.

35) H. Cramer, H. Fuchs, S. Hirsch und H. G. Ritz (2011), *SGBIX—Kommentar zum Recht schwerbehinderter Menschen sowie AGG und BGG*, Vorlag Franz Vahlen, München.
36) B. Udittsky (1993), From Integration to Inclusion: The Canadian Experience, in R. Slee (ed.) *Is there a desk with my name on it? The Politics of Integration*, The Falmer Press, Pennsylvania: B. Januszewsky & B. Spalding, Von Special Education über Integration zu Inclusive Education, Die Entwicklung in England und Wales (1997), in Akilab (ed.), *Pädagogik und Didaktik für Menschen mit besonderen Erziehungsbedürfnissen* Aachen: A. Hinz (2002), Von der Integration zur Inklusion,
37) Hinz (2002), Von der Integration zur Inklusion, S.7.
38) D. Biklen (1992), *Schools without Labels, Parents, Educators and Inclusive Education*, Temple University Press Philadelphia.
39) Hinz (2002), Von der Integration zur Inclusion, S.7.
40) Cramer, Fuchs, Hirsch und Ritz (2011), *SGBIX—Kommentar*, Vorwort IX.
41) http:/www.meti.go.jp/policy/economy/jinzai/diversity/kigyo100sen/index.html

第III章

障害のある人に向けた雇用の制度的枠組み

　障害者雇用の現行の制度的枠組みはいかなるものであろうか。いうところの制度的枠組みとは，障害のある人，あるいはそのおそれのある人が教育・訓練を受けたり，実地にしごと能力を形成したり，職・しごとを探したり，就労したり，職場で定着するためのシステム，またそうした人びとのかかる努力に寄り添い支援をするためのシステムのことであり，しばしば法的規制がある。今日，障害者雇用の制度的枠組みが国際的に広くつくられていて，企業経営をはじめとする組織活動は，こうした枠組みを度外視することはできない。

　この現行の制度的枠組みの生成については，すでに前章において日本とドイツの場合を例にとって若干の説明を行ったわけであるが，両国にかぎっても，制度的枠組みは非常に複雑になっており，多様な仕掛けももつようになり，しかもどんどん変化している。発展をしているのである。

　本章では，これらを一定の視点から取り上げたい。その視点とは障害のある人のしごと能力をいかに形成し，どのように発揮させ，開花させ，いっそう伸ばすかというものである。というのは，経済協力開発機構（Organization for Economic Co-operation and Development：OECD）の報告書でのべられているように，「障害のある人は，適切な支援さえあれば，職場において非常に有効に使いうる多くのスキルをもっている（people with disabilities have many skills which could, with appropriate support, be used very effectively in the workplace）という確信があるからである[1]。しごと能力の形成と発揮・開

花・向上に関するプロセスでは，本人と家族は多々辛い，苦しい思い・経験もするが，また喜びもある。そうした中でウェル・ビーイングを噛みしめることができる。たんに就労ができればよい，ということではない。前記の様々な制度的枠組みは，こうしたことのために時間をかけてつくり出されたのである。

そうすると，障害者雇用問題はドイツの社会法典第9編のタイトルのように，「障害者のリハビリテーションと参加」といったことになる。しかし，しごと能力の形成という点からいうと，日本やドイツの特別支援教育も視野に入れるべきであろう。これまで，所管官庁のちがいもあってか，障害者雇用問題では，職業リハビリテーションまでは取り上げるが，それに先行する特別支援教育までカバーすることは少なかった。しかし，しごと能力形成論あるいはキャリア発達論，とくに次章でふれるHeckmanモデル[2]などからすると，初期教育こそが大切なのである。特別支援教育の問題については，つぎの章において取り上げる予定である。

ILOは障害のある人の職業リハビリテーションと雇用について提言を行う中で，そうした人びとの「しごとと雇用を容易にする方策」として，以下の10を挙げている[3]。1）雇用のためのサービス，2）雇用のための訓練，3）金銭的支援，4）技術的・人的支援，5）クォータ・システム，6）反差別規制，7）非規制的就労促進キャンペーン（persuasion measures），8）ディスアビリティ・マネジメント，9）相談制度，10）情報提供・観察（モニタリング）・評価である。そして，それぞれに関し，先行する国々においてどんな制度があるかが紹介されている。

ちなみに，ILOはすでに1983年に『職業リハビリテーションと雇用に関する国際協約』を採択していて，その中で障害がある人の職業リハビリテーションと雇用に関し，つぎのような施策の方向性（アウトライン）を打ち出していた[4]。1）オープンな労働市場での雇用機会をつくり出す，2）シェルタード雇用を政府が支援する，3）協同組合・小規模産業を推進する，4）身体上や意思疎通上の，また建築物のバリアを除去する，5）インテグレーションの成功事例に関する情報をひろめる，6）訓練資料その他を無税にする，7）フレキシブルにしごとを管理する，8）新しい訓練やシェルタード・エンプロイメントを開拓する，9）障害がある人のしごとへのいっそうの参加について研究

する。

　以上のことから，障害のある人の職業リハビリテーションと雇用の手だては広範囲に拡がっていて，多様であることがわかる。それぞれに制度設計もすんでいる。

　この第Ⅲ章では，障害者雇用の制度的枠組みとして，1.ハビリテーションとリハビリテーション，2.労働市場の外側の作業所，3.クォータ・システム（法定雇用率），4.特例子会社等，5.障害者雇用調整金等・納付金システム，6.ジョブコーチ，7.インテグレーション・プロジェクト，インテグレーション企業，8.「使用者の義務と重度障害のある者の権利」，合理的配慮，インテグレーション協定，9.重度障害者代表制，10.解雇規制を挙げ，順次議論していく。上記のように，制度的枠組みとしては，ほかにも言及すべき多くのものもあると思われるが，ここでは以上の10のシステムを取り上げることとする。これら10のシステムが日本ないしドイツにおいて障害者雇用の制度的枠組みの中で果たしている役割の重さについては，異論はあまりないであろう。

　ただ，以上の制度的枠組み，システムのうち，リハビリテーション，福祉作業所，法的雇用率，障害者雇用調整金等・納付金，ジョブコーチ，解雇規制については，日本とドイツに類似のシステムがあり，それぞれを取り上げる。一方で特例子会社は日本的システムであり，インテグレーション・プロジェクト，重度障害者代表制などはドイツ的システムである。

　ちなみに，日本の場合，これらの制度的枠組み，システムの多くはいわゆる「障害者雇用促進法」，「障害者総合支援法」などの中で規定されている。ドイツの場合は，しばしば言及した「社会法典第9編・障害者のリハビリテーションと参加」がこれらを定めている。本章は，こうしたフォーマルな制度的枠組みを説明する。それらの実態については，一部はこの章でふれるが，多くは本書の後段の諸章が取り上げているので，そこを参照されたい。

　なお，本章の最後で，ドイツのインテグレーション機構ならびに連邦雇用機構にふれる。前章でふれたように，同国ではインテグレーション機構は2001年以来，重度障害のある人の労働生活へのインテグレーションをすすめるうえで，きわめて重要な役割を果たしている公的エージェントだからである。連邦雇用機構も大きな存在である。

1 ハビリテーションとリハビリテーション

1-1 「ドイツ社会法典第9編・障害者のリハビリテーションと参加」の考え方と給付

　リハビリテーションについて，WHOの報告書は「障害のある人あるいはそのおそれのある人がそれぞれの環境との相互作用の中で最適な活動 (functioning) ができ，またそれを維持できるように，当人を助けること」[5]だとしている。これはラテン語の「能力がある」という意味でのhabilisに由来するといわれる。もともとは「心身の機能の改善のための介助」(intervention to improve body function) であった用語法からすると，WHOのこの規定は広義のもので，障害がある人に対するほとんどの支援が，リハビリテーションになる。なお，リハビリテーションのほかに，ハビリテーションという用語もある。同報告書は両者のちがいについて，ハビリテーションは先天的に障害のある人あるいは幼少時に障害をもつにいたった人が，最大限に活動できるように，その人を助けるものであるのに対して，リハビリテーションのほうは，健常であったのが，なにかの理由で機能上の障害が生じた人に対し，もとの機能を取り戻すことを支援することだという。もっとも，同報告書でいうリハビリテーションは広義のもので，ハビリテーションもふくむとしている。本書でも，リハビリテーションという言葉について同報告書と同じ使い方をする。

　D. V. Engelhartの『リハビリテーション100年』(1990年) によると，「リハビリテーションの歴史は疾病保険，労災保険，年金保険の歴史と密接にむすび付いている」(S.572) という[6]。リハビリテーションそれ自体というよりは，上記のような保険システムとむすびついたリハビリテーション給付，支援給付が重要である。これらの保険制度はドイツの場合，19世紀に，とくにBismarkの社会政策の中で形成されたものである。19世紀には医学リハビリテーションが発達し，19世紀末になって，職業リハビリテーションの動きが出てくる。ただ，それは英語圏においてそうであって，職業セラピー (occupational therapy, vocational therapy, reconstruction therapy) のコンセプトがあらわ

れた（Engelhart, S.580）。

　ドイツの「社会法典第9編・障害者のリハビリテーションと参加」というタイトルからも読みとれるように，社会参加のための，あるいはその前段階としてのリハビリテーションには，大きなウェイトがある。たんなる職業リハビリテーションをこえて，リハビリテーションに多くの条文が割かれている。いな，同法第1部「障害者とそのおそれのある者のための規制」は実質的には，規制とリハビリテーションに関する条文から成り立っている。「障害のある者あるいは障害のおそれがある者はこの法典とリハビリテーションの給付機関に対する給付諸法にしたがい，自立と社会生活への同権的参加を促進するために給付を受け取る」（同法第1条）。第1部の大部分の条文は，リハビリテーションの給付機関，エージェントと，それらが提供する給付に関するものである。

　ちなみに，同法第1部でいう給付を受け取るのは，重度障害のある人だけではない。同法が第2条(1)でうたう障害のある人，つまり，「身体機能，知的能力，精神的健康が高い確率をもって6ヶ月以上にわたり年齢に相応した状態から逸脱していて，社会生活への参加が損なわれている」のが障害であり，そうした状態にある人が対象である。こうした人びとの範囲はひろく，また様々であるので，当然ながら，給付の提供者，リハビリテーションの給付機関，エージェントも多様にならざるをえない。

　また，Cramerたちの『社会法典第9編・コメンタール』によると，ドイツの同法のリハビリテーションの定義はWHOのそれより広い（Cramer et al., 2011, Kommentar, S.26）[7]。（18歳までの）子どもの育成，社会へのインテグレーションのための給付も，リハビリテーションの給付の中にふくめられている。

　リハビリテーションを具体的な諸方策というよりも，給付のかたちでとらえている点も注目に値する。給付といっても，金銭的給付もあれば，医薬品，補助具の提供のような現物給付もあり，訓練の実施といったサービス給付もあるが，給付という共通項があり，そのことがキャフェテリア・システムである個人予算制（persönliches Budget）を可能にするのである。個人予算制については，あとで説明する。

　リハビリテーションの給付機関はだれか。給付機関とは給付を提供するエージェントのことである。法的疾病金庫，連邦雇用機構，法的労災保険，法的年

金保険，農業者老齢保険，戦争犠牲者扶助機関，公的児童青少年福祉機関，社会福祉機関の8機関が挙げられている（同法第6条）。各機関はそれぞれ独立し，自己責任をもって任務を担う。もちろん各機関の連携も重視されている。これらの機関が提供する給付も，実に多岐にわたる。職業訓練といったサービスの提供のほかに，すでにふれたように，金銭的給付と，現物支給といった非金銭的給付もふくまれる。

同法はそうした給付を4つのグループに整理している。①医学リハビリテーションのための給付，②労働生活に参加するための給付，③生活保障給付とそのほかの補足給付，④共同生活（Gemeinschaft）に参加するための給付がそれである。それぞれについて，ごく簡単な例を挙げることにする。

①　医学リハビリテーションのための給付とは，たとえば「……慢性的な疾病をふくむ障害を避け，取り除き，和らげ，治療し，悪くならないようにするための給付，あるいはしごと能力をせばめて，介助の必要性を高めることを避けるための，または現行の社会給付を減らすための給付」（同法第26条）である。具体的には医師，歯科医，その他医療職が行う治療，障害がある，またはそのおそれのある子どもの早期発見・支援，医薬品・包帯，物理的セラピー・言語セラピー・就労セラピーをふくむ治療，医師による心理セラピー，補助具，負荷テストと作業セラピーのための給付がふくまれる。

これらの給付は同法同条によると，疾病・障害の克服の支援であるが，同時に自助を促し，家族や職場の上司・同僚と相談するきっかけになるし，地域医療とのコンタクトを仲介するものにもなる，など。

②　労働生活に参加するための給付とは，障害のある人とそのおそれがある者のしごと能力を，本人のケーパビリティ（潜在能力）に合わせて創出したり，改善したり，回復させたりするための，またできるだけ長期に維持・確保するための給付のことである（同法第33条）。とくに女性に対しての支援が強調されている。すなわち，しごとの目的に適った，自宅に近い，パートタイムでもできる機会を提供し，雇用での男女同等が担保されなければならない。労働生活に参加するための給付も多様である。より具体的には，職場を維持・確保するための給付，障害ゆえに必要となる基礎訓練をふくむ就労の準備のための給付，支援付雇用に当たっての職場での実習のための給付，しごとへの適応，継

続訓練のための給付，起業助成金，その他の扶助が挙げられている。

　ちなみに，当分野の給付は，障害のある者とそのおそれのある者だけが対象でない。使用者に対する給付もある。以下のような給付が使用者に提供されることになっている。事業所において障害のある人とそのおそれがある者が実習する場合の給付（職業教育助成金），使用者がすすめるインテグレーションの助成金，事業所での（障害のある者の）作業に対する支援のための助成金，トライアル雇用の一部または全部の費用補償。その他，職業リハビリテーション施設，障害者作業所，支援付就労などの障害者支援のエージェントに関しても給付問題が生じる。こうした給付については，後程それらエージェントを取り上げる際にふれることになろう。

　③の生活保障関連の給付は，あくまで①と②の給付に対する補足的性格をもつものであって，疾病手当，休職手当，移行手当，生活扶助手当，旅費，児童養育費などである。実に多様な給付が挙がっている。それらがいかなる場合に支給されるのか，また金額の算定はどのようになされるのか等が規定されている。

　④の給付は共同生活に障害のある人が参加するためのものであって，「……障害のある人が共同生活に参加したり，それを確かなものにしたり，できるだけ介助に頼らないようにするためのもの……」（同法第55条(1)）であって，補助具を提供し，就学前の子どもの養育手当を支給したり，実務的な知識や能力を身に付けるのを手伝ったり，周囲とのコミュニケーションを支援したり，住居に関しての支援をしたり，共同体の文化に加わるのを支えたりするためのものである。

1-2　日本の職業リハビリテーションの枠組み

　日本の現行のいわゆる「障害者雇用促進法」では，「医学的リハビリテーション及び社会的リハビリテーションの措置との適切な連携」（同法第8条2）はうたいつつも，主に職業リハビリテーション，つまり職業指導等，職業訓練，職業紹介等の3つが取り上げられている。いわゆる「障害者雇用促進法」では，リハビリテーションはドイツのそれよりも限定的に取り上げられていて，職業リハビリテーション中心の枠組みになっている，といえる。しかも，給付とし

てではなく，施設とその機能が取り上げられている。ちなみに，ドイツの「リハビリテーションと社会参加」が規定している給付は，多少の差異はあるが，日本ではいわゆる「障害者自立支援法」，「障害者総合支援法」その他で取り上げられている。

いわゆる「障害者雇用促進法」では，職業リハビリテーションは「障害者に対して職業指導，職業訓練，職業紹介その他この法律を定める措置を講じ，その職業生活における自立を図ることをいう」（同法第2条第7号）。つまり，職業指導，職業訓練，職業紹介等がその具体的内容であることが示されている。そして，国と自治体が職業リハビリテーションを総合的に，かつ効果的におしすすめることになっている。

職業リハビリテーションで中心的役割を担うのが公共職業安定所である。公共職業安定所は求人の開拓，職業指導，適応訓練についてのあっせん，就労後のケア，使用者に対する助言・指導など幅広い活動をする。

またいわゆる「障害者雇用促進法」では，公共職業安定所のほかに，障害者職業センターを設け，障害のある人の自立をすすめるべく，障害者職業総合センター，広域障害者職業センター，地域障害者職業センターを設けることになっている（同法第19条）。これらの業務の全部または一部は独立行政法人高齢・障害・求職者雇用支援機構が行うことになっている。

このうち，障害者職業総合センターは職業リハビリテーションについての調査，研究，情報発信を行ったり，ジョブコーチの育成などを行っている。広域障害者職業センターは文字通りに広域にわたって系統的に職業リハビリテーションを，それを必要とする障害のある人に対し提供するものであって，障害者職業能力開発校などと提携し，職業評価，職業指導，職業教育を系統的に行い，また障害のある人を雇っている，また雇用しようとする使用者に対し，助言・指導をする。地域障害者職業センターは広域の自治体それぞれに設けられ，障害のある人に対し，「職業評価，職業指導，職業準備訓練，職業講習」を行うほか，使用者に対して知的障害のある従業者の職場への適応に関する助言・指導などを行い，またジョブコーチの育成・研修などもすすめる。

さらに，障害者就業・生活支援センターがある。同センターは一般社団法人・財団法人，社会福祉法人，特定非営利活動法人などが都道府県知事に申請

して，所定の基準を満たしていれば，指定されるものであって，障害のある人からの相談に応じ，助言・指導をするとともに，公共職業安定所，地域障害者職業センター，福祉作業所，医療施設，特別支援学級などとの連絡調整をすること，使用者により行われる職業準備訓練を受けることについてあっせんすること等を担う。

2 労働市場の外側の作業所

2-1 ドイツの場合

ドイツにおいては，一般労働市場の外側に，障害のある人がそこに参入するための教育・訓練・実習のステップとして作業所を設けるという法的措置をとっている。ドイツでは障害者（のための）作業所（Werkstätten für behinderte Menschen）という。日本には福祉（的）作業所などと称する類似の施設があるが，あとでふれるように，両者間には大きな相違もある。

ドイツの障害者作業所は「社会法典第9編・障害者のリハビリテーションと参加」第12章に規定されていて（同法第136条以下），「障害者作業所は……障害のある人の労働生活への参加のための，また労働生活へのインクルージョンのための施設である。同施設は障害のカテゴリーとグレードゆえに一般労働市場に参入できない，なかなか参入しえない，あるいは再参入が困難な障害のある人のために，以下のことをしなければならない……」（同法第136条）という。つまり，障害者作業所はその専門の人材と施設を通じ，障害のある人のしごと能力とエンプロイアビリティを形成，維持でき，あるいは再取得していくことを可能にしなければならないとし，その際に，障害のある人の人的成長も可能にしなければならない，という。また，障害者作業所はできるだけ多くのしごと能力を形成できるように，幅広い職業訓練と実習を提供しなければならない。これには一般労働市場での実習などがふくまれている。要するに，障害者作業所とは障害のある人が一般労働市場へ移行するための具体的な準備をする場である。この主旨が強調されている。もっとも，全員が移行できるわけではない。この点については第Ⅴ章においてふれる。なお，障害者作業所には付設の施設

があって，前記の必要条件を満たさない障害のある人については，この施設で面倒をみている。なお，この136条の主旨を体した，また「作業所通達」(Werkstättenverordnung：WVO)[8]の第1～15条までの要件をみたす施設が作業所として認定される。

　障害者作業所には入所手続期間を別にすると，職業教育期間・分野と労働（ないし労働に準じる）の期間・分野があることになる。前者の職業教育については上述の同法136条の関係があり，後者の労働分野については，入所している障害のある人は被用者でない場合でも，作業所に対し被用者に類似した法的関係がある（同法第138条）。そうした障害のある人に対しては，職業教育手当と同額の基本手当プラス本人の作業（給付）に見合う加給との合計が支払われる。この加給は個人給的なものであって，当人が提供した質量両面からみた作業給付できまる。

　「社会法典第9編・障害者のリハビリテーションと参加」，とくに第2部「重度障害者の参加の特別規則」は障害のある人の権利をうたうものである。興味深いのは，障害者作業所に入所している障害のある人には，「経営組織法」の従業者経営参加システムの考え方に準じた仕組みが設けられている点である。障害のある人の協議権が規定されている。障害者作業所と入所している障害のある人とのあいだに「被用者に類似した法的関係」が成立しているとするなら，そうしたことにならざるをえないであろう。とくに障害のある人の協議権がうたわれていることは注目に値する（同法第139条）。協議権の対象となる事項は使用者の一存で意思決定ができない。意思決定のまえに，障害のある人ないし代理者の意見を聴取する必要がある。

　障害者作業所ではしごと能力に関係なく，入所手続中の者もふくめて入所者は作業所での障害者利害にかかわる問題について協議権をもつ。これは障害者作業所に作業所協議会が設けられることを意味する。作業所において作業所協議会員が選ばれる。作業所協議会は少なくとも3人構成でなければならない。選挙権をもつのは「作業所と被用者に類似した法的関係」がある障害のある者であり，被選挙権があるのは，選挙日から起算して6ヶ月以上作業所にいる者にかぎられる。

　障害者作業所は年1回は，協議対象となる問題について，あとでふれる，同

所の障害のある者の法的代表に情報を提供し，意見を聴取する。保護者会に対しても適切な仕方でそうした情報を提供し，意見を聴取する。いうところの保護者会とは，障害がある人の親や支援者から構成されるものである。障害者作業所において作業所の責任者との合意のうえで保護者会が設けられる。それは作業所と作業所協議会の活動の双方に助言したり，提案を行ったりする。

　ドイツの障害者作業所には，いかほどの障害のある人がいるのか，またそれはどのように運営されているのか，課題はなにか。こうした諸点は第Ⅴ章・福祉作業所のところで取り上げる。

2-2　日本の場合

　ドイツの上記の障害者作業所に一見類似しているのが日本の福祉（的）作業所である。福祉作業所という言い方でないことも少なくない。福祉作業所の立ち入った説明，とくに実情の説明は第Ⅴ章にゆずり，ここではその枠組みだけを取り上げることにする。福祉作業所という表現はいわゆる「障害者雇用促進法」にも，「障害者総合支援法」にもない。「障害者自立支援法」による旧体系から新体系への移行が2012年3月までに行われた。**図表Ⅲ-1**をみられたい。旧体系において授産施設，小規模通所授産施設，福祉工場と称していたものが，「障害者総合支援法」では給付費中心の規定になって，就労継続支援，就労移行支援，自立訓練などといった訓練等給付費名称ができた。就労継続支援と就労移行支援と自立訓練というサービス給付が提供される指定障害者支援施設等となった。福祉作業所は3ないし4つの種類に分けられる。複数のサービス給付を担う福祉作業所も多い。

　いわゆる「障害者総合支援法」では就労移行支援と就労継続支援は日中活動であり，訓練等給付および特例訓練等給付のひとつとして位置づけられている（同法第28条2）。就労移行支援とは，「就労を希望する障害者につき，厚生労働省令で定める期間にわたり，生産活動その他の活動の機会の提供を通じて，就労に必要な知識及び能力の向上のために必要な訓練その他の厚生労働省令で定める便宜を供与すること」であり，就労継続支援とは，「通常の事業所に雇用されることが困難な障害者につき，就労の機会を提供するとともに，生産活動その他の活動の機会の提供を通じて，その知識及び能力の向上のために必要

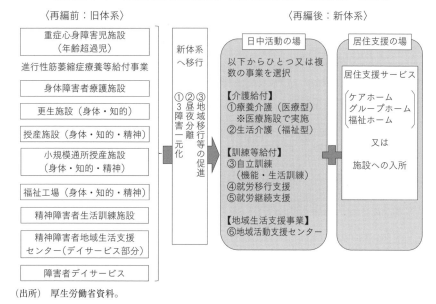

●図表Ⅲ-1 「障害者自立支援法」による旧体系から新体系への移行

(出所) 厚生労働省資料。

な訓練その他の厚生労働省令で定める便宜を供与することをいう」(同法第5条14・15)。

後者の就労継続支援はさらにB型とA型に分かれる。

就労継続支援B型とは「通常の事業所に雇用されることが困難な障害者のうち，通常の事業所に雇用されていた障害者であって，その年齢，心身の状態その他の事情により，引き続き当該事業所に雇用されることが困難になった者，就労移行支援によっても通常の事業所に雇用されるに至らなかった者，その他の通常の事業所に雇用されることが困難な者につき，生産活動その他の活動の機会の提供，その他の就労に必要な知識及び能力の向上のために必要な訓練，その他の必要な支援を行う」ものである。いずれにしても，就労継続支援B型は，障害等のため一般労働市場に参入するのがむずかしい人，そこから離脱せざるをえなかった人などが，福祉作業所を利用している。第Ⅴ章の図表Ⅴ-2をみると，荒川区の福祉作業所ではこのタイプの人びとが大多数をしめる。

これに対し，就労継続支援A型は企業等の事業所に就労することが困難な者

につき，雇用契約に基づき，継続的に就労することが可能な65歳未満の者に対し，生産活動その他の活動の機会の提供，その他の就労に必要な知識および能力の向上のために必要な訓練，その他の必要な支援を行うものである。雇用契約が締結されるので，雇用型ともよばれる。そこで，最小限，最低賃金が支払われなければならない。図表Ⅴ-2をみると，就労継続支援Ａ型の人びとは多くはない。

なお，自立訓練とは「障害者につき，自立した日常生活又は社会生活を営むことができるよう，厚生労働省令で定める期間にわたり，身体機能又は生活能力の向上のために必要な訓練その他の厚生労働省令で定める便宜を供与することをいう」(同5条13)。この規定には，就労という表現はないが，福祉作業所の中には，就労継続支援や就労移行支援とともにこの自主支援を行っているところもあり，自立訓練利用者には作業を行い，工賃を受けとる者もいる。

3　クォータ・システム（法定雇用率）

クォータ・システム，障害者法定雇用率は，障害者雇用のハイライトである。おそらくこれと障害者雇用調整金システムとが障害者雇用をおしすすめるもっともインパクトがある法的枠組みであろう。ドイツでも，また日本でも，民間セクターと公的セクターを問わず，若干の例外を除いて，障害者雇用が義務づけられている。

3-1　ドイツの法定雇用率

ILOの報告書（2015年）によると，「ドイツのクォータ・システムは……しばしば，他の国に対するモデルとして役立ってきた」(p.104) ものである[9]。ドイツの場合，重度障害のある者であっても，相応のしごと能力があるとされる場合，就労の権利がある。この権利を保障するために，使用者には重度障害者雇用の義務が課せられている。重度障害のある者とは「障害グレードが少なくとも50」(「社会法典第9編・障害者のリハビリテーションと参加」第2条・2) だと認定された人である。こうした考え方はすでにふれたように，ワイマール体制下の1920年，1923年のいわゆる「重度障害者法」にみられる。1953年

の「重度障害者法」にも，これが引き継がれている。現行の「社会法典第9編・障害者のリハビリテーションと社会参加」では，第2部においてとくに重度障害のある者の問題を取り上げているのであるが，その中において法定雇用率が規定されている。重要なのは，就労というのが重度障害をもっていても，働くことができる人の権利だという点である。

「社会法典第9編・障害者のリハビリテーションと参加」の第2部は「重度障害者の参加に関する特別規定」であり，重度障害のある者の権利をうたっている。同2章第71条によると，「民間と公的部門を問わず，第73条にいうしごとポストの年平均で月次に少なくとも20のしごとポストをもつ使用者は，しごとポストの少なくとも5％につき重度障害のある者を雇わなければならない。その場合，重度障害のある女性が考慮されなければならない。ただし，年平均で月次に40以下のしごとポストをもつ使用者は，年平均で月次に1人の重度障害のある者を，年平均で月次に60未満のしごとポストを有する使用者は，年平均で月次に2人の重度障害のある者を雇わなければならない」（同法第71条1）。しごとポスト（Arbeitsplatz）とは1人ひとりを配置する職位の意味に近い。

ここにいう公的部門とは，連邦，州，地域の官庁はもちろん，ほとんどの公的組織，機関もさしている。連邦鉄道公団もふくまれる。また，第73条の意味でのしごとポストとは「一般従業者，公務員，裁判官，職業訓練生などが雇用されるすべてのポストのこと」（同条(1)）だという。ただし，しごとポストについて除外規定があって（同条(2)），さきにふれた同法第33条(3)による労働生活参加のための職場適応と再訓練の給付を受けている障害のある者のほか，主に慈善や宗教的動機で就労している人や聖職者，主として治療，再適応，教育のために働いている人，社会法典第3編雇用創出対策のために働いている人，そのしごとポストで実習していてそのあと採用された人，兵役等で雇用関係が中絶していて，その代わりの人がそのポストに就いている人のしごとポストなどはカウントしない。また，最長で8週間しか雇われないしごとポスト，週18時間以下で雇われるしごとポストは，ここにいうしごとポストには入らない。

同法第74条は最低しごとポスト数と義務的しごとポスト数の規定となっている。同条によると，職業訓練生，司法研修生等が就いているしごとポストは最低しごとポスト数には算定しない。算定に当たって生じる0.5の端数は切り上

げるが，さきにふれた60未満のしごとポストを有する使用者の場合はこれを切り下げる。

　義務的しごとポスト数については，以下のような同法第76条の規定がある。さきにふれた同法第73条(1)ないし(2)の規定によって雇う重度障害のある者1人はいうところの義務的しごとポストになる。一般の労働時間より短いものの，週18時間以上働いている重度障害のある者は義務的しごとポストとして計算される。ただし，高齢者であるという理由で，週18時間未満で働く場合は，義務的しごとポストに算入する。また，同じく週18時間未満であっても，障害のカテゴリーとグレードからしてそうした短時間労働が必要だと判断すれば，それも義務的しごとポストに算入する。ただ，これをみとめるのは連邦雇用機構である。障害者作業所から一般の労働市場への移行促進方策のために雇用されている重度障害のある者は，この期間中も義務的しごとポスト数にカウントされる。重度障害がある使用者も義務的しごとポストにカウントされる。鉱夫年金手帳所持者は，重度障害のある者でなくとも，義務的しごとポスト数に入れられる。

　なお，同法第76条では，重度障害のある者1人について，とくに第72条(1)の重度障害のある者1人について，就労がとくに困難な場合に，義務的しごとポスト数2ないし3としてカウントすることができる。以上は障害者作業所で就労につながる重度障害のある者についても，また通常の労働時間より短いが，週18時間以上働いているパートタイムの重度障害のある者に対しても適用される。職業教育中の重度障害のある者は義務的しごとポスト数においてダブルカウントされる。ただし，連邦雇用機構は，職業教育へ仲介するのが障害のカテゴリーとグレードからしてむずかしいと判断するときは，その重度障害のある者について義務的しごとポスト数3としてカウントすることを容認しうる，など。

3-2　日本の場合

　日本では，すでにふれたように，1960年に「身体障害者雇用促進法」が施行され，民間部門の障害者雇用に関し使用者の努力義務として事務的事業所は1.3％，現場的事業所は1.1％と定められた。1976年にこれが義務化され，1988

年,1998年に率が改正され,2013年に現行の法定率が定められた[10]。法定率そのものは,政令で少なくとも5年ごとに定められる。現行のいわゆる「障害者雇用促進法」第37条では,「すべての事業主は,身体障害者又は知的障害者の雇用に関し,社会連帯の理念に基づき,適当な雇用の場を与える共同の責務を有するものであって,進んで身体障害者又は知的障害者の雇入れに努めなければならない」とされている。

　また,「国及び地方公共団体の任命権者(委任を受けて任命権を行う者を除く。以下同じ。)は,職員(当該機関(当該任命権者の委任を受けて任命権を行う者に係る機関を含む。以下同じ。)に常時勤務する職員であって,警察官,自衛官その他の政令で定める職員以外のものに限る。以下同じ。)の採用について,当該機関に勤務する身体障害者又は知的障害者である職員の数が当該機関の職員の総数に,第四十三条第二項に規定する障害者雇用率を下回らない率であって政令で定めるものを乗じて得た数(その数に一人未満の端数があるときは,その端数は,切り捨てる。)未満である場合には,身体障害者又は知的障害者である職員の数がその率を乗じて得た数以上となるようにするため,政令で定めるところにより,身体障害者又は知的障害者の採用に関する計画を作成しなければならない」(同法第38条)。

　同第38条の2項以下では,1週間の勤務時間,重度の身体障害のある者または知的障害のある者の数の算定の仕方が規定されている。

　現行の法定雇用率は,常用従業者数50人以上の民間企業が2.0%,公的セクターの組織は2.3%(ただし,都道府県等の教育委員会は2.2%)である。ただ,すでにのべたように,達成率は民間セクターについては半分に届いていないし,率先達成すべき公的セクターも,100%達成されているわけではない。

　雇用率はいうまでもなく,分母と分子の問題である。分母には,週所定労働時間が30時間以上の従業者は1,それ以下で20時間以上の短時間従業者は1人り当たり0.5で計算する。分子については,身体障害のある者または知的障害のある者は1人当たり1,重度の身体障害のある者または知的障害のある者の従業者は1人当たり2,重度の身体障害のある者または知的障害のある者で短時間従業者は1人当たり1,精神障害のある従業者は1人当たり1,精神障害者である短時間従業者は1人当たり0.5として計算する。端数は切り捨てる。

いま，常用従業者が1,000人，短時間従業者が200人の企業の事業所があって，ここに週所定労働時間が30時間をこえる身体障害のある者が8人，知的障害のある者が3人，短時間の身体障害のある者が3人と知的障害のある者が1人，重度の身体障害のある者が2人と知的障害のある者が1人，また重度の身体障害のある者で短時間従業者が1人，精神障害のある者の従業者が2人，精神障害のある者で短時間従業者が2人いるとする。その場合の計算は以下のようになる。分母は1,000人＋200×0.5人＝1,100人である。法定雇用率が2％だと，法定雇用障害者数，つまり義務的人数は22人になる。分子の計算は（1×8＋1×3）＋（0.5×3＋0.5×1）＋（2×2＋2×1）＋（1×1）＋（1×2）＋（0.5×2）＝23となり，実雇用率は23/1,100=2.09％となる。

4　特例子会社等

日本には実雇用率に関し特例がみとめられている。その代表が特例子会社であるが，「子会社に雇用される労働者に関する特例」（同法第44条）で，使用者が障害のある人の雇用に特別の配慮をした支配的子会社を設立した場合，一定の要件のもとで子会社に雇われている従業者を，親会社に雇われている者とみなして，実雇用率が計算できる，というものである。一定の要件とは，①この子会社の行う事業と当該使用者の行う事業との人的関係が緊密であること，②その子会社が雇用する障害のある従業者数およびその数の当子会社が雇用する従業者数に対する割合が，それぞれ，厚生労働大臣が定める人数および率（5人以上と20％以上）を上回っていること，③この子会社に，障害のある従業者を適正に管理する能力があること，④当子会社の事業について，障害のある従業者の雇用促進と雇用の安定が確実に達成されると認められることである。

特例は企業グループ，事業協同組合等についても認められている。いずれも2009年4月からの制度であって，企業グループ算定特例とは，以下のような要件をみたすものとして設立された企業グループのことである。特例の子会社を設けなくても，この特例になる。①親会社が障害者雇用推進者を選任していること，②企業グループ全体で障害者雇用の促進・安定を確実に達成しうると認定されること，③各子会社の従業者規模に応じ，それぞれ常用従業者数に1.2

%を乗じた数以上の障害のある者を雇用していること（ただ，中小企業の場合はこの要件はゆるめられる），④各子会社が適切な障害者雇用管理をなしうると認められること，または障害のある者が担当する業務について子会社間の関係が緊密であること。

　事業協同組合等の算定特例は，中小企業が事業協同組合等（事業協同組合，商工組合，水産加工業協同組合，商店街振興組合）をつくって活動している場合，各中小企業において一定数の障害のある者を雇っているなど，いくつかの要件を満たしていると認定されれば，事業協同組合等とその組合員である中小企業で実雇用率が通算できる。

　特例子会社は既述したように，障害者雇用義務に関しての「子会社に雇用される労働者に関する特例」であって，その意味において法定雇用率にふれたあと，特例子会社を取り上げたわけである。ただ，ある事業所に障害のある人，とくに知的障害や精神障害のある人を多く集めて，そうした人びとのしごと能力に見合った作業を担当させるというやり方は，普遍的なものかもしれない。第Ⅱ章でふれたように，1920年代のドイツでは，アンヴァリッド作業所が設けられていた。

　現在のドイツでも，すぐあとでふれるインテグレーション企業，ないしインテグレーション事業所が活躍している。インテグレーション企業，ないしインテグレーション事業所も，古い言い方だと，多くの障害ある人を雇ったアンヴァリッド事業所である。ただここでは，特例子会社とインテグレーション企業のあいだには，制度設計の考え方において差異があるという点だけ指摘するにとどめる。

5　障害者雇用調整金等・納付金システム

5-1　ドイツの方式

　日本でもドイツでも障害者雇用調整金等・納付金システムが運用されている。ここにいう障害者雇用調整金等・納付金とは民間セクターにおいて法定雇用率の設定があることを前提としている。一方で未達成事業所から納付金を徴収す

第Ⅲ章　障害のある人に向けた雇用の制度的枠組み

るとともに，他方でそれを源資として，雇用促進のインセンティブになるような給付を行う仕組みをいう。

　すでにふれたように，ドイツの1923年の「重度障害者雇用法」では，法に違反した民間の使用者に対しては，生活援護主局が提訴をすれば，労働裁判所がこれを受理して審査し，提訴に妥当性があるということになると，1万ライヒスマルクの罰金が科せられていた。使用者がこれを無視し，再度の提訴があると，金額は10万ライヒスマルクになる（同法第18条），ということであった。これは障害者雇用調整金等・納付金システムの問題だとはいえないであろう。

　ところが，1953年の同じ「重度障害者雇用法」において雇用調整納付金（Ausgleichabgabe）という用語が登場する（同法第9条）。雇用調整納付金には納付・徴収と用途の2つの側面がある。「民間の使用者が重度障害者所定数を雇わず，義務を満たさない場合，同人は，未配置のしごとポスト数ごとに月額で雇用調整納付金を支払わなければならない」。一方において，雇用調整納付金は1953年法の場合，重度障害のある者および寡婦・配偶者の就労・職業活動のために，またそのしごと能力の再生・維持のために，その他重度障害者・戦没者遺族の援護だけに使われるべきである（同法第9条）。

　現行の「社会法典第9編・障害者のリハビリテーションと参加」では，雇用調整納付金はつぎのように規定されている。「使用者が重度障害者について所定数を雇っていない場合，任命していないしごとポスト数ごとに雇用調整納付金を支払う。雇用調整納付金を支払っても，重度障害者雇用義務は免責されるものではない。雇用調整納付金は年平均の雇用率をもとに計算する」（同法第77条）。上記の条文は1974年法とほとんど変わらない。

　使用者は地域のインテグレーション機構に，雇用調整納付金を払い込む。使用者が3ヶ月以上支払わなかった場合，インテグレーション機構に未払金と追徴金を支払わなければならない。なお，徴収された雇用調整納付金の一部をもって，調整ファンド（Ausgleichsfonds）が設けられることになっている。「職場への重度障害のある者の配置・雇用をとくに促進するため，またこうした分野でいくつかの州に係る施設と方策を促進するため，連邦労働社会省に地域をこえた計画のための調整ファンドを設け，同省がこれを管理する。……」（同法第78条）。あとでふれるように，インテグレーション・プロジェクトにとっ

て，調整ファンドが大きな財源になっている。

　ちなみに，2000年の同法の改正，「重度障害者の失業克服に関する法律」ができるまでは，未達成率の多寡にかかわらず，同一の納付額が設定されていたが，この改正後は未達成率のちがいで納付額が変わる仕組みになった。当然のことながら，未達成率が大きい分，納付額も多くなる。これは3段階になっている。差別的納付金システムである。

　現行の同法第77条(2)は以下のようになっている。

　「雇用調整納付金は任命されていない義務的しごとポスト数ごとにつぎのようにする。

　1．所定しごとポスト数に達していないが，年平均雇用率が3％以上では，105ユーロ。
　2．2～3％の場合，180ユーロ。
　3．2％未満，260ユーロ。」。

　中小事業所については特例がある。対象となるしごとポスト数が年平均40以下の使用者に対しては重度障害者雇用が年平均で1人以下だと105ユーロ，60未満の使用者については，重度障害者雇用が年平均で2人未満だと，105ユーロ，1人未満だと180ユーロを納付する（同法第77条(2)）。なお，納付の仕方，滞納追徴金，強制執行などについても規定されている。

　連邦労働社会省の『障害者報告書』によると，差別的納付金システムを導入した結果，「達成しごとポスト数，達成率ははっきりと上昇した」（Bericht, 2007, S.9）という[11]。『障害者報告書』には**図表Ⅲ-2**のようなデータが載っている。同図表によると，改正直後の2001～2005年の期間において，義務的しごとポスト総数は増加し，義務的しごとポスト総数を分母とし，重度障害がある人が配置されたしごとポスト数を分子とする達成率も上昇している。義務を果たしていない使用者数は減っている。

　雇用調整金の納付先は地域のインテグレーション機構である。雇用調整納付金は「……重度障害のある者の労働生活への参加を促進するための特定の給付およびその労働生活に寄り添った支援のために使われる。行政の人件費，物品費，手数料などはこの限りではない」。

　Cramerたちの『社会法典第9編・コメンタール』によると，同法「第77条

●図表Ⅲ-2　義務的しごとポストの達成割合

年	2001	2002	2003	2004	2005
義務的しごとポスト総数	768,388	748,435	793,617	794,833	800,429
達成率	3.8%	3.8%	4.0%	4.1%	4.2%
義務を果たしていない使用者数	59,225	58,210	39,766	35,073	32,341

(出所)　Quelle: Bundesagentur für Arbeit.
　　　Bundesministeriums für Arbeit und Soziales (2007), Bericht der Bundesregierung über die Wirkung der Instrumente zur Sicherung von Beschäftigung und zur betrieblichen Prävention. S.9.

の規定はクォータ・システムの必要な補完であって，法定率が満たされなかったときに，どうなるのかという問いに対するひとつの答え」[12]だという。1923年法が規定していた生活援護局による強制措置よりも，ソフトな仕方かもしれないし，たんなる罰金制よりも障害者雇用促進効果がある。

5-2　日本の方式

　雇用調整金等・納付のシステムは，民間セクターにおいて障害者雇用が義務付けられていて成り立つものである。だから，1960年にいわゆる「身体障害者雇用促進法」が施行されたとき，このシステムはなかった。

　現行のいわゆる「障害者雇用促進法」では，第3章「身体障害者又は知的障害者の雇用義務等に基づく雇用の促進等」の第1節がすでに取り上げた「身体障害者又は知的障害者の雇用義務等」であり，第2節が「障害者雇用調整金の支給等及び障害者雇用給付金の徴収」となっている。この章では，障害者雇用調整金と障害者雇用給付金という2つが規定されている。

　両者の関係は内閣府の『障害者白書』において図表Ⅲ-3のように示されている[13]。法定雇用率を充足していない企業（ただし，常用従業者200人以上）から納付金を徴収し，雇用率を達成した企業に対し調整金，報奨金を支給するとともに，各種の助成金を支給する，となっている。

　同法第49条によると，「厚生労働大臣は，身体障害者又は知的障害者の雇用に伴う経済的負担の調整並びにその雇用の促進及び継続を図るため，次に掲げる業務の中に，調整金，助成金がふくまれている。具体的には，法定雇用率を

●図表Ⅲ-3　障害者雇用調整金等・納付金制度の概要

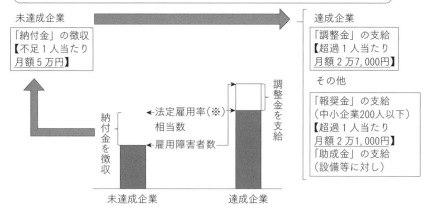

(注)　1．法定雇用率は，従業者の総数に対する身体又は知的障害者の総数の割合を基準に設定。現在2.0％。
　　　2．障害者雇用促進法に基づき，少なくとも5年ごとに，上記割合の推移を勘案して政令で設定。
(出所)　厚生労働省。

こえて障害のある人を雇用している使用者に対し，超越した人ごとに調整金を支給する」(月額2万7,000円)。また，従業者数200人未満の中小企業の使用者が多数の障害のある人を雇ったとき，1人当たり月額2万1,000円が報奨金として支給される。

　助成金については，「身体障害者若しくは知的障害者を労働者として雇い入れる事業主に対して，これらの者の雇入れ又は雇用の継続のために必要となる施設又は設備の設置又は整備に要する費用に充てるための助成金を支給する……」(同法49条1項2号)となっている。助成金にはいくつかの種類がある。

　一方，納付金のほうは，上記の調整金，助成金などの支給や，それら業務の事務の実施に要する費用に充てるべく，使用者から毎年度，障害者雇用納付金を徴収する。該当する使用者には，雇用納付金を納める義務がある(同法第53条)。該当する使用者とは，法定雇用率を充足できなかった使用者であって，その算定の仕方は同法第54条に規定がある。現行では大略，未充足の人数1人

について月額5万円になっている[14]。日本の場合，ドイツのように，未充足率が高くなると，雇用納付金が高くなるという差別化はない。なお，雇用納付金について，使用者の申請により，延納は可能である。追徴金，延滞金の定めもある。

6 ジョブコーチ

障害のある人の就労に向けての努力，就労そして就労の継続に寄り添い，様々な支援をしている，それを専門とする人びとがいる。しごと能力の形成も，就労も，就労の継続も，こうした人びとの支援，人的支援があって成就することも非常に多い。障害者雇用においてこの種の人的支援は重要な要素をなしている。

上記の意味の人的支援は実に多岐にわたっているが，その重要性，有効性にかんがみ制度化され，法制化されている部分も多い。中でも近年，関心が高まっているのが，ジョブコーチのシステムである。いわゆる「障害者雇用促進法」では職場適応援助者とよばれているものである。同法第20条は障害者職業総合センターに関するものであるが，その中において「職場適応援助者（身体障害者，知的障害者，精神障害者その他厚生労働省令で定める障害者（以下「知的障害者」という。）が職場に適応することを容易にするための援助を行う者……）」（同条3号）である，といった規定がみられる。ドイツにも，類似のシステムがあり，重要な役割を果たしている[15]。ここでは，日本はジョブコーチという言い方，ドイツは専門支援員という表現で，日本とドイツの枠組みを取り上げる。

6-1 ドイツのインテグレーションのための専門支援員

ドイツでのジョブコーチに近いシステムというと，「社会法典第9編・障害者のリハビリテーションと参加」第7章の障害のある人の「インテグレーションのための専門支援員」のことになるのではないか。障害のある人のインテグレーション，つまり障害のある人が一般労働市場で就労することを，専門的に支援するのが，それである。ここでは，たんに専門支援員と表現する。同法第

38条において，障害のある人が就労するとき，必要なら支援をするという支援付就労（Unterstützte Beschäftigung）の規定があるが，専門支援員等がこうした支援をする。もうひとつ，類似した言い方の就労アシスタンツ（あるいはアシスタント）という法律上の用語がある（同法第102条）。就労アシスタンツは障害のある人の就労に際して，様々な介助をする。たとえば，重度肢体不自由者の通勤・しごとの際の介助や，全盲・重度視覚障害の人に新聞等を読んで聞かせるといったサービスの問題であって，もちろん介助する人間もいるわけである。同法ではコスト問題のほうが前面に出ている。たとえば，該当者の請求権，個人予算などの問題である。

さて，専門支援員について，同法第109条(1)はその概念と対象者をつぎのように規定している。「インテグレーションのための専門支援員は重度障害のある者が労働生活に参加する際の措置を実施する際に協力する第三者である」。第三者とは，障害のある人でなく，様々な給付を提供するリハビリテーション給付機関，また連邦インテグレーション機構でもないという意味である。Cramerたちの『社会法典第9編・コメンタール』では，リハビリテーション給付機関でもインテグレーション機構でもない第三者だとするのは，調整金の交付を受けるためだという[16]。両者からみて外部の業務だというのが「調整金の法的に許される交付の前提になっている」（S.679）。専門支援員は相応の専門家，スペシャリストであり，相応の資格を有していなければならない。そして，法的に，組織上，経済的に独立もしていなければならない。専門支援員はリハビリテーション給付機関や連邦インテグレーション機構の委託を受けて活動する。

支援対象である重度障害者は以下のように規定されている。すべての重度障害のある者がこの支援対象になるわけではない。専門支援員が寄り添い，支えるのは，①しごとの遂行に当たって特別の支援が必要な重度障害のある者，②一般労働市場への移行のため，障害者作業所入所の用意はできたが，人手とカネを要する，寄り添った支援が必要な重度障害のある者，③学校卒業生で一般労働市場に参入するのに，専門支援員の支えが必要な重度障害のある者である。さらに，専門支援員による支援の対象はとくに知的障害，精神障害，重複障害のある重度障害者であるという。しかし，専門支援員は重度障害の者でなくと

も，障害のある者，とくに知的障害や精神障害のある人の就労とその継続の支援を行うこともできる。各専門支援員にはそうした対象者が割り振られる。

　専門支援員はどんなことをするのか。同法第110条では，かなり具体的な任務が規定されている。ひとつには重度障害のある者等に対し助言し，支援を行い，適切なしごとを紹介すること，いまひとつには使用者に対しても情報を提供し，助言し，支援を行うことである。より具体的には，学校，リハビリテーション施設などの関係機関とよく協力して対象者のしごと能力の評価を行い，しごと能力・関心プロフィールを作成する。学校における職業についてのオリエンテーションや相談やそれに基づく個人別の文書作成を支援する。これは連邦雇用機構の要請があった場合のことである。また，現場実習に付き添う。一般労働市場で適したしごと・職場を開拓する。予定したしごと・職場で働くための準備をさせる。必要なら，職場での実習に付き添う。重度障害のある者の同意があれば，職場の同僚に対し，障害カテゴリーと，そのことによる影響について説明し，助言する。就労後のケア，パニックになったときの介助，心理・社会的支援をする。使用者のよき相談相手になり，使用者に対する給付の説明をする。リハビリテーション給付機関と連邦インテグレーション機構と協力して，重度障害者向けの給付の説明をし，申請の支援をする。

　専門支援員の以上のような活動は，すでにふれたように，連邦インテグレーション機構やリハビリテーション給付機関の委託による。給付実施の責任は委託者の側にある。したがって，連邦インテグレーション機構やリハビリテーション給付機関との連絡は密にしていなければならない。そして，当然のことながら，障害のある人本人，使用者とも，よくコラボレーションをすることになる。それだけでなく，同法第111条(3)では，連邦雇用機構，商工会議所，手工業会議所などとも，よくコラボレーションを行うことが規定されている。

　BIHの2011／2012年の報告書によると，専門支援員のクライアント（支援対象者）の件数別・障害カテゴリー別推移は**図表Ⅲ-4**のようになっている。2005年との対比でいうと，2009年，2010年，2011年の数値は高くなっている。障害カテゴリー別では，知的・学習障害が増えているのに対し，身体障害（内部）と肢体不自由は件数としてはさほど増えていないことがわかる[17]。クライアントの（一般労働市場での）しごとの有無についてのデータもあって，そ

れによると，しごと有りが55％である。専門支援員はどちらかというと，就労者に対する支援のほうが多い。2006年の数字では特別支援学校生徒は1,109人，障害者作業所利用者は876人だった。BIHの報告書（Jahresbericht, 2013-2014）では，クライアントについてより詳しい分類になっていて，2013年において一般労働市場就労者4万2,456人，失業者1万3,604人，特別支援学校生徒1万654人，障害者作業所からの移行（希望）者1,989人であった[18]（**図表Ⅲ-5**）。もっとも，州によって事情は異なっていて，バーデン－ウルテンベルク州とノルトライン－ウエストファーレン州では，クライアントとして特別支援学校生徒と障害者作業所からの移行（希望）者の比率が非常に高い。バーデン－ウルテンベルク州のインテグレーション機構では同州の青年社会協議会地域連合と連携し，専門支援員と生徒・移行（希望）者とのインターフェイスを確保すべく，「ネットワーク・キャリア会議」といった仕組みをつくっている[19]。

あとでふれるが，インテグレーション・プロジェクトでは，専門支援員の活動が目立つ。「専門支援員は90年代の終わり頃にインテグレーション・プロジェクトと並行して生れた」[20]。日本のジョブコーチの場合と同様に，障害者雇用をすすめるうえで，専門支援員は大事なシステムになってきている。

●図表Ⅲ-4　クライアントの障害カテゴリー別内訳

年	2005		2009		2010		2011	
	件数	％	件数	％	件数	％	件数	％
情緒障害	14,310	28.1	16,439	24.6	17,399	24.2	17,464	26.3
精神障害	4,341	8.5	6,353	9.5	6,675	9.3	6,087	9.2
知的・学習障害	5,202	10.2	9,187	13.8	10,417	14.5	10,449	15.7
聴覚障害	6,543	12.8	8,832	13.2	9,478	13.2	8,984	13.5
視覚障害	1,861	3.6	2,530	3.8	2,822	3.9	2,339	3.6
身体障害（内部）	8,332	16.3	9,873	14.8	10,760	15.0	8,863	13.4
肢体不自由	10,493	20.5	13,582	20.3	14,293	19.9	12,150	18.3
計	51,085	100	66,796	100	71,844	100	66,336	100

（出所）　BIH (2012), *Jahresbericht 2011/2012*, S. 30.

●図表Ⅲ-5　クライアントの内訳

年	一般労働市場の従業者	失業者	生徒	障害者作業所からの移行（希望）者
2011	39,156	20,330	5,086	1,812
2012	41,139	15,614	7,586	1,813
2013	42,456	13,604	10,654	1,989

（出所）　BIH（2014），*Jahresbericht 2012/2013*, S. 36.

6-2　日本のジョブコーチ

　日本では1992年度から地域障害者職業センターで，障害のある人に対し，雇用前に職場で人的支援を行う職域開発援助事業が実施されていたという。また，2000年度から２年間にわたり，ジョブコーチによる人的支援パイロット事業も実施され，ジョブコーチの養成，その支援の仕方，支援体制等について検討が行われたという。

　ジョブコーチには３タイプがある。ひとつは配置型ジョブコーチといわれるもので，地域障害者職業センターに配置されているジョブコーチであって，就労がむずかしい障害のある人を重点的に支援し，またあとでふれる訪問型ジョブコーチや雇用型ジョブコーチと連携し支援をする場合，そうしたコーチに対し必要な助言や支援を行う。

　これに対し，訪問型ジョブコーチ（以前第１号ジョブコーチとよばれていたもの）は就労支援をする社会福祉法人などに雇われるジョブコーチのことであって，所定の養成研修を修了し，相当程度の必要な能力と経験を有する者とされている。雇用型ジョブコーチ（以前の第２号ジョブコーチ）は企業の事業所が常用で雇っている者で，養成研修を修了し，相当程度の必要な能力と経験を有する者となっている。訪問型ジョブコーチと雇用型ジョブコーチを雇い，障害のある人に対する援助をする使用者に対しては，職場適応援助者助成金が支給される。

　ジョブコーチの支援対象は，地域センターが策定する職業リハビリテーション計画においてそうした援助が必要だと判断された障害のある人である。その

支援を受けなければ，就労も，就労の継続もむずかしい者である。

その援助とはいかなるものか。支援計画とその活動にはいかなる事項がふくまれるか。それは以下の通りである。なお，支援計画は6ヶ月以内のものである。

①本人と家族に対する援助—人間関係，職場内コミュニケーション，基本的労働習慣，職務遂行，通勤，社会生活スキル，余暇活動等。②家族—障害に係る知識，職業生活を支えるために必要な知識，家族の支援体制。③事業所内—職場の従業者等に対する本人の対応方法等に関する助言，援助など，ジョブコーチの支援後の本人にかかわる対応方法等。④エージェントとの調整—医療機関，就業・生活支援センターなどとの調整。

日本のジョブコーチの人数は訪問型ジョブコーチが一番多く，全体の過半数を占める。次いで多いのが配置型ジョブコーチであって，3割近くを占める。雇用型ジョブコーチの人数は少なく，ウエートも低い。

7 インテグレーション・プロジェクト，インテグレーション企業

インテグレーション・プロジェクト，インテグレーション企業はドイツで障害者雇用をおしすすめるうえで非常に重要な要素になっている。それは「社会法典第9編・障害者のリハビリテーションと参加」の中にその規定があり，ひとつの制度的枠組みであるが，21世紀当初から，各界をあげてこの制度的枠組みによって，障害者雇用推進運動ともいうべきものが展開されていて，いわば官民あげての障害者雇用推進の仕掛けのようになっている[21]。ここでは，インテグレーション企業，インテグレーション・プロジェクトに関する法的規定を中心にのべるにとどめる。それらの具体的動きのほうは第Ⅵ章において取り上げることとしたい。

インテグレーション企業，インテグレーション・プロジェクトとはなにか。「社会法典第9編・障害者のリハビリテーションと参加」によると，「インテグレーション・プロジェクトとは法的，経済的に独立した企業（インテグレーション企業）あるいは企業内の事業所や部門，……公的使用者が管理する事業所

や部門のことであって，そうした企業，事業所，部門は障害のカテゴリーやグレードからしてあらゆる支援を行っても，専門支援員が手をさしのべても一般労働市場で働くことがむずかしい重度障害のある者を雇う」(同法第132条(1))。

上記の対象となる重度障害のある者についてはさらなる規定があって（同法第132条(2)），①インテグレーション・プロジェクトのほかに一般労働市場に参加するのが非常にむずかしい重度の知的障害，精神障害，身体障害のある者，②障害者作業所等で移行のための教育訓練をしたが，あともう少しで一般企業などで働けそうな重度障害のある者，③学校教育修了者で，インテグレーション企業・事業所において準備をすれば，一般労働市場で働けそうな重度障害のある者も対象になる。インテグレーション企業は上記のような重度障害のある者を25〜50％雇うものとする，としている。

インテグレーション・プロジェクトはインテグレーション企業より広い概念である。インテグレーション企業は独立企業で，しかも上記の意味の重度障害者を25〜50％雇う（同法同条(3)）。インテグレーション・プロジェクトには，インテグレーション企業のほかに，132条の主旨にそう民間の事業所（たとえば，企業内の事業所，あるいは公的な事業所）もふくむ。ちなみに，インテグレーション企業において重度障害のある者の雇用率が一般のそれより高く設定されているのはアンヴァリッド事業所の発想による。また，一般労働市場での就労が差し当たり困難な人びとを集めて，しごと能力を一般労働市場で通用するレベルまでたかめ，職場の紹介を行うためである。50％という上限があるのは，一般労働市場の組織として，これ以上の雇用は困難だろうという考えによる。

インテグレーション・プロジェクトでは，様々なエージェントが参加し，連携する。こうした連携については，第Ⅵ章においてのべる。インテグレーション・プロジェクトには調整ファンドから様々な支援給付が交付される。この点についても第Ⅵ章にゆずりたい。

なお，インテグレーション・プロジェクトの規定は，Cramerたちの『社会法典第9編・コメンタール』によると，「重度障害者雇用法」における従来の企業コンセプトをこえるものだという[22]。これまでの法規は企業に対し障害のある者の義務的雇用を強いることはしたが，「企業の経済目的には全く論及

することはなかった」(S.728.)。ところが,インテグレーション・プロジェクトの規定(第13章)においては,企業には経済目的とともに共同経済的目的も追求することが求められているという。もっとも,条文にはそうした明示的表現はない。

8 「使用者の義務と重度障害のある者の権利」,合理的配慮,インテグレーション協定

　障害のある者の就労については,「アメリカ人障害者法」(Americans with Disabilities Act of 1990:ADA)が合理的配慮(reasonable accommodation)をうたっている。
　ADAでは合理的配慮は以下のように規定されている。「『合理的配慮』という術語(term)は(A)従業者が使っている設備を,障害のある従業者にも容易にアクセスでき,使えるようにすること,(B)しごとの再構築(job restructuring),パートタイムの,また手直しした作業スケジュール,欠員の職位への再配置,設備・機械・工具の取得ないし手直し,試験・訓練資料・ポリシーの適切な調整・手直し,資格ある介助者を付けることなど」(ADA第12111条)。それは職場において障害のある従業者に過度の困苦(undue hardship)を課さないためのものである。
　「障害者権利条約」の第2条でも合理的配慮への言及がある。「『合理的配慮』とは,個々の具体的な場面において必要とされるものであり,障害をもつ者が他の人と同じように全ての人権と基本的自由を享受し行使することを可能にするため,不均衡や過度な負担が生じることのないようにしながら,必要にして適切な修正・調整を行うことを指す」と述べられているように,合理的配慮は就労に限らず,教育その他,様々な場面で必要とされるものである。たとえば,インクルーシブ教育でも,子どもと保護者に対する合理的配慮を説く場合もある[23]。
　ドイツでは,「社会法典第9編・障害者のリハビリテーションと参加」第81条において「使用者の義務と重度障害のある者の権利」という見出しのもとで,この問題がより広い関連で扱われている。合理的配慮という術語は条文にはな

い。まず、なによりも「使用者は空いたポストに重度障害のある者が配置されているかどうかをチェックする義務があり、とくに連邦雇用機構に失業者、求職者として登録をしている重度障害のある者について、同機構に早期にコンタクトをとり、機構か専門支援員からの推薦を受ける必要がある。……」(同条(1))。また使用者は障害を理由に、重度障害の従業者を差別してはならない。

一方、重度障害のある者のほうは「使用者に対し、以下のことを求めるものとする」(同法第81条(4))。

① 自分のしごと能力を最大限に発揮し、いっそう開花させうるような雇用であること、
② しごと能力を高めるため、とくに、事業所内に職業教育を受ける機会を設けるよう配慮すること、
③ 事業所外の職業教育に無理なく参加できるようにすること、
④ 作業場をつくり、維持するにあたって特別の配慮をし、機械設備・器具、職務設計、環境、組織、労働時間についてとくに事故がおこらないように気を配ること、
⑤ 必要なら職場に技術的作業補助装置をつけること。

同法第83条はインテグレーション協定に関するものである。それは使用者と重度障害者代表とのあいだで締結する義務的協定であって、重度障害のある者のインテグレーションを内容とし、とくに人員計画、職場の構成と環境、組織、労働時間、就業規則などの規定をふくむ。加えて職場に重度障害者を採用する際の要件、目標雇用率（とくに女性のそれ）、短時間労働、未成年障害者の教育訓練、インテグレーション・マネジメント (betriebliche Eingliederungs-management：BEM) と健康管理の実施、産業医の参加といった項目も、協定の中で規定される。ちなみに、さきにふれた重度障害のある従業者の諸権利に関しても協定が結ばれる。同条でいう事業所のインテグレーション・マネジメントは第Ⅶ章でのべるように、ディスアビリティ・マネジメントのドイツ的表現である。本書ではドイツについてはあえてこれをインテグレーション・マネジメントと表現している。インテグレーション・マネジメントと健康管理はいまやドイツで非常に重要な問題になっている。インテグレーション・マネジメントと健康管理には重度障害のある者、障害のある者だけでなく、一般従業

者にもかかわりがでてくるのであるが，そのことについてもディスアビリティ・マネジメントともども第Ⅶ章において取り上げる。

　インテグレーション・マネジメントにおいて，「従業者が年間6週以上続けて，あるいはくり返ししごとができなくなったとき，使用者は当人の同意と参加のもとに，また経営協議会，重度障害者代表などの協力も得て，必要なら産業医も加わって，当人がなぜそうなったのか，どうすればしごと能力が再び形成できるか，その際にいかなる支援が必要なのかをあきらかにするものとする。……」(同法第84条(2))。

　ドイツの場合，職場での合理的配慮は「使用者の義務と重度障害のある者の権利」の問題であろう。これは民間の場合と公的組織の場合とを問わない。しかも，合理的配慮はインテグレーション協定の締結といった，いわば集団的労使関係上の問題にもなっている。

　日本では，2016年から施行された「障害を理由とする差別の解消の推進に関する法律」いわゆる「障害者差別解消法」では，「不当な差別的取扱い」と「合理的配慮」がキーワードになっている。この「障害者差別解消法」では，「行政機関等及び事業者は，社会的障壁の除去の実施についての必要かつ合理的な配慮を的確に行うため，自ら設置する施設の構造の改善及び設備の整備，関係職員に対する研修その他の必要な環境の整備に努めなければならない」(同法第5条)。また「事業者は，その事業を行うに当たり，障害者から現に社会的障壁の除去を必要としている旨の意思の表明があった場合において，その実施に伴う負担が過重でないときは，障害者の権利利益を侵害することとならないよう，当該障害者の性別，年齢及び障害の状態に応じて社会的障壁の除去の実施について必要かつ合理的な配慮をするように努めなければならない」(同法第8条第2項)。

　合理的配慮の具体例として段差がある場合に，スロープなどを使って補助する，意思を伝え合うために絵や写真のカードやタブレット端末などを使う等が挙げられている。

　最近は聴覚障害のある人のための，音声を即時に文章化するスマートフォンの出現や，下肢が不自由な人の車の運転を容易にするため，ブレーキやアクセ

ルの手動装置の取り付けなどが話題になっている。こうしたイノベーションは，合理的配慮に資するし，そうした開発はビジネス・チャンスにもつながるであろう。

　上記のようなハードウエアだけでなく，労働時間のフレキシブル化，介助者の活用なども合理的配慮になる。なによりも大切なのは，職場の仲間が，障害のある人をよく理解することである。障害のある人に接する機会をもたなかった従業者も多いのではないか。近年は，こうした従業者のため，福祉作業所での研修プログラムをつくり，実施する企業もみられるようになった。

　なお，合理的配慮の提供は行政機関には義務であるが，民間の事業所の場合は努力義務にとどまっている。行政機関では対応要領を策定して，相談窓口の設置，研修などを実施しようとしている。ただ，この合理的配慮の対象は，事業所内の従業者というよりは，外部から事業所にやってくる人びと，一般の人びとである。

9　重度障害者代表制

　日本の法的枠組みにはないが，ドイツの「社会法典第9編・障害者のリハビリテーションと社会参加」には，重度障害のある者の参加権の規定が盛り込まれている。障害のある者の労働や社会への参加をうたう以上，たんにフレーズとしてそれをいうだけでなく，具体的な参加権としてより明確に規定する必要があるのであろう。ドイツでは「経営組織法」により常用従業者数5人以上の事業所においては，従業者代表機関である経営協議会が設けられることになっているが，重度障害者代表システムはこれと連動している。つまり，就労する重度障害のある者は当然従業者であって，経営協議会は従業者としての重度障害のある者の利益を代表しなければならない。「経営協議会，職員協議会……は重度障害のある者の職場へのインクルージョンを促進する，……とくに使用者の義務の履行に目を配る。重度障害者代表選挙を指示する」（同法第93条）。

　前章でのべたように，ドイツではすでに1920年，1923年の「重度障害者雇用法」の規定の中に，現在の代表システムに近いものが盛り込まれていた。現行の代表システムはいかなるものか。

5人以上の常用の重度障害者がいる事業所では，その代表と代理が選ばれる。事業所の重度障害のある者全員に選挙権がある。被選挙権をもつのは，満18歳以上で，しかも当事業所に6ヶ月以上勤めている常用従業者に限られる。4年ごとに選挙が行われる（秘密・直接選挙）。すなわち，代表の任期は4年であって，とくに再任禁止規定はない。代表も代理も無報酬である。
　重度障害者代表の職務について，同法第95条は以下のように規定している。
　①事業所での重度障害のある者のインタレストを代表し，インテグレーションを促し，その側からの助言・サポートをする。とくに，(a)重度障害のある者のための法，政令，労働協約，経営協定の実施状況を監視し，使用者の義務の履行状況をチェックする，(b)重度障害のある者に資する措置とくに予防的措置を責任者に提案する，(c)重度障害のある者の意見，苦情を受理し，（それが正当と思われるのであれば）使用者と交渉し，解決に努める。このほか，事業所の重度障害のある者の障害グレードの申請・認定などに際し，当人に対して支援を行う。②重度障害者代表には情報権と協議権がある。使用者は重度障害者代表に（個人としての，あるいはグループとしての）重度障害のある者にかかわる事案に関する情報を遅滞なく包括的に，しかも意思決定のまえに伝え，意見を求めなければならない。③重度障害者は使用者側にある自分の人事記録・データを閲覧する際に，重度障害者代表に助言を求めることができる。④重度障害者代表は経営協議会（とその分科会）のすべての会議に参加し，助言する権利をもつ。従業者総会にも参加できる。重度障害者代表が経営協議会の決議を重度障害のある者のインタレストの重大な侵害とみなしたとき，代表の求めに対し，その決議（の意思決定）は1週間留保される。重度障害者代表は少なくとも年1回，事業所での重度障害者総会を行う権利をもつ。

10　解雇規制

　ドイツの「社会法典第9編・障害者のリハビリテーションと社会参加」では，第4章が「解雇保護」になっていて，第85条から第92条までの条文が解雇に対する保護規定にあてられている。解雇をめぐっての重度障害のある者の権利が規定されているわけである。同法第85条によると，「使用者による重度障害の

ある者の労働関係解約はインテグレーション機構の前もっての同意を要する」。すでにふれたように，重度障害のある者の解雇は1920年，1923年の「重度障害者法」が制定されてから，使用者の一存だけではできない。これは「もっとも厳しい，またもっとも有効な」規制であるという指摘もある。

解雇予告は少なくとも4週前にしなければならない。管轄のインテグレーション機構に対し書面で解雇予告について同意を求める。これを受けて同局は経営協議会，重度障害者代表と当人の意見を聴取する。こうした手続の中で，同局は思いやりのある合意ができるように心懸ける。同意の申請があってから1ヶ月以内に決定を下さなければならない。そして使用者と重度障害のある者本人に，この決定が送付される。

ただ，インテグレーション機構は使用者の解雇予告に同意しなければならない場合がある。たとえば，事業所の閉鎖に伴っての解雇告知で，賃金給与の支払日まで少なくとも3ヶ月ある場合や，重度障害者に別の適切な，無理のない職場が確保されている場合，使用者の財産に関し破産手続がはじまっていて，一定条件が満たされている場合などである。あるいは，障害のある人本人の行動に問題がある場合である。重度障害の従業者に対する解雇保護はいかにも強いようにみえるが，事業経営上からくる解雇，また本人の行動に起因するような解雇のそれに対しては，インテグレーション機構は，影響力を行使できる余地はあまりない。ところが，解雇申請の理由は，そうしたことが大部分である。結果的には「2013年において解雇申請の約80％に対し，インテグレーション機構は同意をあたえた」[24]。それにインテグレーション機構は重度障害のある者のインタレストの代表機関ではない。それは労使の仲裁（Vermitterung）をするところである。

なお，ドイツで重度障害者解雇への同意申請はどのくらいかというと，2011年が2万4,977（9,895），2012年が2万7,671（1万1,715），2013年が2万7,286（1万243）であった[25]。（　）内の数字は女性に関する同意申請である。

日本のいわゆる「障害者雇用促進法」では解雇に関し，「解雇の届出」という1章が設けられているにすぎない。同法第81条によると，使用者が「障害者である労働者を解雇する場合（労働者の責めに帰すべき理由により解雇する場

合その他厚生労働省令で定める場合を除く。）には，厚生労働省令で定めるところにより，その旨を公共職業安定所長に届け出なければならない。……」。この届出があったときには，公共職業安定所は当の労働者について「速やかに求人の開拓，職業紹介等の措置を講ずるように努めるものとする」（同法同条）。

11 インテグレーション機構と連邦雇用機構

ドイツの重度障害者雇用の領域ではインテグレーション機構が重要なエージェントになっていることは，これまでの記述から容易に理解できよう。ここで改めて取り上げる。すでに第Ⅱ章でふれたように，当初，重度障害者雇用の所管は生活援護主局であったが，2001年にこの機構ができて，重度障害者雇用を手掛けるようになる。現在，インテグレーション機構は生活援護主局と連合組織，BIHを結成している。この点についてもふれた。

インテグレーション機構は文字通り「重度障害者の労働生活へのインテグレーションを確保するため」のエージェントである。インテグレーションとは，重度障害者雇用分野では，労働市場にそうした人びとを包摂する，つまり，就労させ，雇用を継続させることを意味する。日本でいうインクルージョンとほとんど同じである。ドイツの重度障害者雇用の分野では，インクルージョンという表現は法律上ほとんど使われない。すでにみたように，インテグレーション企業，インテグレーション・プロジェクト，インテグレーション協定，インテグレーション・マネジメントなど。しかし，（特別）教育の分野はそうではない。インテグレーションとインクルージョンは「一部は同義であり，一部は異なった概念[26]」（A. Hinz, 2002, S.1）であると解され，その異同が議論されている。この点については前章で取り上げた。

「社会法典第９編・障害者のリハビリテーションと参加」第101条では，同法第２部の諸規定が使用者の無遠慮な意思決定により履行されない場合，インテグレーション機構が，連邦雇用機構と協力し，そうした規定が実施されるようにする。

インテグレーション機構の主なしごとは，雇用調整金等の使用と納付金の徴収，解雇保護，労働生活上の寄り添った支援，重度障害のある者に対する特定

支援の一時的停止（妥当と思われる職場を正当な理由なく拒否するなど）である。

インテグレーション機構には重度障害者諮問会議があって，インテグレーション機構に提案をしたり，協力したり，支援を行ったりしている。諮問委員会は10人構成であり，従業者代表2人，使用者代表2人，障害者団体の代表4人，州代表1人，連邦雇用局代表1人という構成になっている。

連邦雇用機構（Bundesagentur für Arbeit：BA）も「社会法典第9編・障害者のリハビリテーションと参加」の条文にしばしば登場する。とくに同法第104条には連邦雇用機構の任務が規定されている。同条によると，連邦雇用機構の任務は重度障害のある者に対しての職業相談，職業訓練のあっせん，職業紹介，障害者作業所入所者に対する一般労働市場への紹介，重度障害のある者の職業訓練，職場配置についての使用者への助言，重度障害のある者の労働生活への参加の促進，雇用義務履行の監視，障害者作業所の認定・取消し，などである。同機構は1927年に設けられた国の職業紹介・失業保険局にはじまるといわれているが，現行の連邦雇用機構の機能や組織は1998年の「社会法典第3編・就労促進（Arbeitsförderung）」の中で規定されている。独立公共団体（英語でいう self-governing public body）であって，ドイツの労働市場の最大のサービス業務の担い手になっている。重度障害者雇用に関しても職業相談，職業紹介・あっせん，職業訓練機関の紹介を行っているわけである。ちなみに，連邦雇用機構は大学を運営したり，研究所をもっていたりもする。

興味深いのは，連邦雇用機構のトップ機関は3人構成の経営委員（会）であり（1人が委員長），経営委員が連邦雇用機構の全般的経営を担い，責任をもつ。10の地域が設けられていて，それぞれに3人構成の管理委員会があって，州政府と連携し，地域の労働市場政策を担っている。これら10の地域に，全部で156の支局があり，さらに約600の出先機関がある。興味深いのは，連邦雇用機構にガバナンスの機関があって（評議員会），従業者，使用者，公的組織3者の代表7人から構成されていることである。評議員会は経営委員が行う業務執行を承認し，監督する。

ちなみに，連邦雇用機構には障害者諮問委員会が設けられる。こちらの諮問委員会は11人構成になっていて，従業者代表2人，使用者代表2人，障害者団

体代表5人,インテグレーション機構代表1人,連邦労働社会省代表1人からなる。

(注)
1) OECD (1997), *Implementing Inclusive Education*, p.1.
2) Heckmanモデルについては,第Ⅳ章第2節をみられたい。
3) ILO (2015), *Decent Work for Persons with Disabilities: Promoting Rights in the Global Development Agenda*, p.89f.
4) ILO (2015), op. cit., p.88.
5) World Health Organization (2011), *World Report on Disability*, p.96.
6) D. V. Engelhart (1990), *100 Jahre Rehabilitation*, S.572.
7) H. Cramer, H. Fuchs, S. Hirsch and H. G. Ritz (2011), *SGBIX—Kommentar zum Recht schwerbehinderter Menschen sowie AGG und BGG*. 6, Auflage, Vahlen München, S.27.
8) Werkstättenverordnung vom 13, August 1980.
9) ILO (2015), op. cit., p.104.
10) 内閣府(2012年),平成24年版障害者白書,96ページ。
11) Bundesministeriums für Arbeit und Soziales (2007), *Bericht der Bundesregierung über die Wirkung der Instrumente zur Sicherung von Beschäftigung und zur betrieblichen Prävention*, S.9.
12) Cramer et al. (2011), *SGBIX—Kommentar*, S. 477.
13) 内閣府(2012年),平成24年版障害者白書,111ページ。
14) 同条の立ち入ったコメントについては,次の文献参照。永野仁美・長谷川珠子・富永晃一編(2016年),詳説障害者雇用促進法,弘文堂。
15) Bundesministerium für Arbeit und Soziales (2007), *Bericht*, S.20.
16) Cramer et al. (2011), *SGBIX—Kommentar*, S.679.
17) BIH (2012), *Jahresbericht 2011-12*, S.30.
18) BIH (2014), *Jahresbericht* 2012/2013, S.36.
19) Kommunalverband für Jugend und Soziales Baden-Württemberg (2005), Netzwerk- und Berufswegekonferenz.
20) Cramer et al. (2011), *SGBIX—Kommentar*, S.677.
21) Bundesregierung (2005), *Bericht der Bundesregierung über die Situation behinderter und schwerbehinderter Frauen und Männer auf dem Ausbildungstellenmarkt*.
22) Cramer et al. (2011), *SGBIX—Kommentar*, S.728.
23) 文部科学省(2012年),共生社会の形成に向けたインクルーシブ教育システム機構のための特別支援教育の推進(報告)ならびに同別表。

http://www.mext.go.jp/b_menu/shingi/chukyo/chukyo3/044/houkoku/1321667.htm
24) BIH (2014), *Jahresbericht 2013/14*, S.47.
25) BIH (2014), S.46.
26) A. Hinz (2002), Von der Integration zur Inklusion, Terminologisches Spiel oder Konzeptionelle Weiterentwicklung? *Zeitschrift für Heilpädagoik*, 2002, 53, S.1.

第IV章

しごと能力と特別支援教育

　障害のある人の中には，生まれながらにして障害のある者，子どもの時代にそうなる人がいる。障害児という言い方がある。そうした子どもに対して，日本では特別支援教育が施される。特別支援教育は特別支援学校，特別支援学級，通常の学級などの場で行われる。子どもそれぞれの障害の状況，個性等を配慮したきめ細かい教育が施されていて，小学校と中学校は義務制になっている。
　ところが，第II章でふれたように，子どもの教育分野では，20世紀の最後の4半期頃からインクルージョンを旗印にしたインクルーシブ教育論が展開されるようになり，それが「障害者権利条約」にも盛り込まれて，インクルーシブ教育への要請が一段と強まっている。外国では，すでにふれたように，インクルーシブ教育の本質とは「ただひとつの分離できない異質グループに向けての一般教育である」(A. Hinz)という理解に立って，分離教育，隔離教育に対する批判がつよくなっている。日本でもインクルーシブ教育の議論が行われていて，文部科学省は2012年に『共生社会の形成に向けたインクルーシブ教育システム構築のための特別支援教育の推進（報告）』[1]を出して，むしろ特別支援教育においてインクルーシブ教育の考え方を取り込むという方向性を打ち出している。「特別支援教育は，共生社会の形成に向けて，インクルーシブ教育システム構築のために必要不可欠である……」（同報告，3ページ）。文部科学省は特別支援教育の中に，「障害者権利条約」第24条「教育」においてうたわれているインクルーシブ教育の理念を取り込み，特別支援教育をインクルーシブ教

育システムとして再構築しようとしている。

　この章の関心事はそうしたインクルーシブ教育，そのシステム化そのものに必ずしもあるわけではなくて，特別支援教育の中でのしごと能力の形成問題である。ここではインクルーシブ教育問題は，しごと能力とかかわりがある範囲において取り上げるにとどめる。

　これまでの特別支援教育が，障害のある子どもの将来のしごと能力の形成にとって大きな役割を果たしてきたことは否定できない。そうした子どものしごと能力形成に当たって，現在も特別支援教育は大きな寄与をしているように思われる。近年は一般の子どもについても，小学校・中学校の段階から，就労に向けてのオリエンテーションが行われている。今日，中学校ではキャリア教育は重視されているし，小学校の文書の中でも，この用語が見られるようになった。特別支援教育では以前から，就労に向けての，つまりしごと能力形成を念頭に置いた教育に，ウエートが置かれてきた。今日では，そうした傾斜がいっそうみられる。

　なぜ，障害のある子どもの将来のしごと能力形成にとって，小中学校の，あるいは高等学校での特別支援教育が大切かという問題を論じるまえに，しごと能力とは何かという点について説明しておく必要があろう。本書では，しごと能力はひとつのキーワードになっている。しごと能力とは何か。

1　しごと能力

　しごと能力は一般に，一般労働市場において雇われうるだけの，社会経済的な交換関係に入りうるだけの能力，エンプロイアビリティのことだと解されている。それをもっていると，「労働基準法」でいう労働者になりうる。そして，労働報酬を得る。「この法律で労働者とは，職業の種類を問わず，事業又は事業所に使用される者で，賃金を支払われる者をいう」（「労働基準法」第9条）。しかし，障害のある人が，あとでふれるように，就労継続支援B型などの福祉作業所で働いている場合，労働者ではなく，福祉施設の利用者である，といったとらえ方がある。雇用契約もなく，雇用関係にもない。エンプロイメントとは関係がない。だが，この人物は，企業の使用者と雇用契約を結んで働いてい

る労働者と同じように，部品をケースに詰めたり，あるいはパソコンにデータを入力したりする作業を担当している。これは労働であるのか否かという議論は，ここではしない。この人物もしごと能力をもっている，という点は指摘しておく。エンプロイアビリティという表現はしないで，しごと能力とするゆえんである。

　国連の『人間開発報告書』（2015年）では，しごと（work）とジョブを区別し，しごとは，市場で報酬を得るジョブよりも広いコンセプトだとしている[2]。しごとにはボランタリーな活動，家事，育児，他人に対するケア等がふくまれる。福祉作業所での利用者の作業もしごとにふくまれる。しごとにはしごと能力が，またジョブにはエンプロイアビリティが対応する。

　しごと能力は本来，個人的で個性的なものであろう。A君はフライス盤を巧みに操作できるとか，Bさんは窓口での接遇の仕方には少し問題がある，といったことである。当人の様々な属人的要素が，そのしごと能力に入り込んでいる。しごと能力はしばしばその人の人格的表現である。しごとに，全人格を投入する。芸術家などのしごと振りをみると，そういう思いがある。これは障害の有無に関係ないのである。

　この意味のしごと能力に関して以下の点が重要である。ひとつはしごと能力は本人の努力を通じて形成されていくものであるという点である。しかも，本人のそうした努力を支援する仕組みもある。この点は障害の有無に関係はない。しごと能力の形成は，その人の一生のかなりの期間にわたっての営々たる努力として行われる。すなわち，学習（learning）である。その際，自己流でがむしゃらに頑張ろうということもあろうが，多くの場合，長年の経験や実証的知見等による，より合理的な形成法がある。しかも，形成していく順序，段階がある点も強調したい。学校のカリキュラム編成，様々な訓練プログラムは，能力の合理的形成法と形成していく順序を反映したものになっている。本章では，こうしたしごと能力形成の初期段階が非常に大切であると考える。

　しごと能力にはいまひとつの側面がある。しごと能力は本人の人格，能力と不可分にむすび付いたものであろうが，同時に社会的に客体化されてもいる。一般的には，この意味のしごと能力のほうが重要かもしれない。たとえば，企業等の事業所には職務分析（job analysis）を行って，文書化した職務記述書

(job descriptions), 職務明細書 (job specifications) がある。そうした文書においてはしごとが客観的に記述され，担当者のしごと上の要件も規定されている。就労に当たっては，この意味でのしごと能力のほうが重要で，自分のしごと能力が相手が求めるしごと能力に合致するかどうかがきめ手になる。

　この意味のしごと能力は，具体的にはしごとの経験年数，学歴，年齢，資格などによっても示される。求人欄に「実務経験5年以上」といった記述がよく見受けられるところである。学歴も求人に当たって，条件として挙げられる場合が少なくない。大学の商学部卒業であれば，簿記はできるだろうとか，高等専門学校情報工学科出身であれば，コンピュータについて詳しい筈だということになる。資格，技能検定の取得もしごと能力を証明するものになる。国家資格，公的資格，民間資格があって，当人のしごと能力を，平等と公開による試験を通じて認定する。国家資格の場合は有資格者については，法的に社会的地位が保証される。技能検定は製造業で働く従業者のスキルを証明するもので，国家試験がある。合格すると，様々な職種について技能士を称することができる。ホワイトカラーを対象にしたビジネス・キャリア制度もある。以上のような資格をもっていると，就労上有利である。資格試験を受けることになると本人は勉強もするし，身に付いた知識・スキルの証明書にもなる。障害のある人の中にも，公認会計士，一級建築士など国家資格をふくめて，資格保有者がいる。日本語ワープロ検定，日本漢字能力検定，情報処理技能検定，実用英語技能検定などに合格した人もいる。

　もっとも，資格，免許などにおいて，障害があることを理由に取得が制限・禁止されている場合があった。いわゆる「障害に係る欠格条項」である。こうした欠格条項については日本でも，全面的に見直しが行われ，障害がある人にとって，資格，免許の取得の可能性が拡大したといわれている。

　アメリカではIQ (Intelligence quotient：知能指数) もしごと能力のひとつの測定器だと考えられているふしがある。しごとの複雑性が増すと，高いIQが必要になる，と考えられている。もちろん，「だれもしごととわれわれを知能によって仕分け，そのプロセスを強いるとは宣告できない」(R. J. Herrnstein & C. Murray, 1994, p.52[3]) のではあるが，それでも，IQとしごと，あるいはしごとの業績との統計的相関に関する研究が行われ，その関連が有意

であるとする主張がみられる。

いずれにしても，高いしごと能力をもっていることの証明書として学歴，資格などがあるわけである。そして，高いしごと能力を身に付ければ，収入も多くなり，社会的ステータスも高くなることが多い。

これは人的（資本）投資の問題でもある。しごと能力とその証明書を入手する努力に伴うコストと，そうした努力，コストの見返りとの関係が人的投資の問題であり，G. S. Beckerの『人的投資』（1975年）は個人の立場において人的投資・教育投資が経済的に引き合うものであるとしている[4]。この種の教育経済学的研究がすすむ中で，しごと能力形成に関して，いくつかの貴重な留意点が指摘されるようになっている。とくにHeckmanモデルが重要である。

2 Heckmanモデル

シカゴ大学教授のJ. J. Heckmanたちは精力的に，経済的，社会的に恵まれない子どもの能力形成，とくにしごと能力形成の問題に取り組んでいる。その一連の研究にはHeckmanのほかに，F. Cunha, Y. Rubinstein, J. Stixrud, S. M. Schennach, S. Urzua, P. A. LaFontaine, D. V. Masterov, L. J. Lochner, P. E. Todd[5]などといった研究者も名を列ねている。ここでいうHeckmanモデルには，Heckmanだけでなく，こうした研究者の考え方もふくまれていると思われる。

Heckmanモデルでは，3つの考え方がきわめて重要である。ひとつは，しごと能力形成について二元モデルを提唱していることであり，いまひとつは，時間的進化モデルを示したことであり，さらに，恵まれない家庭の子どものしごと能力形成に当たって早期の支援を強調していることである。以下，それぞれについて，説明しよう。

2-1 二元モデル

Beckerに代表される従来の教育経済学は，人生の成功，高いしごと能力を約束するのは，認知力，IQだと主張してきた。Heckmanはこうした考え方を一元モデル（one dimension model）だと表現している。Herrnsteinと

Murrayの『ベル・カーヴ』がセンセーショナルに描き出しているのは，IQとの関連でのアメリカの階層構造の姿である。アメリカでは様々なアチーブメントテスト，高等教育システム，キャリア・パスなどを通じ，「認知エリート」（cognitive elite）をつくり上げるチャンネルが形成されていて，この階層がアメリカ社会の頂点に君臨している。

　しかし，Heckmanモデルでは，人のIQ，認知力だけが人生の成功，不成功を決めるのではないとする。同モデル，つまり二元モデルにおいては，認知力（cognitive ability）と非認知力（non cognitive ability）という概念が登場する[6]。前者はIQで測定される能力のことである。非認知力は認知力以外の能力のことで，漠然とした感じがなくもない。Heckmanたちは非認知力を社会化（socialization）上の問題としてとらえている。それは「動機づけ，社会情緒規制，時間選好，他人との協力のための人的要素・能力をいう」（by non cognitive abilities I mean motivation, socioemotional regulation, time preference, personality factors and the ability to work with others）（Heckman, p.10）[7]。Heckmanは非認知力について，ほかの個所では別の人的要素を挙げている。非認知力については，具体的に色々の列挙の仕方がある。それは人が人びとの中で生活し，しごとをするうえで身に付ける人的能力，社会生活を送れる人的能力のことで，ソーシャル・インテリジェンス，あるいはエモーショナル・インテリジェンスとよばれているものを含む。

　認知力とともに，このような非認知力が，しごと能力の重要な構成部分であることは，実務に携わる人間ならば，よくわかっている事柄である。これは障害の有無に関係がない。入社試験に当たって，また人事評価において認知力のほかに，協調性，忍耐力・持続力，リーダーシップなどの非認知力が重視されてきた。障害者雇用の担当者の話でも，当人の障害グレードよりも，非認知力のほうがはるかに考慮事項になる。たとえば，知的障害だと，療育手帳（東京都の場合，愛の手帳）が2か3か4かよりも，当人の協調性や持続性や生活習慣のほうが，作業遂行上，重要である，という。ところが，非認知力は重要であるが，いま進行している核家族化，人間関係の希薄化などの状況の中で，あるいは子ども同士が遊ぶ時間が少なくなっているという状況の中で，これを身に付けたり，育成したりする機会が少なくなっているのではないか。家庭の中

ではもちろん，保育所，こども園，幼稚園などにおいて，非認知力を形成することに，もっとウエートが置かれるべきであろう。

この非認知力はいかにして形成されるのか。それが社会化に絡むものだとすると，様々な社会的経験がこれを育むと考えられよう。Heckmanはこれについて，つぎのような数学モデルを示している[8]。

$$N_{t+1} = F_{N,t}(N_t, C_t, I_t, C_M, N_M)$$

ちなみに，認知力についても，数学モデルが提示されている。

$$C_{t+1} = F_{C,t}(N_t, C_t, I_t, C_M, N_M)$$

N_tは年齢tでの非認知力のストック，C_tは年齢tでの認知力のストック，I_tは年齢tでの両親の投資，C_Mは母親の認知力，N_Mは同じく母親の非認知力を表わす。

2-2 時間的進化モデル

Heckmanは，子どもの認知力と非認知力はともに年齢とともに変化すると考え，両者の時間的進化モデルを考えた。その特徴は自己生産性（self-productivity）とダイナミックな相補性（dynamic complementarity）にある[9]。自己生産性とは，ある時点で獲得された認知力や非認知力が後の時点で獲得される認知力や様々な非認知力を大きくする，ということである。例えば，ある時点での自制心や安定感のような非認知力が，後の時点での知的好奇心や認知力を高めることを指す。一方，ダイナミックな相補性とは，ある時点で行われた親の子どもに対する投資は，その後，親の投資が継続することによってより効果的になる，ということである。もっとも，親の投資でなく，公的投資であっても，ダイナミックな相補性の効果に変わりはないであろう。自己生産性とダイナミックな相補性は次のことを意味する。「スキルはスキルを生み，能力は能力を育てる。あらゆるケーパビリティは以前の能力の基礎のうえに形成される」(Skills beget skills and capabilities foster future capabilities. All capabilities are built on a foundation of capacities that are developed earlier)[10]。Beckerのモデルでは，こうした累積プロセスは考えられていない。認知力のみならず，非認知力の進化を考えたのはHeckmanが初めてである。Cunha et al.（2008）は線形関係を仮定している。この線形関係については，

別稿をみられたい[11]。

　ちなみに，ケーパビリティこそ，人のウェル・ビーイングの重要な源泉である。この点は A.Sen がやや別の視点から指摘していることで，よく知られている[12]。フランスの CMEPSP (the Commission on the Measurement of Economic Performance and Social Progress：経済のパフォーマンスと社会の進歩の測定に関する委員会) の『報告書』でも，ケーパビリティ・アプローチが強調されている[13]。また産業心理学分野の心理学的ウェル・ビーイング (psychological well-being：PWB) 研究でも，ケーパビリティを拡げることにかかわるひとの様々な内面的満足がウェル・ビーイングにむすび付くという実証研究が多くある[14]。この線形関係を計算する中で，両親の投資がほかの時期よりも効率的になる時期がある。Heckman モデルでは，そうした時期はセンシティブな時期とよばれている。

2-3　子どものときが大切

　ひとの認知力と非認知力の形成にとって，またしごと能力の形成にとっても，子どものときが大切であり，投資効率もよく，効果も大きい。Heckman は図表Ⅳ-1 のような図表を提示している[15]。ただ，非認知力についてのセンシティブな時期は認知力にとってセンシティブな時期よりも遅れる，という。同図表では，子どもの年齢が低いほど，教育投資の効果がある，ということになる。0～3歳の層が最も高く，次いで4～5歳の層になる。幼児プログラムや就学前プログラムが有効だということになる。乳幼児期に脳の基盤が形成されることを思えば，この時期が大切であるというのは，よく理解できる。荒川区の場合，就学前の子どもに対し，様々なことがこころみられている。乳幼児健診を徹底して，できるだけ早期に健全な発達の障害になるものの発見に努め，早期の対応をするようにしていること，保育園を整備すること，おもちゃ図書館を設け，おもちゃで遊ぶことを通じ，心身の発達に役立て，また地域の交流のきっかけにしようとしていること，「児童福祉法」に基づく児童発達支援事業（児童デイサービス）をすすめ，子どもの個々の発達に応じ，専門スタッフが療育，遊び，生活活動などを支援している。さらに区では，障害のある子どもに限ったものではないが，子どもの発達段階に応じた就学前教育プログラムも

●図表Ⅳ-1　人的資本投資1ドル当たりの見返り

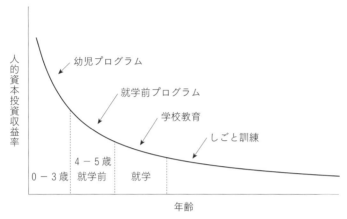

(出所)　Heckman (2008), p.91より引用。

策定している。図表Ⅳ-1によると，学校教育は就学前教育に比べると，有効性はダウンするが，しかし，卒業後の教育訓練，しごと訓練からすると，有効性は高い。要するに，教育は早期のライフステージほど有効である。

　Heckmanモデルではふれていないが，しごと能力形成上，学習の順序 (sequence) というものがある。学習の順序を無視したり，間違えたりすると，苦労することになる。この点もよく認識されているように思われる。とくに当人の「……心身の発達に応じて，体系的な教育が組織的に行われ」(教育基本法第6条) ることが肝要である。

　ちなみに，Heckmanによると，ひとの能力とスキル (両者は置き換えられるものだと考えられている) は環境，投資，遺伝子の3つによってきまる[16]。これらは多分に家族資源 (family resource) の問題である。しごと能力形成にとって有利な家庭と不利な (disadvantage) な家庭がある。しごと能力の形成のために，恵まれない，不利な子どもがいる。機会均等という正義からすると，そうした子どもを支援する必要がある。Heckmanははっきりとのべてはいないが，障害のある子どもについても，しごと能力形成上の不利があって，格別の支援を要する。

3 キャリア発達モデル

　産業心理学のキャリア発達（あるいはキャリア開発）の諸説も，しごと能力形成を考えるうえで参考になる。障害とは当人のキャリア発達にとっての障害を意味することが多い。むろん，そうでない場合もあろう。いずれにしても，キャリア発達の意味をよく理解したうえで，当人が然るべき行動をとること，周囲の人や関係者が支援をすることが大切である。

　キャリア発達の議論は，当人の価値観，パーソナリティ・心理的態度（attitude），ケーパビリティ，しごと経験の相互作用の中で，その人のしごと志向が決まってくるというものである。あるいは，その人のキャリアの落ち着き先，投錨先が決まってくる（E. Scheinがいうキャリア・アンカー）。たとえば，パーソナリティ・心理的態度は多くの研究者が，しごとの選び方，キャリア発達と関連があることを指摘している。Scheinの研究によると，自分のステータスにこだわるタイプ，自分の専門性，スキルのアップを大切に考えるタイプ，経済的安定，平和な生活，家庭というものを重視するタイプ，縛られないで，自分流の生き方をしたいタイプ，リスクがあっても，挑戦することに満足を見出すタイプがあるという[17]。Super，Hollandなども，パーソナリティとの関連でこの種のタイプ分けをしている[18]。障害のある人でも，将来のキャリアを考える際には，自分がどんなタイプの人間であるかということを念頭に置いて，将来の選択をすべきだし，相談を受ける人も，相談相手のパーソナリティ，価値観，ケーパビリティ等を見極めて，助言することが大切である。

　また，キャリア発達のステージという用語法があって，これについてもじつに多くの研究がある。キャリア発達のステージは多分にライフ・ステージと重なるが，両者には大きな関連があるとしても，キャリア・ステージにはそれ自体の意味合いがある。キャリア発達のステージの問題は，キャリア発達に関する議論の中で大きなウエートをもっている。キャリア発達のステージに関しても，多くのモデルがあるが，ここでは，示唆に富んだSuperモデルを参考にする。Superは自我観念（self concept）を基軸として，その形成，確立，維持（場合によっては修正），衰退というキャリア・ステージを描いている[19]。自

我観念とは自分自身に関する観念であり，1個の人間としての自分自身を発見することである。ほかならぬ自我とは，他人と似ているところもあるが，他人と大いに識別される自分という人間の認識である。自我観念は自立ともむすび付いている。自我なしに自立はありえない。

　Superはキャリア発達の各ステージを以下のように説明している。①学校から労働への移行期間（15歳頃まで）――現実の探索，②もがき，トライアルをする期間（15～25歳）――自我観念を試し，実行する，③確立期間（25～45歳）――自我観念を修正しつつ実行，④維持のステージ（45～65歳）――自我観念の維持とそれに伴う苦しみ，⑤衰えの季節（65歳～）――新しい自分に合わせること。年齢については20世紀半ばと，平均寿命と健康寿命が伸びた現在とでは，多少ズレが生じていると思われる。

　とくに①と②のステージにおいて，自我観念が形成される。服装，言葉遣いが変わるといった，たんに子どものサブカルチャーから大人のサブカルチャーへの移行を意味するだけではない。しごとを求めるのも社会の中での自分さがし，自分の居場所さがしの重要な部分かもしれない。

　さきのHeckmanモデルは子どもの時期の教育，とくに幼児期や就学前の教育，そして低学年での教育を重視していた。Superのキャリア発達モデルは学校教育からスタートする。同モデルでは，学校教育は現実の探索の実質的なはじまりであり，その中で自我観念が次第に形成され，就労へのオリエンテーションも開始される。つぎの自我観念を試し，実行するステージ，つまり，自我観念を現実の中で試し，もたつき，もがく（flounder）キャリア・ステージ，またトライアルのキャリア・ステージはきわめて重要である。もがきとはP. E. Davidson & H. D. Andersonの用語法であって[20]，次々にしごとを変えていく様をあらわす。トライアルはD. C. Miller & W. H. Formによる表現であって[21]，試行錯誤のひとつの側面である。こうした事態が10代後半から20代にかけての青年期の特徴である。ひとによっては，もたついたり，もがいたりしないで，いわばストレートに，あるいはすんなり就職できる。しかし，Superのキャリア発達モデルからすると，もがきつつ，トライアルを重ねるというのが，このキャリア・ステージの特徴であって，それは良くないことだということには決してならない。Schein も「リアリティ・ショック」という用語を引

いて（Schein, p.94），若いときの様々な現実との出会いの中で苦闘し，そして自我が形成されていく，としている。

　自我観念の形成との絡みで就労を考えると，子ども・若者には，年齢相応に様々な社会体験の機会がある，というのが大切である。すでに家庭の枠の中から出て，日中学校で大勢の子どもと一緒に時間を過ごすというのが，自我観念の形成にとって重要なことである。Superによると，クラスメートと一緒に授業を受けることのほか，友達と遊んだり，サークル活動をしたり，高学年でアルバイトをしたりするのも，自我観念の形成に役立つ。

　Superのこうした視点から，障害がある子どもの教育のあり方を考えると，一般社会から隔離，分離して特別支援教育を施すのは問題だということになろう。障害のある子どもには，慎重な対応があって然るべきだし，支援はむろん必要であろう。だが，自我観念の形成を妨げてしまい，自立化を阻んでしまう過ぎたる支援は良くない。通所施設で日中過ごす，宿泊訓練をする，ほかの子ども，一般の子どもと交流するといった日頃の努力が大切になる。Superのキャリア・ステージ・モデルに立脚すると，就労支援は，たんに具体的なしごとのノーハウを教えたり，面接の要領を指示したり，服装についてアドバイスすることをこえた問題である。自我観念の形成という側面，この根本的課題が忘れ去られてはならない。

　Superのキャリア発達モデルでは，20代後半から40代前半にかけて，ひとのしごと能力が確立し，40代後半から維持のステージをむかえ，やがて衰えの季節がくる。

　Superのキャリア発達モデルは20世紀中頃に提示されたものである。その後の就労環境の変化に対応したキャリア発達モデルの展開がある。Scheinの組織内のキャリアパスに力点を置いたモデルもあるが，ここではD. T. Hall[22]のプロテウス・キャリア・モデルを取り上げておく必要がある。技術的，経済的，社会的状況はどんどん変わり，しごとの中味，要件，ニーズも変わる。これまであったしごとが不要になったり，新たなしごとが生まれたりする。プロテウス・キャリアはこうした状況に備え，対処しようとするモデルである。プロテウスはギリシャ神話に登場する変幻自在に姿を変える海神で，変化にうまく対応できる能力を象徴する。現在のしごと環境は，障害のある人もふくめて，人

びとにプロテウス的キャリアを強いるであろう。変化への適応力，幅のあるしごと能力などが求められる。また，キャリアのリサイクルのようなものが人びとには必要になる。ただ，その場合でも，自我観念の表現としてのしごと，キャリア・アンカーの考え方は生きていると思われる。

前節のHeckmanモデルとこの節のキャリア発達モデルから，しごと能力形成にとって以下の諸点が留意されなければならない。これらは障害の有無に関係なく，言いうることである。

① しごと能力には認知力にかかわるものと，非認知力を構成する要素とがあり，しごとを遂行するうえで双方とも重要であること。

② 2つの構成要素の基礎部分とも，子どもの時代において有効に形成される。子どもの時期が大切であるし，とくに幼児のときが有効性が最も高い。少なくとも，学校卒業前のほうが，卒業後よりも有効性が高い。

③ 子どものしごと能力の形成にとって有利な家族と不利な家族がある。後者の子どもに対しては支援が必要である。「初期の介入のほうが経済的効率が高く，一生の不平等を縮小する」（Heckman, 2008, p.22）。

④ しごと能力形成，キャリア発達は自己生産性と相補性のプロセスである。ある時点で獲得された能力が，後の時点で獲得される能力をいっそう大きくする。また，ある時点で行われた投資，支援は，それが継続することによって，いっそう効率的になる。

⑤ しごと能力形成，キャリア発達は人生の長いスパンにおいていくつかのステージがある。いま，当人がキャリア発達のどのステージにいるのかを考えて，しごと能力の形成・維持の問題に取り組むことが大切である。とくに，はじめのほうのステージでは，しごと能力の形成問題は自我観念の形成問題でもある。自我観念とのかかわりにおいて問題を考えることが大切である。

⑥ 今日のような，ダイナミックな変化の時代には，硬直的なせまい範囲のしごと能力を身に付けると，変化に適応できなくなるおそれがある。変化に適応できる能力が必要になり，そうした能力もしごと上の重要な能力である。

4 特別支援教育

　生来の障害のある人，あるいは乳幼児期にそうなった人にとって，キャリアの最初のステージは，日本の場合は特別支援教育のステージと重なる。Superのモデルでは，この期間において，しごとへの関心が生まれ，しごと能力の基礎的部分が形成されるとのことであった。また，Heckmanモデルでは，基礎的な認知力と非認知力が，効果的に構築されるステージだとされている。しかも，Heckmanモデルの進化の累積プロセスの計算では，このステージでの認知力と非認知力の容量が大きいほど，あとの展開は有利になる。

　近年はとくに義務教育段階において，障害のある子どもにかぎらず，しごとへのオリエンテーションを行うこころみが広くみられるようになっている。荒川区でも，工場見学，商店街での泊り込みの実習，職業人の講演などの取り組みが行われている。多くの地域でも，様々な企画が実践されている。

　さて，特別支援教育である。

4-1 特別支援教育の流れ

　障害がある子どもに対する教育は江戸時代にもみられるというが，現段階においてはっきりした記録となると，明治以降のことにならざるをえない[23]。明治の比較的初期からの記録はある。まず，今日いうところの視覚障害と聴覚障害に対する教育施設が，ごく小規模ながら民間の篤志家により設けられるようになる。当初，両者は一緒にして盲唖と称され，教育の場として盲唖学院が設けられていた。

　1878年（明治11年）に京都で盲唖学院が生まれたし，現在の筑波大学附属視覚特別支援学校の前身になる楽善舎も同じ時期に発足した（文部省（1972年），「学制百年史」515ページ）。その後，多くの地域において盲学校，聾唖学院などという名前の教育の場が民間の篤志家，宣教師などの手でつくられ，「明治三十年代には二七校，明治四十年代にはさらに三二校増し，就学する生徒数も増加した」（同，517ページ）。そして，「小学校令」においてその規定が設けられもしたが，特別教育たることを意識した「盲学校及聾唖学校令」が発布され

たのは，1923年（大正12年）のことである。「盲学校は盲人に，聾唖学校は聾唖者に普通教育を施し其の生活に須要なる特殊の知識技能を授くるを以て目的とし国民道徳の涵養に力むべきものとす」（同令第1条）。「公立私立盲学校及聾唖学校規程」も同時に発布された。ただ，就学率は高くなかったといわれている。

今日いう知的障害のある子ども，肢体不自由な子ども，身体虚弱・病弱の子どもに対する特殊教育は，明治30年代の終わりから大正時代にかけて各地ではじまった。そのための学校を設けることもあれば，特別学級を編成することもあった。

特別教育の制度的整備がすすんだのは第2次世界大戦後であって，就学義務化，自治体の設置義務，盲学校・聾学校・養護学校と特殊学級の整備，学習指導要領の制定などがおしすすめられ，「学校教育法」に盛り込まれていった。以上のような諸制度の多くは，つぎの章でのべるように，親の会，支援関係者・団体の働きかけに負うところが大きかった。

特別支援学校という表現は新しい。従来の盲・聾・養護学校を改めたものである。手直しは障害の重複化に対処するためだといわれている。特別支援学校のほかに，特別支援学級があり，さらに，通常の学級での学習支援などもある。こうした場での子ども教育が特別支援教育である。そして，特別支援教育の中には，すでに就労へのオリエンテーション，技能の習得などがふくまれている。

4-2 特別支援学校と特別支援学級

特別支援教育については，「学校教育法」にその規定がある。同法第8章が特別支援教育に充てられている。具体的な担い手が特別支援学校と特別支援学級である。前者は「……視覚障害者，聴覚障害者，知的障害者，肢体不自由者又は病弱者（身体虚弱者を含む。）に対して，幼稚園，小学校，中学校又は高等学校に準ずる教育を施すとともに，障害による学習上又は生活上の困難を克服し自立を図るために必要な知識技能を授けることを目的とする」（同法第72条）ものである。後者の特別支援学級については，「小学校，中学校，高等学校及び中等教育学校には，次の各号のいずれかに該当する児童及び生徒のために，特別支援学級を置くことができる。一．知的障害者，二．肢体不自由者，

三．身体虚弱者，四．弱視者，五．難聴者，六．その他障害のある者で，特別支援学級において教育を行うことが適当なもの」（同法第81条第2項）となっている。

なお，「通級による指導」も行われている。それは小中学校の通常の学校に在籍してはいるが，肢体不自由，軽度の言語障害，自閉症，情緒障害，弱視，難聴，学習障害（Learning Disability：LD），注意欠陥多動性障害（Attention Deficit Hyperactivity Disorder：ADHD）などをもつ子どもに対し，各教科などの指導を通常の学級で行いながら，障害に起因する学習・生活上の課題を克服するための指導を，特別の場で行うものである。さらに，子どもがもつ障害に応じ，習熟度別の指導，支援員（特別支援教育支援員）の活用なども行われている，という。これは多分に2005年の「発達障害者支援法」の施行が背景になっている。加えて，通学がむずかしい場合には，病院，施設，自宅への訪問教育も行われている。**図表Ⅳ-2**は上記の特別支援教育の全体像を示すものである[24]。

「平成26年度学校基本調査報告書」によると[25]，2014年度において特別支援学校は1,096校（国立45校，公立1,037校，私立14校）であり，特別支援学級は幼稚園もふくめて3万4,017である。それぞれの在校生数は，特別支援学校が約6万9,000人，特別支援学級が約18万7,000人となっている。通級による指導の生徒数は約8万4,000人である。なお，図表Ⅳ-2の人数は義務教育段階のものであって（2014年5月1日現在），高等部の人数はふくまれていない。同図表をみると，生徒数では，特別支援学級が一番多い。全生徒に対しての特別支援の対象となっている生徒の割合は3.33%である。ちなみに，教員の目からみて，LD，ADHD，高機能自閉症等の割合は，6.5%ほどになるという。

なお，特別支援教育下にある子ども数は増加傾向にある。とくに学習障害，注意欠陥多動性障害，情緒障害の子どもが増えている。とりわけ注意（attention），集中力（concentration），衝動の抑制，満足（gratification）の延期，情緒コントロールなどの点で問題がある子どもが増加しているわけである。こうした増加傾向はあとでふれるように，ドイツにおいてもみられる。

勤務先への通勤途上で，特別支援学校通学バスによく遭遇する。途上にその停留所もある。子どもに同行してきた家族もバスを待っていて，子どもがバス

●図表Ⅳ-2　特別支援教育の対象の概念図

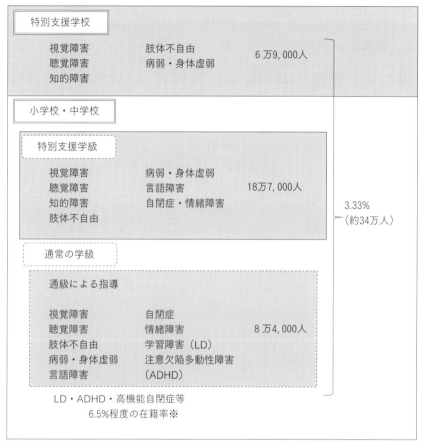

※　この数値は，2012年に文部科学省が行った調査において，学級担任を含む複数の教員により判断された回答に基づくものであり，医師の診断によるものではない。

に乗るのを見届けて，それから職場に向かうのだろう。本当に大変だと思う。

　生来の，または乳幼児のときからの障害のある子どもの就労を推し進める上で，特別支援学校が果たす役割は大きい。Heckmanモデルでも，早期の支援を強調している。林成之（2011年）『子どもの才能は3歳，7歳，10歳で決まる』という主張もある[26]。次に，特別支援学校について，2つのケースを取り上げる。横浜国立大学教育人間科学部附属特別支援学校と東京都立永福学園

である。ただ，後者では，高等部就業技術科だけにふれる。

4-3　特別支援学校―ケースⅠ　横浜国立大学教育人間科学部附属特別支援学校―

横浜国立大学教育人間科学部附属特別支援学校[27]は，知的障害のある児童，生徒に対して，一人ひとりの発達や障害の状態，特性等に応じた教育を行い，心身の調和的発達（心・体・頭の伸長）を図るとともに，その可能性を最大限に伸ばし，自立と社会参加に必要な知識，技能及び態度を養うことを目的としている。「やさしい心，じょうぶな体，がんばる力」を教育目標として，バランスのとれた社会人を目指して教育活動を行っているという。

同校の沿革は，1973年横浜国立大学附属小学校と中学校に特殊学級を設置，1979年横浜国立大学教育学部附属養護学校を設置，1980年高等部を設置，1997年横浜国立大学教育人間科学部附属養護学校に改称，2007年「学校教育法」の改正により，横浜国立大学教育人間科学部附属特別支援学校に校名変更となっている。

同校の教育課程の特色のひとつにQOL（Quality of Life）の充実が挙げられる。同校のQOLとは，本人の認知力や家庭環境など「個人の諸特徴」と，本人がとらえる「主観的QOL」，また周囲の人からみた「客観的QOL」の3つの要素で考え，この総和が良好な状態であることを目指している。このQOLの考え方は興味深い。本人が認知し，感じるウェル・ビーイングも，周囲の人が観察するウェル・ビーイングも，考慮事項になっているからである。**図表Ⅳ-3**にあるように，①健康，②身辺処理・生活技能，③認知，④情操，⑤社会生活への適応，⑥職業能力，⑦自己実現，⑧余暇活動の8つの項目で「の」の字を描くようにQOLを整理しており，小学部・中学部・高等部共通の観点としている。

そして，QOLを充実していくために，同校では，**図表Ⅳ-4**のように教科を有機的に構造化し，「基礎教科」，「伸展教科」，「活用教科」として各教科が有する特性により関連づけた教科クラスターとして整理している。基礎教科クラスターは，自分を取り巻く環境を理解するために基礎となる認知発達と，身体の動きの発達を系統的に支援する教科群である。伸展教科クラスターは，基礎

第Ⅳ章　しごと能力と特別支援教育

●図表Ⅳ-3　QOLのマトリックス

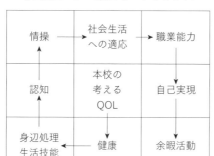

●図表Ⅳ-4　教科クラスター

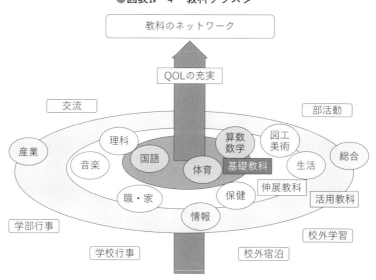

教科で獲得した力を，各教科で生かし，学習できるようにすると同時に，各教科の内容を学び，知識と技能を広げることをねらいとしている。活用教科クラスターは，日常生活をもとにした内容や，興味関心に基づく題材，将来の生活を想定した場面を設定し，課題解決的な活動に取り組む教科である。これらの教科クラスターによって児童，生徒の世界を広げることになり，QOLの充実が実現されている。

こうしたQOLの充実が同校の特色であり，児童，生徒が生活していく力を身に付け，積極的に社会参加し，働くことの意味を理解することに役立つという。そして，結果として，児童，生徒の就労意欲が向上し，将来も働きつづけることができるという。
　ちなみに，この特別支援学校では，インクルーシブ教育の興味深い取り組みが行われている。それは，文部科学省委託事業として2020年の東京オリンピック・パラリンピックに向けて障害のある者もない者も共にスポーツをするという教育活動である。同校の生徒と近隣の横浜国立大学附属中学校の生徒が一緒にサッカーを行うイベントも実施されている。また，2017年度からの教育課程の見直しも検討されており，現在地域科目の新設が提案されており，インクルーシブ教育のモデルケースとなっている。地域科目とは，共生社会の形成に向けて地域とどのように連携していくのか，そして社会の中でどのように自立して参加していくのかを学ぶことを目指す科目である。たとえば，同校の就労に向けての教育のひとつとして以下に挙げるワーキングウィークで，ランチ班の生徒が作ったお弁当を近隣の弘明寺商店街で販売するなどの試案があるという。今後，同校のインクルーシブ教育において，のちにふれる就労支援クラスターもさらに強化され，共生社会を形成することが実現されていくだろう。
　就労に向けての教育は，**図表Ⅳ-5**にあるように，主に高等部の進路指導につながる学習活動として行われている。高等部の1年では，まず就労移行支援サービスなどへの職場見学が約1日実施される。また，ワーキングウィークでは，通常2月の1週間にわたって校内職場体験が行われる。1年生と2年生が，①メインテナンス班，②ランドリー班，③ランチ班の3つに分かれて，職場さながらに校内でしごとをする。高等部2年では，一般企業などへの職場見学が約1日行われる。また，横浜国立大学との連携で約1日インターンシップも実施される。大学構内の清掃や図書館での蔵書整理，学生食堂での皿洗いなどを行う。そして，ワーキングウィークでは，1年次と同様，1週間にわたって校内職場体験が行われる。さらに，2年生の最後の職場見学では，地域活動支援センターなどを訪れ，見学のみならず職場体験を行うこともあるという。高等部3年では，1学期に一般企業や特例子会社，障害福祉サービス事業所などに約2週間（受け入れ先によってやや短いものもある）現場実習を行う。2学期

●図表Ⅳ-5　高等部における進路指導の流れ

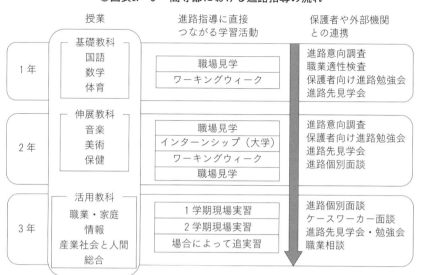

にも，約2週間現場実習を行い，就職につながるケースもあるという。生徒によっては追加的に現場実習がある。3年生は，卒業前に報告会で現場実習の内容について発表する。

4-4　特別支援学校高等部─ケースⅡ　東京都立永福学園─

　ちなみに，21世紀になって，一般労働市場での就労，一般就労をめざした新しいタイプの特別支援学校，とくに高等部が設けられるようになった。ここで取り上げる東京都立永福学園はその好例であって，東京都特別支援推進計画に基づいて2007年にスタートした[28]。同学園は高等部単独校ではなく，肢体不自由の小学部・中学部・高等部普通科も設けられているが，ここでは高等部就業技術科だけを取り上げる。

　同学園は杉並区永福に所在していて，緑豊かな閑静な場所に立派な校舎を構えている。一般の特別支援学校とは異なり，通学区域を定めていないのも就業技術科の特色であって，生徒は都内全域から，一般の交通機関を使って通学してくる。就業技術科の廊下には，生徒300人の住所を表示した大きな地図が貼

ってあって、生徒がどこに住んでいるのか一目瞭然である。電車がストップしたり、大幅に遅れたとき、生徒は学校に連絡し、遅延証明書を受け取るという一般の通勤者と同じ行動をとることが求められている。これも、就労したとき、どうしてもやらなければならない行動であって、社会的自立の訓練になっている。

　就業技術科では、愛の手帳4が大部分の、知的障害の軽い子どもを選考で受け入れていて（定員100人）、全員企業就労を目ざした教育を施している。実際、卒業生を送り出すようになった過去7年の平均就職率は95%である。同学園では様々な目標を設定し、マネジメント・サイクル（PDCA）による組織運営を行っているが、そうした諸目標の中でも、就職率の達成目標は優先順位が非常に高い。校長に直結した就業促進戦略会議も設けられている。

　就業技術科では国語、数学、英語、社会、理科、音楽、美術、保健体育、職業、家庭、情報（普通教科）の学習とともに、職業に関する専門教科を3年間受ける（図表Ⅳ-6）。ビルクリーニング、ロジスティックス（物流・事務系列）と食品、福祉（家政・福祉・系列）の4コースが設けられており、ほかにビジネスマナー・情報処理については、生徒全員がローテーションで学んでいる。以上の普通教科、ならびに職業に関する専門教育の各教科とキャリア・ガイダンスのほかに、特別活動ならびに総合的学習の時間が設けられている。同図表をみると、職業に関する専門教科のウエートは高い。しかも、年次がすすむにつれ、コマ数も多くなることがわかる。同時に、国語、数学などの普通教科も、社会生活に必要な幅広い知識を身に付けるものとして重視されている。授業時間が確保できるように2学期制をとっている。

　職業に関する専門教科については、1年生はすべてのコースを経験し、2・3年生の段階になって、いずれかのコースに所属する。1年生のときのローテーション・システムは、しごとの適性の把握のため、またさきにふれたプロテウス・キャリアの形成のためであろう。どのコースに進むかは、①担当教員と②職業に関する専門教科の教員の意見、③企業からの評価票と④地域性をふまえて進路指導主幹が決定する。それぞれのコースには企業の職場を模した実習室があって、校内にいながら働く経験ができる。

　ロジスティックスの実習室をのぞくと、大きな作業台があり、またトラック

第Ⅳ章　しごと能力と特別支援教育

● 図表Ⅳ-6　永福学園高等部就業技術科の時程と時間割

1日の時程

～8:35	登校
8:35～8:55	ホームルーム・清掃
8:55～9:00	移動・休憩
9:00～9:40	1時間目
9:40～9:50	移動・休憩
9:50～10:30	2時間目
10:30～10:40	移動・休憩
10:40～11:20	3時間目
11:20～11:30	移動・休憩
11:30～12:10	4時間目
12:10～12:15	移動
12:15～12:50	給食
12:50～13:10	昼休み
13:10～13:50	5時間目
13:50～14:00	移動・休憩
14:00～14:40	6時間目
14:40～14:50	移動・休憩
14:50～15:30	7時間目
15:30～15:35	移動・休憩
15:35～15:45	ホームルーム
15:45～15:55	下校・移動
15:55～	部活動

時間割の例（1年次）

	月	火	水	木	金
1	保健体育	職業に関する専門教科	英語	職業に関する専門教科	美術
2	保健体育	職業に関する専門教科	国語	職業に関する専門教科	美術
3	音楽	職業に関する専門教科	職業	職業に関する専門教科	保健体育
4	音楽	職業に関する専門教科	数学	職業に関する専門教科	保健体育
5	家庭	職業に関する専門教科	情報	職業に関する専門教科	国語
6	家庭	職業に関する専門教科	社会	職業に関する専門教科	理科
7	数学	職業に関する専門教科	LHR	職業に関する専門教科	キャリアガイダンス

学年ごとの教科授業コマ数

教科	1年生	2年生	3年生
国語	2	2	2
社会	1	(1)	0
数学	2	2	2
理科	1	(1)	0
音楽	2	(2)	(2)
美術	2	(2)	(2)
保健体育	4	4	2
家庭	2	2	2
英語	1	1	1
情報	1	1	1
職業	1	1	1
職業に関する専門教科	14	17	20
LHR	1	1	1
キャリアガイダンス	1	1	1
計	35	35	35

（注）　1単位時間を40分とし，1日7時間の授業。

の荷積みのため電動シャッターがあり，フォークリフトが置いてある。企業と協定書を交わして，しごとを行っている。働くための準備教育にも大きなウェートが置かれていて，たとえば日本の職場が重視する整理，整頓，清掃，清潔，躾の5Sを身に付けること，伝票にきちんと文字，数字を書き入れること，定規を正しく使うこと，合理的な作業姿勢をとることなどが教育されている。教育には担当教員のほかに，市民講師（外部専門家）も加わる。3年次では生徒のリーダーが指示を出し作業を行っている。また短期間ながら，インターンシップの機会がある。1年次では3日間×3回の就業体験が，2年次では，現場実習が10日間×2回，3年次は15日間×2回以上になる。いずれも生徒は同時期学年全員で実習を行う。インターンシップの場所も延べ548ヶ所にもなる（2015年度）。専門性の高い，また実務的教育が行われている。日本語ワープロ

検定,情報処理検定,漢字検定,英語検定などの取得も奨励されている。あわせて,知識やマナーの基礎,基本をしっかり身に付けることも重視されている。ちなみに,就業技術科の職業教育のフローは**図表Ⅳ-7**のようになる。

特別支援教育では個別の教育支援計画を作成し,個別指導をするが,永福学園高等部就業技術科においても,学校生活支援シート,個別の進路指導計画と個別移行支援計画が作成され,各生徒のニーズに合った指導が行われている。

永福学園は「開かれた学校」であることを標榜し,開放性に大きなウェートを置いて運営されている。「開かれた」というのには,いくつかの意味があるのかも知れない。ひとつには,あとの章でのべるが,就労支援には企業はもちろん,地域の公的就労支援機関など関係する様々なエージェントとの連携が不可欠であって,この意味でのネットワーキングをおしすすめなければならない。永福学園はそのネットワークづくりを非常に成功裡に行っている。また,学習,生活指導も,保護者,自治体,とくに教育委員会,ほかの学校,地域社会との密接な連携の中で行われている。人材育成,とくに障害のある子どもの育成は特定の専門機関に委ねて成就するものではなく,地域の幅広い協力があってうまくいく。

永福学園高等部就業技術科では,生徒・保護者に対して毎年度満足度調査が実施され,利用者のニーズにも応える教育が行われている。ある人の満足度とは当人の特定の期待,要望,ニーズがいかほど充たされたかという問題であり,

●図表Ⅳ-7 就業技術科の企業就労に向けた段階的な職業教育

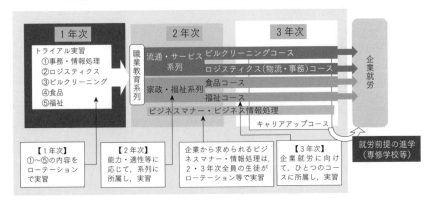

満足度調査結果を参照・留意しつつ，就業技術科の運営をすることは，生徒と保護者の意向が反映されていくことになる。その意味でも，「開かれた学校」ということになる。

また，就業技術科では部活に全生徒が参加すること，しかも3年間継続することを求めている。生徒には部活の中でも頑張り，根気，社会性等，社会人として必要な行動を身に付けることが期待されている。とくにスポーツは体力向上に資するものとして重視されている。生徒も積極的に様々なスポーツ大会に参加しており，上位の成績をあげることも少なくない。学園もとりわけ，来るオリンピック・パラリンピック東京大会に合わせてのオリンピック・パラリンピック教育を推進し，生徒の体力向上を目ざしている。これらのほかにも注目点があり，知的障害のある生徒に対する就労支援のうえでも，社会的自立支援のうえでも，またインクルーシブ教育の面からも，上記のような永福学園高等部就業技術科の野心的な取り組みは注目すべきである。特別支援教育に携わる教員にとっても，こうした先進的取り組みの中で得るものは大きいのではないか。

なお，特別支援学校の中には高等部単独校もあって，一般就労に非常に力を入れている。たとえば，埼玉の県立特別支援学校さいたま桜高等学園と羽生ふじ高等学園がそうである[29]。いずれも新しい学校であり，職業教育に非常に力を入れている。永福学園高等部就業技術科と同様に，「一般就労率100％を目指す」ことを標榜している。前者は生産技術科（農園芸コースとフードデザインコース），工業技術科（木工コースとインテリアコース），家政技術科（接客サービスコースと服飾デザインコース），環境・サービス科（環境コースとメンテナンスコース）からなり，募集人員は各20人である。後者は農業技術科（農業コースと園芸コース）と生活技術科（フードデザインコースとメンテナンスコース）からなり，募集人員は同じく各20人となっている。

永福学園高等部就業技術科，桜高等学園，羽生ふじ高等学園の各技術科のカリキュラムをみると，生徒が卒業後，どんなしごとに就くのかがみえてくる。知的障害カテゴリーにかぎっても，実に多様なしごとのレパートリーがある，ということができるのではないか。ただ，しごとニーズはすでにふれたように，社会的，経済的な動きによって変化するものであるから，その変化に合わせて，

あるいはその変化を予測して、カリキュラムに柔軟性をもたせて、手直し、変更をすることも大切であろう。あるいは、永福学園高等部のように、コースの特設をすることも必要になろう。

これらの学校は、一般就労に向け、生徒個人個人の障害のグレード、個性、能力に合わせた指導を熱意をもって、また精力的にすすめていて、あとでふれるように、高い一般就職率を達成している。

日本の特別支援学校の高等部は、ドイツの場合でいうと、職業学校の段階に相当する。この段階になると、企業実習等をふくめた具体的なしごと能力の形成が中心になるし、就労に向けた準備も加速化してくる。ただ、日本の場合は座学と実習の双方を重視するデュアルシステム下のドイツの職業学校ほどに企業実習の時間は多くないし、彼我の制度的ちがいもあって、特定職種の資格獲得を重視していない。

4-5 特別支援学級と通級指導学級

ここで、特別支援学級と通級指導学級にもふれておく。それぞれの規定は、さきに挙げた「学校教育法」の規定通りである。荒川区の状況についてのべると、以下のとおりである[30]。

特別支援学級（固定）は荒川区では小学校8校、中学校3校に設置されている。ほとんどが知的障害学級である。また通級指導学級も設置されている。従来、通級指導学級では各教科などの指導は通常の学級で受け、障害特性に応じて特別の指導を通級指導学校で受けていたが、2017年度からは、子どもが通級指導学校に出向くのではなく、教員のほうが一般校に巡回してやってくることになっている。インクルーシブ教育という点では好ましい方向である。小学校が3校（難聴・言語障害学級1、情緒障害等学級2）、中学校は1校（情緒障害学級1校）である。それぞれに子どもの障害状況・適性などを考慮したきめ細かい指導が行われている。さきにふれた個人別教育計画もつくられている。ちなみに、一般の子ども学級は小学校1・2年は35人、その他の学年は40人になっているのに対し、特別支援学級は8人までとされている。

特別支援学級（固定）の子どもも、通級指導学級の子どもも増加しており、とくに後者の人数はこれがスタートした2007年度対比で2倍になっており、今

後はさらに増えると予想されている。こうした状況の中で，支援体制に関していくつかの措置が講じられている。特別支援学級では，介助を必要とする子どもに特別支援教育支援員，介助員を付けたり，通常の学級では発達障害などで学習上とくに困難があると思われる子どもがいる学校には，特別支援教育支援員，補助員を配置したりしている。2015年度において特別支援教育支援員は小学校が28人，中学校が11人であり，特別支援教育介助員，補助員は小学校が36人，中学校が7人である。ちなみに，特別支援教育支援員は非常勤職員，補助員・介助員は臨時職員である。

こうした措置のほか，就学相談に力を入れたり，担当教員の研修をより充実したりすることなどもこころみられている。

しごと能力形成との関連でいうと，ある小学校の特別支援学級（固定）では，「年間を通して，手指の巧緻性を養い，集中力を育てるためにビーズのれんやスウェーデン刺繍等の手工芸を主とする作業実習を行っている」，「タブレットパソコンを使いながら，基本的なタッチ操作，キーボード入力を練習」したりしている。あるいは調理実習や草花・野菜の栽培活動をしている。基本的生活習慣，挨拶・言葉遣い，集団での非認知力，ソーシャル・スキルも身に付くような指導も行っている。さきのHeckmanモデルからすると，小学校段階でのこうした指導は非常に大切である。

中学校になると，より具体的にしごと能力形成に取り組むことになる。週6時間の作業時間が組まれ，週1回「職業」の時間が設けられたり，1，2年生には職場見学，3年生には4日間の職場実習が課せられたりしている。

ただ，特別支援学級を終え，すぐに働きはじめる者は少なく，特別支援学級の高等部や高校に進学する場合が多い。知的障害の学級の場合は，特別支援学校高等部，昼間定時制の都立高校へ進学する。情緒障害の学級も同様の傾向がある。

5　ドイツの特別支援教育

これまでの諸章では，障害のある人の問題・課題について，日本だけでなく，ドイツの事態にふれることが多かったが，特別支援教育に関してもドイツの動

向にふれておく。多少，日独比較になるかもしれない。ドイツにも特別支援教育，特別教育学支援（Sonderpädagogische Förderung）という表現がある。日本の特別支援学校と同様，ドイツにも一般の学校とは別に設けられた支援学校（Förderschule）がある。ここでは，この支援学校を日本と同じように，特別支援学校と表現することにする。

ドイツも日本と同じく，教育法の中で一般教育と特別支援教育をそれぞれ規定した，いわゆる「ツー・グループ・モデル」に立っている。しかし，今日ではこれは国際的にみて一般モデルではなくなりつつあるかもしれない。

ドイツでは以前は，特別支援学校ではなく，救護学校（Hilfschule）という表現が一般的に使われていた。こうした学校には歴史があって，すでに1778年にはライプチヒにおいて難聴の子どものための学校が設立されたという。19世紀から20世紀初頭にかけて知的障害，身体障害などの救護学校も設けられた。

教育に関し日独のあいだの大きな違いは，ドイツは分権的であって，特別支援教育をふくむ学校教育は，大学を除いて，各州の所管であり，学校教育法も州別になっている。もっとも，各州間の調整も行われていて，常設の会議体である教育相会議（Kultusministerkonferenz：KMK）がその場になっている。KMKは教育上の勧告・提言をしたり，統計をまとめたりしている。この節もKMKの文書によるところが少なくない。そんなわけで，特別支援学校についても，必ずしも統一的名称があるわけではない（Förderschuleのほか，Sonderschuleなどの名称もある）。

ここでは，ドイツ南部のバイエルン州の「学校教育法」[31]を例にとって，その特別支援学校制度を説明する。「特別支援学校は特別支援教育を必要とする，そのために一般の教育では支援ができない，あるいは十分に支援しえない子ども・若者を診断し，教育し，授業を行い，支援をする」（同法第19条(1)）。特別支援学校の任務としては，以下のような点が挙がっている。1）一定の支援重点をもつ学級において学校の授業・支援をすること，2）就学準備施設において就学前の準備をすること，3）場所と手段を用い，特別教育を通じこの就学前支援，ならびに一般学校と特別支援学校において，支援を要する生徒を支えるための特別支援をすること。

また特別支援学校は子ども・若者それぞれの素質と特性に合わせた教育をし

なければならないし，人格の開花と社会的発達，またしごと能力の向上に資する教育をする。さらに，特別支援学校については，特別支援教育上の要件は酌酌しつつも，一般の学校に対する規定が適用される。

　日本の場合とちがうのは，「支援重点」と表現される特別支援学校ないし学級の分け方である。ドイツでは，さきにふれたKMKの1994年のタイプ印刷の『ドイツの学校における特別支援教育に関する提言』にしたがい[32]，つぎのような分類法がとられている。バイエルン州の「学校教育法」でも，この分類法により特別支援学校が規定されている（同法第20条）。すなわち，視覚，聴覚，身体・運動，精神，言語，学習，情緒・社会発達である。

　なお，ここでいう支援重点・学習について上記の『提言』[33]は「学習・成績行動，とくに学校での学習，学習に際して障害を避ける能力」（S.6）とだけ規定しているにすぎない。こうした学習力，障害をのりこえる能力を子どもが身に付けるのを支援する，ということであろう。当然，学習に問題があるという事態の中には知的障害もふくまれている。Superは「知能はいく通りかの仕方で定義されてきているが，ほぼ，学校での学習能力として考えてよい……」[34] (Intelligence has been defined in a variety of ways, but may appropriately be thought of as the ability to learn in school……) とのべている（Super, p.202）。

　バイエルン州の特別支援学校は日本のそれに比し，すでにふれたように，就業前の施設・コースがあったり，また職業学校があったりして，より包括的である。中心的部分についていうと，原則としてドイツの学制にそい，基礎学校段階（1～4），中学校段階（5～9），職業学校段階（10～12）となっている。

　また，特別支援学校も，問題はあるものの，ドイツをはじめ，スイス，オーストリアなどの特徴的システムであるデュアルシステムの適用下にある。ドイツの場合，子ども・若者の70～80％がデュアルシステム下にあるといわれるが，学校での教育と企業等の事業所現場での実習（経営的職業教育といわれるもの）が義務付けられている。デュアルシステムにおいては，現場での実習は義務であり，また権利である。障害をもつ子どもも，デュアルシステムの下では同じである。ちなみに従来は，職業学校をふくめて学校では，理論や（形式的）知識を学び，実習において実務（Praxis）を習得する，とされていた。あ

とでふれるように,今日ではデュアルシステムは維持しつつも,変化する状況に合わせての現実的適応が行われるようになっている。

ドイツで特別支援教育を受けている子ども・若者はいかほどか。2012年現在,特別支援教育を受けている生徒は49万4,744人である[35]。このうちで特別支援学校に通っている生徒は35万5,139人である。両者の差が,一般の学校で特別支援教育を受けている生徒数になり,約13万9,000人いる。特別支援教育を受けている生徒と全生徒との割合は6.6%になる。

特別支援教育を受けている49万4,744人について,支援重点クラス別の人数をみると,図表Ⅳ-8のようになる。同図表では,支援重点・学習が19万7,475人でトップであり,次いで精神の7万9,500人,情緒・社会発達の7万534人となる。言語障害は5万4,604人である。支援重点・学習が全体のほぼ4割を占めている。また,ドイツでも,支援重点・情緒・社会発達は増えていて,2005年に全体比9.5%であったのが,2012年には14.3%になったという。

このように書いてくると,ドイツの特別支援教育にも様々な課題があることがわかる。さきのKMKは『ドイツの学校における特別支援教育に関する提言』において,さきほどふれた支援重点別学校・学級構成による教育の多様化,インクルーシブ教育の推進,しごと能力形成,専門人材の育成・活用などをうたっていた。現在の特別支援教育はこの「提言」にそい,行われているのであ

●図表Ⅳ-8　特別支援教育下の支援重点別こども数

支援重点	生徒数	比率(%)
学習	197,475	2.6
視覚	7,341	0.1
聴覚	17,240	0.2
言語	54,604	0.7
身体・運動	33,574	0.5
精神	79,500	1.1
情緒・社会発達	70,534	0.9
上記の支援重点に入らない,その他	13,438	0.2
学習・言語・情緒・社会・発達障害(重複障害)	9,526	0.1
病弱	11,512	0.2
計	494,744	6.6

(出所)　KMK (2014), Sonderpädagogische Förderung in Schulen 2003 bis 2012. Vorwort XVI

るが，それでもそうした問題が解決され，課題が克服されたわけではない。以下，本書のテーマとの関連で2点を取り上げてみる。ひとつはインクルーシブ教育の問題であり，いまひとつがしごと能力形成の課題である。

　障害のある子どもを，障害のない子どもと分離して教育することが是か非か。いうまでもなく，この問題提起はすでにふれたように，「障害者権利条約」第24条が発するもので，日本でも議論されているところである。ともに分離教育を行ってきた日独では，特別支援教育のあり方にかかわってくるかもしれない。同条「教育」では，「障害のある者が障害を理由として教育制度一般から排除されないこと」や，「障害のある者が他の者と平等に，生活する地域において，インクルードされ，質が高い無償の初等教育の機会と中等教育の機会があたえられること」などがうたわれているわけだが，ドイツの障害者団体等は分離教育をつよく批判し，インクルーシブ教育を求めている。さきにふれた1994年のKMKの『提言』も，インクルーシブ教育を推進すべきだとしていたし，すでにバイエルン州の「学校教育法」には，インクルーシブ学校の規定なども設けられている（同法第30条）。そこでは，インクルーシブ学校がすべての学校の発展の目標だとされている。「インクルーシブ学校はすべての学校の学校発展の目標である」（同条(1)）。「特別支援ニーズのある子どもも一般学校に行って，特別支援ニーズに応えながら授業を受ける……」（同条(2)）。また「非常に高い特別支援教育ニーズがある子どもについては，「インクルーシブ」学級を設けている学校で授業を受けることができる。同学級では一般教育の有資格教員と特別支援教育の有資格教員との共同の授業が行われる」（同条(5)）。

　障害者団体等はまた，分離教育よりもインクルーシブ教育のほうが，教育効果が大きいとも主張している。その根拠は必ずしも明らかではないが，少なくとも現行の特別支援教育に問題があるのも事実である。とくに，特別支援学校で卒業証書を受け取る生徒数は多くない。2012年において特別支援学校を終えた生徒数は3万7,108人であったが，本科の卒業証書を手にした生徒は9,146人にすぎないという（24.6％）。

　これは深刻な事態であって，Heckmanモデルからすると，初期の教育に問題がある場合，それはあとのキャリア段階にまで悪影響をもたらす。初期教育が効果的であると，累積とダイナミックな相補性のプロセスを通じ，成人して

からの果実は大きくなる。Heckmanモデルでいう非認知力の形成や，Superが強調する自我観念の構築の点からいっても，一般の子どもとの交流が可能な非分離の仕方が一般論としては好ましいであろう。ただ，インクルーシブ教育に向けてのラディカルな主張もあるが，フレキシブルで機動性のある対応を求める意見もある。「一方の解消とか，他方の優越とかではなく，両者をむすび付け，補完させるフレキシブルで機動性のある組織形態が生まれるべきである」(G. Opp, S.358)[36]。

　ドイツでも，特別支援学校の生徒について，インクルーシブ教育の問題とともに，「学校からしごとへの移行」(Übergang von der Schule in den Beruf oder Übergang von der Schule in das Arbeitsleben) が21世紀になって，大きな問題になってきている[37]。一般の生徒の学校からしごとへの移行に関しても，いくつもの提言，改革が行われているようであるが，ここでは，特別支援学校の場合にかぎって議論する。この場合においても，様々な動きがある。

　ひとつは，特別支援学校での就労準備である。職業学校の段階をまたないで，学校卒業前の遅くとも2年まえから，職業相談機関と連携して（協定書も締結して），しごと（職業）に関する情報を子どもに提供し，しごと選択の指導を行うようにする。「しごととしごとのための教育の選択は，十分な熟慮と慎重な決定を要することだが，障害のある人にとってとくにそうである[38]」。こうした職業相談には，障害のある子どもだけでなく，当然に保護者も加わる。また学校は企業の事業所等と協定を結んで，実務担当者が現実のしごとについての話をする，といったことも行う。特別支援学校で「授業中，早期に体系的にしごとへのオリエンテーションを取り入れ，上の学級で実習を行う学校が過半数をこえる」という。

　ドイツの感覚では，「障害のある人の職業教育への支援は第一義的には学校の任務である」。だが，上記の動きから，特別支援学校だけが支援をしているのではなく，保護者（会），職業相談機関，企業の事業所，地域社会なども支援を行っていて，そうした支援のクラスターがつくられている，ということができる。

　障害のある子どもについては，「学校からしごとへの移行」の問題のまえに，「学校から職業教育への移行」の問題がある。ひとつには障害のカテゴリーや

グレードによっては，企業等の事業所での実習がむずかしい。たとえば，従来だと，すぐ近くで実習ができるとはかぎらなかった。つまり，デュアルシステムに乗ることがむずかしい場合もある。「デュアルシステムは通常，障害のない人を前提につくられている……」（Bericht, S.2）ので，障害のある若者がこれを享受するには，一連の手直しが必要になる。2004年の「重度障害者の職業訓練と雇用の促進に関する法律「Gesetz zur Förderung der Ausbildung und Buschäftigung schwerbehinderter Menschen」には職業教育を支援し，とくに企業の事業所等での実習機会を拡大しようという色々の措置がふくまれている。たとえば，住まいに近い場所での職業教育である。障害のある人にとって，遠隔地での実習の負担は大きい。ここでは，職業教育実習所（Berufbildungswerk：BBW）の例を取り上げることにする。

　職業教育実習所は「障害がある若者について，学校から適切な職業教育の場へと移行しやすくするため，個人的オリエンテーションの場として発展したもの」（Bericht, S.9.）だという[39]。つまり，それは障害のある若者にしごとに就くための職業教育，実習を施す場であり，その際にそれぞれの障害のカテゴリーとグレードに合わせて特別の配慮・支援をする。職業教育実習所は連邦，州，リハビリテーション機関が連携して運営している。自前の作業所と職業学校をもつところも多い。宿泊施設もある。また，企業の事業所等において数週間にわたって実習することもある。職業教育実習所と企業の事業所との連携が最近は重視されている。職業教育実習所はまた，職業教育と実務のかみ合わせ（Verzahnung）を重視する[40]。最近はこのかみ合わせがいっそう重視されている。

　この点でいくつかのモデルがある。最初の2年間は職業教育実習所において学び，あとの1年は企業の事業所等で実習するモデル，最初から事業所において実習するモデルなど。さらに，本来なら学校修了後に受ける訓練プログラムに，修了後ではなく，在学時から参加できる仕組みにしているものもある。ブランデンブルク州では，ポツダムにおいてヨーロッパ社会ファンドの資金で，知的障害と聴覚障害の子ども62人が参加し，3年間の職業教育実習所の訓練プログラムが実施されたという（2008〜2011年）。

　興味深いのは，障害のある子ども，若者のしごとの適性，キャリアアンカー

をさぐるプログラムも実施されていることである。本章の第1節で取り上げたように，当人がどのようなしごとに向いているか，いかなるキャリアアンカーをもっているのかを把握しないで就労すると，うまくいかないことが多い。あとでふれる「ジョブ-バリアフリーのジョブ」の中には「職業教育実習所を伴うかみ合わせ職業教育METROグループ」というプロジェクトがある。このプロジェクトには，35の職業教育実習所が参加し，5つのしごとの分野でかみ合わせの職業教育が行われたという[41]。

ちなみに，2007年時点において，52の職業教育実習所があり，約1万2,000人が登録していた。この人数のうち女性は約4,000人であった。大きなくくりで支援重点別にいうと，学習が48％，身体が30％，情緒が14％，精神が8％だという。

6　特別支援学校高等部の役割

前節ではドイツの特別支援学校の教育と就労支援を取り上げた。同国でも特別支援教育の中で，しごと能力を高めるための様々な試みがはじまっていることがわかる。もともとデュアルシステムがあって，大勢の若者には基幹学校の段階から，しごと能力形成をつよく意識した教育，職業教育が行われ，職業学校段階からは企業の事業所等での実習にも力を入れているわけであるが，特別支援教育においても，そうした動きが加速している。特別支援教育自体に，就労志向性が顕著にみられるようになったわけである。ほかの関連組織とも連携して，障害のある子ども，若者の就労への後押しを大いに強化している。

日本の特別支援学校の問題に戻ると，こちらでも，特別支援教育において，小学部と中学部ですでに就労に向けてのオリエンテーションが行われていることがわかる。これが高等部になると，作業実習時間が設けられ，しばしば，企業実習なども実施されている。こうした事情についてもすでに本章においてのべた。注目すべきは，高等部においては，実習もふくめ，就労に向けた教育だけでなく，組織的に，生徒の卒業後の進路の問題に精力的に取り組んでいることである。

ここでは，横浜国立大学教育人間科学部附属特別支援学校の高等部を例にと

って，就職支援や，さらには就労後の定着支援がいかに行われているかについてのべる。それらは多分にネットワークを通じて行われている。

いうまでもなく，特別支援学校も「学校教育法」で規定された学校であり，「職業安定法」第26条，27条により公共職業安定所と連携しながら，生徒に対し職業紹介等を行いうるし，実際にそうしている。しかし，そのことは一般の高等学校や大学の場合よりもはるかに大変なものであろう。

高等部には進路指導部といった部署があって，進路説明会を開催したり，また個々の生徒に対し，保護者を交えて進路相談を行ったりしている。企業の事業所や福祉作業所等の見学を実施したり，就労支援エージェントの担当者の説明会なども開催したりしている。学校の就労支援スタッフが公共職業安定所，地域の障害者就労支援センター，それに企業などの事業所を訪ね，情報を収集し，生徒の就労先をさがす。

しかし，特別支援学校だけの努力には限界がある。特別支援学校がコアになって上記のような地域の就労支援の組織間の連携関係を構築したり，あるいは既存の就労支援クラスターに参加したりして，ほかとの連携の中で，ネットワークにおいて生徒の就労支援をすすめるのが一般的だし，また効果的でもあろう。その意味でも，特別支援学校は地域に密着していなければならない。地域には障害のある人の就労支援クラスターがある。就労支援クラスターについては，第Ⅵ章で説明する。

ちなみに，障害がある人は就労しても，定着するとは限らないケースが少なくない。しごとを続けるための支援がしばしば必要になる。特別支援学校では，卒業生の職場定着支援も行っている。この定着支援は就労先の人事担当者や職場の担当者も交えて行われる。本人の職場やしごとのうえでの不満，課題などを聴取し，本人とともに課題の解決にあたるわけであるが，そうした課題は本人の生活問題ともむすび付いているので，定着支援が生活支援にまで及ぶことも少なくないといわれる。定着支援は一定期間後（おおよそ3年後），特別支援学校から地域の障害者支援センターのジョブコーチに引き継がれることも多い。

横浜国立大学教育人間科学部附属特別支援学校では，進路指導担当者や元担任教諭による卒業生巡回，同窓会・青年教室による余暇活動支援，ハローワー

クや就労支援センターとの連携などが実施されている。卒業生巡回とは，同校の進路指導担当者や元担任教諭が企業や地域作業所において働く卒業生を訪問し，職場への定着を支援するものである。余暇活動支援として，年に約4回，同窓会や青年教室がバーベキューやレクリエーション大会を実施したり，月に1～2回，卒業生保護者やOB職員の協力のもとにサッカーやバレーボールが行われる。このようにして，卒業生たちとの交流がされている。横浜のハローワークと連携して在校生の就職支援も行っている。就労支援センターとの連携は，卒業生の就労のフォローアップ，職場への定着に役立っている。

　横浜国立大学教育人間科学部附属特別支援学校高等部における最近13年間の進路状況は，**図表Ⅳ-9-1**，**Ⅳ-9-2**のようになっている。すなわち，全体の52%が「福祉的就労」に就いており，42%が企業において就労し，5%は職業訓練・進学となっている。「福祉的就労」とは，次章で取り上げる福祉作業所等の利用者である。その内訳をみると，最も多いのは就労移行支援・継続支援（68%）で，次いで地域作業所等（27%）となっている。企業就労の業種別内訳は，サービス業（事務補助含む）（74%）が最も多く，次いで卸売り・小売業（17%），製造業（9%）となっている（**図表Ⅳ-9-3**）

　これが都立永福学園高等部就業技術科の場合だと，一般就労，企業への就職のウェイトが非常に高く，過去7年の平均就職率は95%だということであった。埼玉県立特別支援学校さいたま桜高等学園と羽生ふじ高等学園も，企業への就職率は非常に高い。

　ところが，特別支援学校高等部の卒業生の全国規模での数値は，東京都立永福学園高等部就業技術科の場合や横浜国立大学教育人間科学部附属特別支援学校高等部のケースなどとはかなりちがっていて，別の様相が浮かび上がってくる。**図表Ⅳ-10**は内閣府（2011年）『平成23年版障害者白書』から引いたものである[42]（24ページ）。

　進学者は1万6,854人中480人であり，全体の2.8%にすぎない。大学等進学者は205人（1.5%）である。それでも，ドイツの特別支援学校の卒業者中大学進学者の割合は0.2%だというから，1.5%は高いといえるのかもしれない。もっとも，ドイツの大学入学資格試験に合格するのは大変むずかしいという事情もある。日本の進学率2.8%は卒業者の大部分を占める知的障害のある者の進学率が

第Ⅳ章　しごと能力と特別支援教育

●図表Ⅳ-9-1　最近13年間の進路状況：進路先の割合
（2002〜2014年：157人）

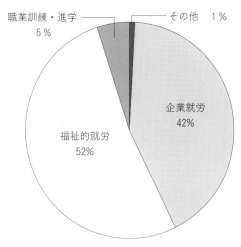

●図表Ⅳ-9-2　最近13年間の進路状況：福祉的就労の内訳
（2002〜2014年：82人）

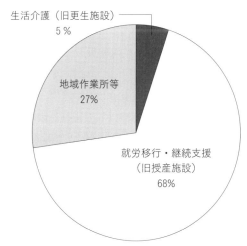

●図表Ⅳ-9-3　最近13年間の進路状況：企業就労の業種別内訳
（2002～2014年：66人）

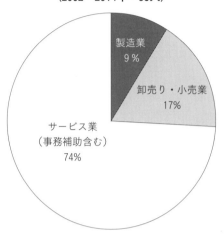

極端に少ない（0.6%）ことによる。聴覚障害の場合の進学率は4割近いし，視覚障害ではほぼ4人にひとりは進学している。このことは注目すべき点である。専修学校，各種学校，職業能力開発校，障害者職業能力開発校等の教育訓練機関等に入る者も少なくて，2.7%にすぎない。「就職者」は4,096人であった。比率は24.3%であって，ほぼ4人にひとりは就職していることになる。知的障害のある人の場合でも，3,440人が就労し，比率は27.4%になる。聴覚障害のケースは人数は少ないものの（184人），就職率は高い（34.5%）。

　同図表によると，卒業後の最大の進路は社会福祉施設等入所・通所である。生活実習所，福祉作業所などに行く者が1万905人であり，比率において64.7%になる。肢体不自由のカテゴリーでは，77.4%の者がこの進路をとる。とくに障害のグレードが高いと，生活実習所，福祉作業所に入所したり，通所したりすることがほとんどではないか。知的障害のグループは卒業者中の最大のものであるが（1万6,854人のうち1万2,562人），そのうちの8,145人が社会福祉施設などに入所したり，通所したりする。実際に福祉作業所を訪ねると，知的障害のある人や，精神障害関係の人のための事業所が大部分であり，そうした人びとが働いている。とりわけ，知的障害や精神障害のある子ども，若者にとって福祉作業所は，進路の大きな選択肢になっている。福祉作業所は次章におい

●図表Ⅳ-10　特別支援学校高等部（本科）卒業者の状況―国・公・私立計―
（2011年3月卒業者）

区分	卒業者	進学者				教育訓練機関等入学者					就職者		社会福祉施設等入所・通所者		その他	
	A	大学等	専攻科等	計B	B/A	専修学校	各種学校	職業能力開発校	計C	C/A	D	D/A	E	E/A	F	F/A
単位	人	人	人	人	(%)	人	人	人	人	(%)	人	(%)	人	(%)	人	(%)
視覚障害	490	42	71	113	23.1	3	―	10	13	2.7	80	16.3	238	48.6	46	9.4
聴覚障害	534	88	122	210	39.3	14	3	29	46	8.6	184	34.5	79	14.8	15	2.8
知的障害	12,562	3	74	77	0.6	15	8	234	257	2.0	3,440	27.4	8,145	64.8	643	5.1
肢体不自由	2,778	39	8	47	1.7	7	3	78	88	3.2	332	12.0	2,150	77.4	161	5.8
病弱・身体虚弱	490	33	―	33	6.7	28	2	13	43	8.8	60	12.2	293	59.8	61	12.4
計	16,854	205	275	480	2.8	67	16	364	447	2.7	4,096	24.3	10,905	64.7	926	5.5

（注）　1．大学等……大学学部・短期大学本科及び大学・短期大学の通信教育部・別科
　　　2．専攻科等……特別支援学校高等部専攻科，高等学校専攻科
　　　3．職業能力開発校……職業能力開発校，障害者職業能力開発校等
　　　4．社会福祉施設等入所・通所者……児童福祉施設，障害者支援施設等，更生施設，授産施設，医療機関
　　　5．就職しながら進学した者，入学した者は，進学者及び教育訓練機関等入学者のいずれかに計上している。
　　　6．四捨五入のため，各区分の比率の計は必ずしも100%にならない。

て取り上げる。

(注)

1) 文部科学省（2012年），共生社会の形成に向けたインクルーシブ教育システム構築のための特別支援教育の推進（報告）。　http://www.mext.go.jp/b_menu/shingi/chukyo/chukyo0/gijiroku/__icsFiles/afieldfile/2012/07/24/1323733_8.pdf.
2) United Nations (2015), *Human Development Report: Work for Human Development.* p. 24.
3) R. J. Herrnstein & C. Murray (1994), *The Bell Curve: Intelligence and Class Structure in American Life.* Simon & Schueter.
4) G. S. Becker (1975), *Human Capital, A Theoretical and Empirical Analysis, with Special Reference to Education.* Second Edition. 佐野陽子訳（1976年），「人的資本―教育を中心とした理論的・経験的分析」，東洋経済新報社。
5) ここでいうHeckmanたちとは以下のような論文の執筆者である。
　　J. J. Heckman and Y. Rubinstein (2001), "The Importance of Noncognitive

Skills—Lessons from the GED Testing Program", *American Economic Review*, 91, 2.

J. J. Heckman and P. A. LaFontaine (2006), "Bias-Corrected Estimates of GED Returns", *Journal of Labor Economics*, 24, 3.

J. J. Heckman, J. Stixrud, and S. Urzua (2006), "The Effects of Cognitive and Noncognitive Abilities and Labor Market Outcomes and Social Behavior", *Journal of Labor Economics*, 24, 3.

F. Cunha and J. J. Heckman, Formulating, Identifying and Estimating the Technology of Cognitive and Noncognitive Skill Formulation.

J. J. Heckman and D. V. Masterov (2007), "The Productivity Argument for Investing in Young Children", *Review of Agricultural Economics*, 29, 3.

J. J. Heckman (2008), "Schools, Skills, and Synapses", *IZA Discussion Paper No.3515*.

J. J. Heckman, L. J. Lochner and P. E. Todd (2008), "Earnings Functions and Rates of Return", *Journal of Human Capital*, 2, 1.

Heckmanモデルについては，以下の文献も参考になる。Heckman (2013), *Giving Kids a Fair Chance*, MIT. 古草秀子訳・大竹文雄解説（2015年），幼児教育の経済学，東洋経済新報社。中室牧子（2015年），学力の経済学，ディスカヴァー・トゥエンティワン。

6) 認知力と非認知力については，上記のHeckman-Rubinstein論文とCunha-Heckman論文とHeckman-Stixrud-Urzua論文に詳しい説明がある。
7) Heckman (2008), Schools, Skills, and Synapses, IZA DP, no. 3515.
8) Heckman (2008), op. cit., p.22f.
9) 自己生産性とダイナミックな相補性に関する簡明な説明については，以下の文献参照。Heckman (2008), Role of Income and Family Influence on Child Outcomes, *Annals of New York Academy of Sciences*.
10) Heckman (2008), School, Skills, and Synapses, p.21.
11) 二神恭一・長田七美・二神常爾（2014年），子どもの貧困・社会排除問題からみた「しごと能力」，しごと能力研究，No.2.
12) A. Sen (1992), *Inequality Reexamined*. Oxford University Press, Oxford. 池上幸生・野上裕生・佐藤仁訳（1999年），不平等の再検討，潜在能力と自由，岩波書店。Senはケーパビリティを人の「一連の活動のベクトルであって，人があるタイプの生活あるいは他のタイプのそれを送る自由を反映したもの」(a set of vectors of functionings, reflecting the person's freedom to lead one type or another) (Sen, p.40)。あるいは人が基本的には，「価値ある活動を遂行する自由の反映」(p.49) としてとらえている。
13) J. E. Stiglitz, A. Sen, and J. P. Fitoussi (2008), *Report by the Commission on the Measurement of Economic Performance and Social Progress*. 福島清彦訳

(2012年),暮らしの質を測る,経済成長率をこえる幸福度指標の提案,金融財政事情研究会。
14) C. D. Ryff (2002), Optimizing Well-Being : The Empirical Encounter of Two Traditions, *Journal of Personality and Social Psychology*, vol.82, No.6. Ryffはこの論文の中で,well-being研究にhedonicなwell-beingとeudaimonicなそれがあるとする整理のほかに,主観的well-beingの研究と心理的well-being(PWB)なそれがあるという整理も行っている。第Ⅰ章でふれたSWBのほうは,ライフ・サティスファクションの外的条件の認知(たとえば,健康,収入,家族関係など)にかかわるのに対し,「PWBは目標の追求,人間としての成長,開花などの人間実存への挑戦」(Ryff, p.1007)を通じてのwell-beingを意味する。PWB研究の流れの中にMaslowのいわゆる欲求階層説も入る(A. H. Maslow (1954), *Motivation and Personality*, 2nd ed New York. 小口忠彦監訳・押川昭・長原萬里雄・成瀬健生・中川秀彌訳(1971年),人間性の心理学,産業能率短期大学出版部)。
15) Heckman (2008), School, Skills, and Synapses, p.91.
16) Heckman (2008), Role of Income and Family Influence on Child Outcomes, p.311.
17) E. H. Schein (1978), *Career Dynamics: Matching Individual and Organizational Needs*, Reading, Mass : Addison-Wesley. 二村敏子・三善勝代訳(1991年),キャリア・ダイナミックス,白桃書房。
18) D. E. Super (1957), *The Psychology of Careers: an Introduction to Vocational Development*, New York, Harper & Row, 日本職業指導学会訳(1960年),職業生活の心理学:職業経歴と職業的発達,誠信書房。
19) Super, op. cit., p.105.
20) P. E. Davidson & H. D. Anderson (1937), *Occupational Mobility in an American Community*, Stanford, Stanford University Press.
21) D. C. Miller & W. H. Form (1951), *Industrial Sociology*, New York, Harper.
22) D. T. Hall, Protean Careers of the 21st Century (1996), *The Management Executive*, Vol.X, no.4.
23) 文部省(1972年),学制百年史・記述編,帝国地方行政学会。
24) 内閣府(2012年),平成24年版障害者白書。 http://www8.cao.go.jp/shougai/whitepaper/h24hakusho/zenbun/column/column11.html
25) 文部科学省(2015年),平成26年度学校基本調査報告書。
26) 林成之(2011年),子どもの才能は3歳,7歳,10歳で決まる,幻冬舎。
27) 横浜国立大学教育人間科学部附属特別支援学校のケースは,2016年1月に実施したインタヴューに基づくもの。
28) 東京都立永福学園については http://www.eifuku-sh.metro.tokyo.jp/cms/html/entry/38/3.htmlを参照。同学園高等部就業技術科のインタヴューは2016年7月実

施。
29) 埼玉県立特別支援学校さいたま桜高等学園については　http://www.saitamasakura-sh.spec.ed.jp/ を参照。
　　埼玉県立特別支援学校羽生ふじ高等学園については http://www.hanyufuji-sh.spec.ed.jp/ を参照。
30) 荒川区教育委員会（2015年），荒川区の特別支援教育，平成27年度。
31) Das Gesetz zur Änderung des Bayerischen Gesetzes über das Erziehungs-und Unterrichtswesen vom 26. Juli 2004.
32) Sekretariat der Ständigen Konferenz der Kultusminister der Länder in der Bundesrepublik Deutschland (KMK) (1994), *Empfehlungen zur sonderpädagogischen Förderung in den Schulen in der Bundesrepublik Deutschland*.
33) KMK (1994), Empfehlungen, S.6.
34) Super (1957), op. cit., p.202.
35) KMK (2014), Sonderpädagogische Förderung in Schulen 2003 bis 2012, Vorwort XVI-XIX.
36) G.Opp (1996), Schulische Integration：Impulse für eine Neubestimmung der Diskussion, *Zeitschrift für Heilpädagogik*, 6, S.358.
37) KMK (1994), Empfehlungen, S.4.
38) Bundesregierung (2005), *Bericht der Bundesregierung über die Situation behinderter und schwerbehinderter Frauen und Männer auf dem Ausbildungsstellemarkt*, S.5.
39) Bundesregierung (2005), *Bericht*, S.9.
40) Bundesregierung (2007), *Bericht der Bundesregierung über die Wirkung der Instrumente zur Sicherung von Beschäftigung und zur betrieblichen Prävention*, S.24.
41) Bundesregierung (2007), S.47.
42) 内閣府（2011年），平成23年版障害者白書，24ページ。

第Ⅴ章

福祉作業所

1　福祉作業所とはいかなるところか

　福祉作業所という言い方は一般的ではないかもしれないが，ほかに普遍性のあるより適切な表現が見つからないため，あえてこの言い方をする。ドイツにも端的な表現である障害者作業所と称するものがある．日本の作業所では障害のある人が箸を袋に詰めたり，小さな金具をダンボール箱に詰め込んだりしている。たしかに作業のテンポはゆっくりかもしれないが，間違いなく，一定の作業空間において複数の人間が社会経済的なしごとをしている。社会経済的なしごとをしているというのは自分で使う物をつくっているのではなく，つくったものに買い手が付いて，廉価にしても値が付くという意味である。福祉作業所の中には，見た目には，一般の企業の作業場とそう変わらない光景がある。

　ただ，福祉作業所，障害者作業所の最大の特徴は建前上，大体において，それが一般労働市場の外のシステムだという点にある。たしかに上記のような作業をしている人たちがいるのであるが，その人たちの大部分は「労働基準法」でいう労働者ではない，とされる。したがって，そうした人びとについては，福祉作業所とのあいだに労働契約，雇用契約は存在しないし，「労働報酬としての賃金」は作業者には支払われない。あとでふれる工賃が支払われているが，工賃は賃金規制の対象ではない。そうした作業者は労働者ではなく，福祉作業所という福祉施設の利用者にすぎない，といわれる。いわゆる福祉的就労の場

である。もっとも,ドイツの場合はあとで説明するように,障害者作業所で働く人は事業主とのあいだに雇用契約に類似した契約,作業所契約を締結するし,作業者には明確に規定された報酬が支払われなければならないし,解雇制限もある。しかし,ドイツの作業所で働く人びとも,建前では労働者ではない。

ILOの『報告書』をみると[1],日本の福祉作業所,ドイツの障害者作業所のような仕組み・施設はほかの国にもみられることがわかる。ILOの『報告書』では,シェルタード(援護された)・ワーク(sheltered work)やシェルタード・エンプロイメントという表現がとられていて,そうしたコンセプトは「すべての人々にとって同じ意味」をもつとはかぎらない,としている。そしてシェルタード・ワークとシェルタード・エンプロイメントについて,以下のようなコメントを付している。前者は「障害のある人のためにとくに設けられた職場において障害のある人が担うしごとのことであり,そこで働く人には社会保険給付と……そのしごとの提供者による少額の付加的給付(週給)が支払われる。シェルターで働く人は被用者ではなく,労働保護規制の対象にはならない」(p.71)。つまり,シェルタード・ワークは福祉的就労である。後者は文字通り雇用の問題であって,「障害をもつ人のために特別に設けられた事業所での雇用である。……」(p.71)。こちらはアンヴァリッド事業所での雇用の問題になってくる。本章で取り上げるのは,ILOの『報告書』の整理にしたがうと,シェルタード・ワークの問題になってくる。福祉作業所はILOの表現だと,シェルタード・ワークが行われる場,事業所である。

日本の場合,福祉作業所はすでに示唆したように,従来障害者授産施設のひとつとして位置づけられてきた。旧体系では生活実習所,医療施設などとならんだ,通所の福祉施設だというようにとらえられてきた。ところが,第Ⅲ章でふれたように,いわゆる「障害者自立支援法」の中で,福祉作業所は「就労継続支援」や「就労移行支援」が,あるいは自立訓練(生活訓練)が行われる場所,空間になった。就労継続支援B型事業所,就労継続支援A型事業所,就労移行支援事業所というようになる。ひとつの事業所が複数の機能を担うこともある。多機能型事業所である。前者の就労継続支援は一般労働市場への参入が少なくとも当面むずかしくて,福祉作業所にとどまって作業を続ける仕方であり,それはさらにB型とA型に区別されている。後者の就労移行支援のほうは,

第Ⅴ章　福祉作業所

2年間の期間で文字通り，障害のある人が一般労働市場参入をめざして，頑張るステップとして位置づけられる。自立訓練（生活訓練）は2年間の訓練を通じ一般就労に必要な社会性を身に付け，就労移行への円滑な移行を図り，一般就労を目指す。従来の施設は以上のように種類分けされるようになった。

　荒川区を例にとると，そこに所在する福祉作業所は**図表Ⅴ-1**[2)]のような状況になっている。障害カテゴリー別に知的障害の作業所と精神障害のものがある。日本でもドイツでも，作業所で働いているのは，両者のカテゴリーの人びとでほとんど占められている。同図表では，区立の作業所と民間のそれに分け

●図表Ⅴ-1　荒川区の福祉作業所等

主な障がい		施設名	施設の種類	定員	登録者数
知的障がい者	区立	荒川生活実習所	生活介護	40人	34人
		尾久生活実習所本所	生活介護	39人	39人
		尾久生活実習所分場	生活介護	19人	18人
		荒川福祉作業所	就労移行支援・	7人	1人
			就労継続支援Ｂ型	48人	41人
	民間	小台橋あさがお	就労移行支援・	10人	12人
			就労継続支援Ｂ型	40人	46人
		町屋あさがお	就労継続支援Ｂ型	40人	54人
		作業所ボンエルフ	生活介護	10人	12人
			就労継続支援Ｂ型	10人	7人
		カフェフレンド	就労継続支援Ａ型	10人	11人
		オフィスサプライ東京	就労継続支援Ａ型	30人	35人
		作業所スカイ	就労継続支援Ａ型	10人	9人
精神障がい者	民間	荒川ひまわり	就労継続支援Ｂ型	30人	33人
		荒川ひまわり第2	就労継続支援Ｂ型・	12人	17人
			自立訓練（生活訓練）	8人	13人
		荒川愛恵苑	自立訓練（生活訓練）	20人	15人
		ワークハウス荒川	就労継続支援Ｂ型	30人	17人
		ワークハウス荒川第2	就労継続支援Ｂ型	20人	17人
		ワン・ステップ	就労継続支援Ｂ型・	10人	10人
			自立訓練（生活訓練）	10人	11人
		アルファ西日暮里	就労移行支援	20人	1人
		（平成26年10月開設）			

（注）　定員数・登録者数は，2014年12月1日時点の人数。
（出所）　荒川区（2015年），「荒川区障害福祉計画」より引用。

られている。民間のほうが作業所数，定員・登録者数でも圧倒的に多い。このような民間の福祉作業所がどのような経緯で生まれ，存続してきたのかという点は，次節において説明する。その多くは障害のある子どもの保護者，支援者の筆舌に尽くし難い労苦の中で生成したものである。なお，区立荒川福祉作業所は，現在，荒川区社会福祉協議会が指定管理者になって運営にあたっている。

　同図表には，各事業所の施設としての種類も記載されている。つまり，就労継続支援A型か，就労継続支援B型か，就労移行支援か，自立訓練（生活訓練）かが示されている。これら3種類別に同図表を再整理すると，**図表V-2**のようになる。これをみると，就労継続支援B型の作業所が大多数を占め，定員数も登録者数も非常に多いのに対し，就労継続支援A型と就労移行支援と自立訓練（生活訓練）は定員数も登録者数も少ない。

　この図表V-2は荒川区の福祉作業所の状況をしめしているが，おそらくほかの地域も類似しているのではなかろうか。要するに，就労継続支援B型の登録利用者が約78％を占めていて，就労継続支援A型と就労移行支援と生活訓練の対象となっている障害をもつ人は少数派である。次節でふれるように，もともと福祉作業所は，例外的な動きはあったにしても，一般労働市場に参入できそうもない人びとのための福祉施設としてつくられたわけで，ドイツの障害者作業所のように，一般労働市場への移行を眼目とした施設では必ずしもない。

●図表V-2　事業のタイプ

	作業所数	定員数	登録者数
就労継続支援B型	9	240	242
就労継続支援A型	3	50	55
就労移行支援	3	37	14
生活訓練	3	38	39
計	18	365	350

（注）　多機能型作業所は機能別で集計している。
（出所）　図表V-1より筆者作成。

2 日本の福祉作業所の生成

2-1 親の会の苦闘

　日本の福祉作業所はどのようにして生成，発展したのか。当分野の事業には今日，公的機関のほか，障害者団体，支援組織，NPO，労働組合，企業などが参入していて，多様な様相になっている。ここでは，障害のある子どもの親の会がつくり上げたものと，公立の事業所と，労働組合が参入したケースを取り上げる。最初のパターンが多いのではなかろうか。

　第Ⅰ章において，障害者福祉に大きなインパクトがあったのは，1981年の国際障害者年だとのべた。荒川区に障害者福祉課が設置されたのはこの年である。この国際障害者年は1976年の国際連合の総会において決議されたものである。その意味では，障害者福祉は非常に後発の福祉であって，後発であった分，障害のある人，その家族，支援者は大変苦労し，辛い思いをした。以前，障害のある人の就労など，1960年以降法的枠組みはあったにしても，なかなか容易ではなかったであろう。以下において，障害者福祉の非常な立ち遅れの状況の中で，障害のある者，保護者などがいかに苦しみを味わったかを紹介する。そうした中から，福祉作業所は生まれたのである。

　「……障害児を抱えた親達は，迷いと不安とにただ悲しみと苦しみに涙の流さぬ日は，一日も無かった。どうしてこんなに涙ってあるかと思う程に。……」[3]

　「0地点から始まりのぞみの会を立ち上げ，障害児が保育園，幼稚園，小学校に入れない，荒川区民の一員として認められない，見捨てられている悲しさ，悔しさ，寂しさをじっと堪えていた親子が自然に集まり，先ず幼児グループをつくり親達の自主的な力で保育活動が始まり，区立保育園の健常児との混合保育をと強く要求し実現が出来た。次に小学校入学実現に向けて強い要求が毎日続く。そして尾久小内に重度知的障害児学級が新設され，保育園卒業の新一年生が入学出来た。なんてこった。年長児は，又も見捨てられてしまった。悔しかった。悲しかった。……最後迄頑張ろうと誓った。」[4]

「昭和四十六年，そうもう二十年も前になります。重度障害児を抱えたお母さん達には，唯悲しみと苦しみと悔しさばかりの日々だった。そんなお母さん達が，まるで赤い糸にたぐり寄せられるように集まってきて，『のぞみの会』をつくった。障害児学級の先生や区議さんの強いご指導とご協力があり，集会を重ね勉強をし知恵を出し合い，会の持ち方からの勉強から始まったのです。荒川区には，重度の障害児・者のためのものは何もなかった，役所の窓口をたずねても職員すら，何もわからず相談することさえたよりない状態だった。幼児を抱えたお母さん達，行き場のない子の心配が大きかった学齢児のお母さんは，小学校入学の通知こそ手にしたけれど，受け入れてくれる学校はなく，唯途方にくれるばかりでした。みんな一度は親子心中を考えたことのある，そんな境遇の持ち主達だから，それは熱心な運動の始まりでした。運動と会議，そして又実践，都内，隣接区，遠くは京都や名古屋迄でかけては，正しい目標を持つために勉強を重ねてゆきました。あの時はお母さん達がみんな若かった。だから子供達も小さかった。背中に一人そしてもう一人の手を引き引きして集まった区役所の中は，そうぞうしい位だった。」[5]

障害者（児）福祉がそれなりに整ってきた現在からは，なかなか想像もできないことであるが，障害のある子どもの義務教育化についても，様々な運動，提言があったけれども，建築費，教職員給与，教材費などの国庫負担がまがりなりにも全面実現したのは，1974年であって[6]，国際障害者年の決議の直前にすぎない。

義務教育化によって，大部分の障害のある子どもはウィークデーには自宅を出て，通学できるようになったが，義務教育が修了すると，ごく一部の進学者，一部の就労者を別にすると，日中の居場所がなくなってしまう。福祉作業所は生活実習所などとともに，通所施設として，主として障害のある子どもの親の会，支援者などの手で設けられるようになったものである。

「親の会では，在宅者をなくそうと言う事から度々役員会を開き，資金づくりに古新聞や古雑誌，一円玉募金，お茶の販売等をやりました。そして五十六年の八月に尾久消防署のななめ前に，大変古い家を借り，百二十万円をかけて改造し，やっと作業が出来るようになりました。

しかし，当時は六ケ月の自主運営をしなければ，育成会から認めてもらえず

区からもお金が出ませんでした。そこで役員始め会員の方々，地域の方々のご協力を得て，やっと五十六年十月に開所することが出来ました。しかし当時，地域の方々にも障害者に対する理解がうすく，仕事も思うように出してくれる所がありませんでした。そして，毎日探し歩いている時に，良い方とめぐり逢い，仕事を出してもらう事が出来ました。その方が大変理解のある方で，毎日作業所に来て指導して下さいました。まわりから冷やかな目で見られている時に，こんなに親切な方がいらっしゃったのかと，当時は神様の様に思いました。おかげ様で私も安心して，育成会に研修に行くことが出来ました。………」[7]

　以上は知的障害の作業所が生まれる経緯を綴ったものであるが，精神障害の作業所の場合も同じ理由でつくられた。精神障害の場合，家族会とともに，医療関係者の尽力も大きかった。「家族会もこのクリニックの回数や，保健所内のデイケアを増やしてほしいといった運動をしていきました。やがて，最初月1回だった精神衛生相談日が週1回になり，保健所の出先・尾久保健相談所でも始められるようになりました。そんな動きが進むうちに『精神障がいを持つ人たちが日中行く場所があったら，ずいぶん助かるのに……』という家族の願いが強くなり，50年頃から作業所設立運動が盛んになったのです。家族は子どもが（親にとっては子どもでも実際は成人した大人です）1日中家に居られるのが非常につらいんですね。もちろん本人たちも家に居るのはつらいのです。そんなことから作業所活動が始まったものの，これも最初は補助金のような公的資金のようなものは付きませんでした。私の先輩にあたるあるおばさんは，自分とご主人の年金の中から作業所に勤務するバイト学生の給料を出していました。そんな個人の経済的負担を強いられながらも運営資金を捻出し，作業所を作っていったという熱意のある方もいました」[8]。

　荒川区の場合，このような苦闘の中で生まれた民間の小規模通所授産施設の例としては，作業所ボンエルフや特定非営利活動法人かがやきが挙げられる。作業所ボンエルフは1988年の開所であり，現在は社会福祉法人荒川のぞみの会が運営していて，就労継続支援B型と生活介護の複合施設になっている。2013年現在，19人が在籍している。1日のスケジュールは**図表Ⅴ-3**[9]の通りであって，あとで取り上げる荒川福祉作業所と類似している。作業内容は**図表Ⅴ-4**のように多様なものになっている[10]。

●図表Ⅴ-3　作業所ボンエルフの1日のスケジュール

9:20～9:30	ミーティング，体操
9:30～10:30	作業
10:30～10:45	休憩
10:45～12:00	作業
12:00～13:00	昼食，休憩，歯磨き，散歩
13:00～14:30	作業
14:30～14:50	休憩，ストレッチ
14:50～15:50	作業
15:50～16:10	片付け，掃除
16:10～16:25	反省会

●図表Ⅴ-4　作業所ボンエルフの主たる授産事業

作業名	作業内容
紙袋製作	大きさ，形状，材質など様々な袋の製作，材料仕入れ，製品配達。
ビニタイ	水道工事用のシートを固定するための，針金を束ねる作業。
ペットフードのパック詰め	ペットフードを秤で計ってパックにつめる。
クッション	ブーツに入れるクッションの製作。
手芸	巾着類，エプロン，ビーズ製品，ラベンダー人形製作。刺しゅうやクロスステッチなども行い，携帯電話ケースなどの小物類に加工。バザーなどで販売。
ウエス	古着などを裁断し1kgにまとめて販売，配達。
無添加食品販売	無添加食品販売・配達。
パンの配達	スワンベーカリー十条店からパンを仕入れて，区役所，社会福祉協議会，保健所，福祉施設などに配達。
ラーメンの配達	フォーラムエンジニアリング製麺事業部から生ラーメンを仕入れて配達。
自転車清掃	放置自転車の再販時の福祉作業。社会福祉協議会より委託。
車椅子清掃	特別養護老人ホーム花の木ハイムの車椅子の清掃作業。

2-2 荒川福祉作業所のケース

荒川区立荒川福祉作業所はもとは東京都の施設であって,東京都王子福祉作業所の荒川福祉作業所として,1969年7月に開所した。荒川区所管の心身障害者福祉センターのそれになったのは,1980年であった。名称を現在の荒川区立荒川福祉作業所とし,荒川区社会福祉協議会に事業委託をしたのが2006年であり,現在のような,指定管理制度に移行して荒川区社会福祉協議会が運営にあたるようになったのは翌年の2007年である。障害者福祉が都道府県から市区町村の基礎自治体へと移ってきたのは,地域性,その必要性,必然性がより意識されるようになったからであろう。荒川福祉作業所は,知的障害のある人(18歳以上)に作業の場を提供している。

利用者の要件は,区内居住で知的障害・身体障害等のある18歳以上の者であること,自力で通所でき身辺処理が自立していること,働く意欲があり,作業に適応できること,集団生活に著しい支障を及ぼすおそれがないことである。これら要件の大部分は,前章でふれたHeckmanモデルでいう,非認知力にかかわりがあるものである,ということができる。定員は就労継続支援B型が48人,就労移行支援が7人である。在籍者は2014年4月現在で43人,男性32人,女性11人であり,平均年齢は43歳になる。障害のグレード別では,愛の手帳2度と3度の人が大部分であり,4度の人は少数である。1度の人はいない。月～金曜日の9時40分から11時50分まで,午後は13時から16時近くまで作業が行われる(**図表Ｖ-5参照**)[11]。

荒川福祉作業所では,どんな作業が行われているのか。**図表Ｖ-6**は2015年7月現在の状況を示したものである。発注企業は8社ある(ここではA社,B社……と表示)。同図表をみると,様々な作業が行われていることがわかる。ロットが大きいこともあれば,小さい場合もある。概して単純な作業が多い。だが,力仕事なども結構あり,また金具を扱う際などは安全管理に気を使う。作業所の支援員は監督者というよりも,できないところを手伝うとか,使いやすい治工具を開発するとか,検品をするといった役割を担う。10人に1人の割合で職員が付いている。

利用者はしごとをしたいという気持はもっている(作業所施設長)。「しごと

●図表Ⅴ-5　荒川福祉作業所の1日のスケジュール

時間	就労移行	就労継続B型
9:00	朝礼	朝礼
9:30	日誌記入	作業準備
9:40〜10:40	作業時間	作業時間
10:40〜10:50	休憩	休憩
10:50〜11:50	作業時間	作業時間
11:50〜13:00	昼食 休憩時間	昼食 休憩時間
13:00〜	体操 作業時間	体操 作業時間
13:50〜14:00	休憩	休憩
14:00〜14:50	作業時間	作業時間
14:50〜15:00	休憩	※水曜は、就労トレーニングを開催	休憩
15:00〜	作業時間	作業時間
15:30〜15:50	日誌記入	
15:50〜16:00	帰りのミーティング・掃除	

●図表Ⅴ-6　荒川福祉作業所で行われている作業（2015年7月現在）

	会社名	作業概要
1	A株式会社	鉛筆の袋詰め，箱詰め作業
2	B工業	建築用金具の袋・箱詰め，組み立て作業
3	株式会社C	宅配寿司用箸セット作り
4	株式会社D	各種丁合，袋詰め作業
5	株式会社E	各種丁合作業等
6	株式会社F	各種丁合，袋詰め作業
7	G株式会社	フェルトの加工，袋詰め作業
8	H株式会社	袋詰め作業，シール貼り作業

（出所）「平成26年度荒川福祉事務所事業計画」（2014年）より引用。

がないと泣き出したりする」こともある。毎日作業目標を設定しており,「しごとをしたい」,「役に立ちたい」といった意欲にそい,また個々の能力に応じて支援を行い,作業を進めている。しごとがよくできる人,反復的作業に根気よく取り組む人,正確でスピーディーにしごとを続ける人など様々な利用者がいる。周りに利用者がいると落ち着かない人などに対しては,一人離れたところで作業するようにするなど,持ち場を工夫することもある。福祉作業所ではとくに定年がないので,老齢の利用者が目立つ。71歳の人もいるし,開所当時から36年間働いている人もいる。福祉作業所が一生涯の職場になっていて,ここを経由して一般労働市場に参入するわけではない。就労移行支援の対象者は,定員は7人であるが,年度によって登録者は数人いることもあるが,全くいないこともある。

　福祉作業所では,作業をする利用者に対し様々な配慮,合理的な配慮をしている。利用者の障害の状況はもちろん,そのパーソナリティ,しごと能力なども考慮し,それに合わせた作業を割り振る。当人のその日の状況をみて,作業の段取りを決めたりする。その一方で,やる気,集中力,スキルなどが向上する働きかけもする。利用者の自信が高まり,職員との信頼関係がより強いものになるような,作業の指導が求められている。

　また医師・医療機関と提携を密にして,利用者個人個人の健康状態をつねに把握することに努め,疾病などのシグナルを早く発見し,治療を図る。むろん,定期健康診断を実施しているし,体操プログラムを組んで実施し,ヘルシーな給食も提供する。福祉作業所においても,第Ⅶ章で取り上げるディスアビリティ・マネジメントが行われているのである。

　福祉作業所には利用者の自治会があることが多い。荒川福祉作業所では「友の会」という。また,保護者（連絡）会がある。福祉作業所と利用者家族との連絡を密にするためのもので,2ヶ月に1回の頻度において開かれている。福祉作業所側はこの会において様々な情報を伝え,保護者の意見を聞く。また,保護者側から福祉作業所に対する要望なども伝える。このほか,福祉作業所と,利用者との家族を交えた個別面談も行われているし,福祉作業所と家族との連絡ノートも使われている。情報誌も発行されている。ただ,あとでふれるドイツの障害者作業所の作業所協議会のように,法定機関ではない。したがって,

フォーマルな権利・権限もない。

　地域との交流も，福祉作業所にとって大切である。ある施設の設置に対し近隣住民が反対したといった実例もあり，一般に福祉作業所は地域の理解を確保することに腐心しているようにみえる。運動会を開いて地域との交流を図ったり，施設を公開したり，ボランティアを募集したり，特別支援学校等からの実習生を受け入れたりしている。こうした地域との結び付きは，受注を得ることにもつながってくる。受注も地域の企業からのものが多い。福祉作業所は地域の支えなしには，やっていけない存在である。福祉作業所は地域性のつよい組織体である。

　さいごに，荒川福祉作業所の組織にふれておく。施設長がいて（荒川生活実習所との兼務），サービス管理責任者1人と生活支援員4人（3人は非常勤）と職業指導員4人（非常勤3人）と就労支援員2人（非常勤1人）がいる。事務員が2人，非常勤の看護師2人，栄養士1人，医師2人（内科と精神科）がいる。医師は週1回ほどの来所になる。いずれも荒川生活実習所との兼務になっている（人数は2016年現在）。

2-3　ぽこ・あ・ぽこのケース

　ぽこ・あ・ぽこは労働組合が手掛けたケースである[12]。1972年に日本の主要労働組合のひとつである電機連合（当時は電機労連）の神奈川地方協議会が全国の労働組合に先駆けて，障害のある人の支援に乗り出した。1991年には，電機神奈川福祉センター設立準備委員会を設置し，1992年に横浜南部就労援助センター（当時：援助センター）事業を開始した。1995年に神奈川県より社会福祉法人の認可を受け，1996年より通所授産施設「ぽこ・あ・ぽこ」の事業を開始した。2006年に「障害者自立支援法」のもとで多機能型事業所「ぽこ・あ・ぽこ」として就労移行支援事業と就労継続支援事業B型へ移行した。2010年から自立訓練事業（生活訓練）を新たに開始した。ちなみに，ぽこ・あ・ぽこはラテン語で「少しずつ」，「一歩ずつ」という意味がある。

　事業目的は，知的障害のある人が，しごとを通して社会自立できるよう支援することにある。3つの目的がある。①知的障害のある者が働く職場の創出，②働ける知的障害のある者の育成，③働いている知的障害のある者の継続的フ

ォローである。

事業内容としては「障害者総合支援法」に基づいて，①就労移行支援事業，②就労継続支援事業B型，③自立訓練（生活訓練）事業の3つが挙げられる。

2015年3月31日時点の利用者総数は，55人（就労移行支援：22人，就労継続支援B型：25人，生活訓練：8人）である。性別は女性8人（14.5％），男性47人（85.5％）である。年齢層は，18歳から54歳で，平均年齢は28歳である。居住状態は，保護者と同居：50人，グループホーム：4人，独り暮らし：1人という内訳である。なお，**図表V-7**は事業別の障害グレード分布である。

2014年度のぽこ・あ・ぽこの売上高は3,043万9,092円であり，その業務内容は部品組立・解体，印刷製本，清掃である。2014年度の全利用者の平均工賃月額は，2回の賞与分を含め，2万6,881円であった。就労継続支援B型利用者の平均工賃月額は，3万8,834円，就労移行支援の利用者の平均工賃月額は2万7,635円，生活訓練利用者の平均工賃月額は，1万4,176円である。就労継続支援B型の3万8,834円は全国平均からみて非常に高い。

ぽこ・あ・ぽこの特徴としては，①個別の育成プログラムの作成，②利用者

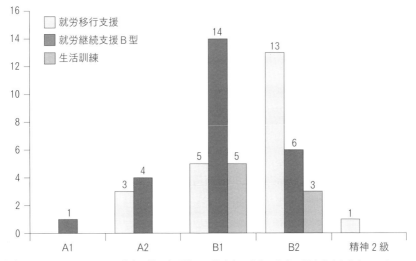

●図表V-7　ぽこ・あ・ぽこの事業別の障害グレード分布（単位：人）

（注）　A1，A2，B1，B2は神奈川県の表現法で，最重度，重度，中度，軽度をあらわしている。

情報の一元管理，③豊富な授産科目と高い工賃，④授産科目に自主製品をもたない，⑤専門業者との協力，⑥柔軟な作業班編成と個別対応，⑦職場に類似した作業環境，⑧施設外実習と多角的なアセスメント，⑨一般就労に向けた求職支援，⑩一般就労後の職場定着支援などが挙げられる。さらに，事業ごとの特徴についても以下で詳しくふれたい。

(1) 就労移行支援事業と就労状況について

　1996年以来，総就労者数は261人，離職者数は86人，現在就労者数は175人であり，そのうちぽこ・あ・ぽこ定着支援者数は111人である。勤続10年以上14年未満は31人で，15年以上は13人となっている。離職者の状況は，再利用が51人，他機関利用が26人，その他が9人となっている。2014年度の就労移行支援事業の15人，就労継続支援B型の1人の合計16人が就労しており，そのほとんどが1年半のうちに就職が決定するという。就職先企業の業種も様々である。

　とくに，就労移行支援事業において受け入れ先企業と利用者のマッチングで気を付けていることは，働く環境であるという。求人企業のそうした点を個別に照会・吟味してから，利用者とのジョブマッチングを行うことが高い定着率につながるという。

　図表Ⅴ-8のように，ぽこ・あ・ぽこの定着率は高く，就職3年以内では80％以上となっている。こうした高い定着率のひとつの背景には，就職してから半年間専門職員が1ヶ月1回のペースで就職先を巡回して，就職者のストレスが溜っていないかなど相談にのっているという。

　また，ぽこ・あ・ぽこの高い定着率のその他の背景としては，施設内での作業生活全体を通じて継続的なアセスメントが行われていることや外部実習先からの評価も挙げられる。とくに，ぽこ・あ・ぽこの個別支援計画の評価項目をみると，「安定した生活」，「社会性」，「健康管理・安全」，「就労意欲・集中力」，「作業姿勢」，「作業遂行能力」といった社会人としての生活全般の項目を3ヶ月に1回評価・分析することに重きをおいているという。そして，外部実習に関していえば，短時間で行う清掃先を2ヶ所確保すると共に，3ヶ月の外部実習先として清掃実習先1ヶ所，印刷補助やメール配達を行う実習先2ヶ所を確保しており，企業での実習を随時行っている。

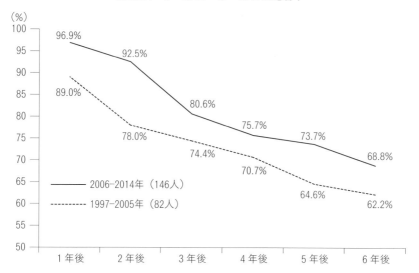

●図表Ⅴ-8　ぽこ・あ・ぽこの定着率

　なお、ぽこ・あ・ぽこでは一般就労は最終ゴールではなく、その後の就労継続支援、場合によっては様々な事情から離職を選択する際もスムーズに安心して福祉に移行できるように支援することも行っている。

　こうした就労移行支援事業の課題としては、専門職員の人材育成が挙げられるという。高い報酬を与えるなど質の高い人材の確保と育成が急がれるだろう。

(2)　就労継続支援事業Ｂ型と工賃の向上

　就労継続支援Ｂ型の主な目的は、作業生活を通じて本人が安定した生活を継続できるようにし、高い工賃を目指すことと共に、時間をかけて一歩一歩育成をし、可能であれば一般就労を目指すことである。したがって、ぽこ・あ・ぽこでは、少なくとも1人の就労者を輩出することを毎年度の目標としている。

　なお、就労継続支援Ｂ型に対しては、地域の最低賃金の3分の1という工賃目標が設定されている。図表Ⅴ-9は、それとぽこ・あ・ぽこ就労継続支援Ｂ型工賃（時給）との推移を示している。

　利用者に対して高い工賃を支払うためには、安定した売上高・作業量の確保が必須である。安定した売上高・作業量を確保するためには、高い生産性・品

●図表Ⅴ-9　神奈川県最低賃金の1/3とぽこ・あ・ぽこの就労継続支援Ｂ型平均工賃の推移（時給，単位：円）

質・納期厳守が必要であるので，ぽこ・あ・ぽこでは企業OBを職業支援員として配置し，作業の効率化と様々な治工具を作製することで，この目的を達成している。

(3) **自立訓練事業（生活訓練）とモティベーションの向上**

　2010年度から2014年度末までの５年間で合計29人の利用者が生活訓練を利用した。生活訓練を利用した29人のうち，14人（全体の48％）が就労移行へ事業移行し，そのうち10人（全体の34％）が一般就労を果たしている。生活訓練の利用者が就労訓練へ事業移行する際の平均利用期間は11ヶ月であり，その後就職した10人の就労移行平均期間は14ヶ月であるので，生活訓練を利用して就労するまでの平均利用期間は25ヶ月ということになる。

　なお，平均利用期間はほぼ２年であるが，生活訓練がもつ効果として大きく２つが挙げられる。ひとつには，施設内限定で訓練を行うことで，体力・時間厳守・報連相（報告，連絡，相談）・挨拶・返事といった基本的な課題を常に

意識付けできることがある。もうひとつは，モティベーションの向上である。ぽこ・あ・ぽこでは３事業の利用者が一緒に作業を行っているが，そのため生活訓練の利用者にとってはステップアップとしての就労移行という具体的な目標がみえることで，モティベーション向上につながっているという。

(4) ケースの特徴

本ケースの特徴のひとつは，設立の経緯でもふれたように，電機連合神奈川地方協議会がイニシアティブをとって組織化した事業である点にある。こうした背景から，ぽこ・あ・ぽこはNPO法人障害者雇用部会，地域の企業，就労支援センター，教育機関，福祉保健センターなどとうまく連携しており，それがぽこ・あ・ぽこの最大のメリットといえるだろう。多くの利用者が一般就労を果たすことができ，その定着率も高い理由には，こうした就労支援クラスターのネットワークが挙げられるだろう。

3　ドイツの障害者作業所モデル

3-1　職業リハビリテーション・システムとしての障害者作業所

福祉作業所のひとつの在り方，ひとつの理論モデルは，第Ⅲ章でふれたドイツの障害者作業所の仕組みではなかろうか。同国の「社会法典第９編・障害者のリハビリテーションと参加」第２部第12章の「障害者作業所」の規定は，よく整理されたかたちでひとつの理論モデルを提示している。ドイツの障害者作業所に関しては，法的規定を中心にすでに第Ⅲ章において説明したが，ここでは前節でふれた日本の福祉作業所の事態を念頭に置きながら，それを理論モデルの問題として，改めて取り上げてみよう。

ドイツの障害者作業所はなによりもまず，「障害のある者が労働生活に参加し，かつ障害のある者を労働生活にインテグレートするための施設」（同法第136条(1)）であった。ここにシステムの目的が示されている。ただし，入所する障害のある人とは，障害のカテゴリーとグレードのために，すぐに一般労働市場で働くことが無理な人びとである。一般労働市場では，障害のために，し

ごと能力がよく発揮できず，継続して就労するのが困難な人，しかし，職業リハビリテーションを受ければ，一般労働市場に移行しうる人が，このシステムの対象である。いずれにしても，障害者作業所というシステムのインプット変数の（資格）条件はこのように規定されているわけである。そして当然のことながら，このシステムの目的は入所する人について，一般労働市場に参入できるしごと能力，一般就労力，一般のエンプロイアビリティを形成することであって，その意味では障害者作業所は職業リハビリテーションのシステムだということになる。なお，法律では，就労力，エンプロイアビリティのアップだけでなく，人間的成長に資すべき点もうたわれている。

　本人や他人を著しく危険にさらすおそれのある人，つまり加害リスクのある人，あるいは最小限の労働給付を継続して残せない人は，障害者作業所は受け入れない。障害者作業所での入所前提を満たさない人は，併設施設とグループにおいて受け入れ，支援する（同法第136条(3)）。

　障害者作業所には3つの段階がある[13]。入所手続，職業教育，しごとの遂行の3段階である。こうした段階の設定はすこぶる合理的，論理的である。まずは，入所手続である。障害者作業所は関係するリハビリテーション機関と協議をし，入所しようとする人間について，当該作業所が適した個所かどうか，いかなるしごとが向いているか，どのようにインテグレーションをすすめていくか，いかなるインテグレーション計画をたてるかを決めることが，いうところの入所手続の内容である。3ヶ月の期間が設けられているが，これを4週間まで短縮できる。これらを決めるのは，障害者作業所の専門委員会であるが，その際に関係する担当者，障害のある者当人あるいはその代理人の意見もよく聴取したうえで決めなければならない。その際，個別の様々な事情，手続期間中に当人の人格と行動をよくみて決めることも大切である，とされている。専門委員会が当作業所が不向きだという結論に達したときは，他を推薦する等しなければならない。

　いずれにしても，障害のある者は希望すればほとんどの人が作業所に入れるわけではなく，慎重な選考が時間をかけて行われる。現在は一般労働市場に参入できるしごと能力を持ち合わせてはいないが，当該作業所において職業リハビリテーションを受け，実習をすれば，参入の可能性が高まるという人だけが，

専門委員会によって入所がみとめられるというわけである。

　つぎのステップは，職業リハビリテーション，職業教育であって，職業教育修了時には少なくとも最小限のエンプロイアビリティが身に付くように，当人を支援していかなければならない，とされている。職業教育期間は通常12ヶ月であって，基礎コースが設けられている。基礎コースでは，様々な材料，工具を扱えるスキルと，それらに関する基礎知識を身に付けること，自尊心をたかめ，社会性を伸ばすことも重視される。

　作業実習のステージについてのべる。作業所にはできるだけ幅広いしごと，しかも一般労働市場のしごとに対応したものが用意されるべきだとされている。どのようなしごとについて作業実習を行い，オペレーショナルなしごと能力を高めるかは，障害者作業所にとっては，非常に大事な点になるわけで，各障害者作業所はこれを開示している。たとえば，バーデン－ビュルテムベルク州のヘイルブロン知的障害者・身体障害者（登録）作業所の場合，金属加工（切断，溶接，組立），木工（加工，組立，木箱・パレット製作），プラスティック（加工・成形），電子（組立，電線接続），せんい・皮革（縫製），塗装，印刷（印刷，本綴じ，グラフィック），発送，包装，園芸・農事，その他の作業実習が行われている。

　障害者作業所はそれぞれにこの点で特徴を出そうとしているようである。ただ，障害のカテゴリーとグレードを考えに入れつつ，担当しうるしごとを列挙すると，どうしても挙げうるしごとは限られてくる。たとえば，知的障害の作業所はどこも，似たようなしごとのレパートリーになってしまうおそれがある。各障害者作業所はこの点で腐心している。

　障害のある人は作業所ではどんな立場にあるのか。この点についても，すでに第Ⅲ章においてふれた。障害のある人は作業所で働いているとき，労働者でないにしても，労働者と類似の法的関係にある，とされる。労働成果に対しては，職業訓練手当と同額の基本額，ならびに労働成果に見合った割増額が支払われる。割増額については，労働成果の質量を勘案し，個人別割増で支払われる。障害のある人は作業所の事業主とのあいだで，雇用契約ではなく，作業所契約を締結する。それは雇用契約に類似したものだという。こうしたコストの原資は連邦労働社会省からの補助金ならびに障害者雇用調整金からの支出によ

り賄われる。障害者作業所での障害のある人の立場についての以上のような規定も，非常に論理的で合理的なものであろう。とくに，作業に対する報酬について，職業訓練手当と同額の基本額と，作業成果に応じた個人別割増金を支払うという考え方も，大いに納得のいく支払方法である。

ドイツの一般の事業所では，「経営組織法」によって，ファクトリー・ガバナンスのシステム，つまり政治システムが作動していて，使用者の一存では決定できないことが多い。つまり，事業所の従業者の利益代表組織である経営協議会が一定の共同決定権，協議権，情報権をもっている。こうしたファクトリー・ガバナンスの考え方が，障害者作業所にも持ち込まれている。この点も，障害者作業所が事業所に準じた存在であり，そこで働いている障害のある人も労働者に準じた人たちだとすると，作業所協議会ができるのも，当然のことであろう。

すでにふれた条文であるが，「……障害のある者はしごと能力に関係なく，当人の利害が絡む問題については，作業所協議会を通じ協議権をもつ。作業所協議会は入所手続中の障害のある者もふくめ職業訓練中ならびに作業実習中の障害者の利害を，適切な方法で考慮するものとする」（同法第139条）。この政治システムの存在によって，作業所内での障害のある者の利益は少なからず守られることになるのではないか。このような協議権は障害者権利のひとつの有効な保障装置になっていると思われる。障害者に対する虐待などの抑制効果はあるのではないか。

3-2　障害者作業所の課題

以上がドイツの障害者作業所の法的なモデルの描写であり，そのシステムの理論的説明である。理論的にはスッキリしているが，現実には様々な課題もあるようにみえる。モデルと現実のあいだの乖離がある。

ドイツ連邦政府の『障害者報告書』（2007年）によると，障害者作業所に入る人びとの数は増えているという。2003年が23万5,756人であったのが，2007年には27万5,492人になった[14]。また，入所者の80％弱が知的障害のある者であり，精神障害のある人が16％，身体障害のある人が4％だという。日本の福祉作業所と同じように，あるいはそれ以上に，ドイツの障害者作業所も，知的

障害のある人と精神障害のある人が大部分を占めている。入所者数の増加の背景として，報告書は以下の4つを挙げている。

　①精神障害と情緒・社会障害のある子どもが継続して増えていること。2000～2006年のあいだに，精神障害のある子どもが14％，情緒・社会障害のある子どもは38％の増加になっている。②一方，障害者作業所から一般労働市場への移行はそれほど多くはない。どんどん入所してくるが，一般労働市場に移る，移れる人は少ない。「多くの作業所において，一般市場への移行は自明の実務ではない」。2002～2006年の期間でいうと，移行者は年に全体の20～25％にすぎないという。③2004年に連邦雇用機構の職業準備プログラムが始動したが，それは精神障害や学習障害のある若者が利用しにくいものであった。このため，障害者作業所への流入がある。④障害のある子どもの保護者・家族は障害者作業所のほうがより安心できるという。

　以上のような課題のうち，一番の課題はやはり，一般労働市場への参入者を増やすことであろう。ドイツの障害者作業所は，参入の可能性のある障害のある者を選び，職業教育を施し，作業実習をしているからであって，このシステムのアウトプットは，一般労働市場において通用するしごと能力保持者を，いかほど育成したかであり，障害者作業所はそれによって評価されるからである。日本と同様，障害のある人，とくに知的障害のある人と精神障害のある人にとって，一般労働市場の参入障壁は非常に高い。

　ドイツでは，障害者作業所にいる障害のある人を一般労働市場へより多く送り出すことが大きな課題——おそらく最大の課題になっているのであるが，そうした中で注目され，『障害者報告書』でも取り上げられているのがヘッセン・モデルである[15]。同モデルはすでに1990年代半ばから開始された，ヘッセン州の社会福祉協議会連合により主導されている就労支援であって，一般労働市場移行に関する「社会法典第9編・障害者のリハビリテーションと参加」第41条・第136条の規定を根拠とするものである。このモデルの中味は，知的障害や精神障害のある人のしごと能力を高め，一般労働市場での実習あるいはトライアル雇用の機会を設けること，新しい（知的障害の人に向いた）しごとを開拓すること，就労者の定着をはかることであって，そうした役割に長じたエキスパート，ジョブコーチを育て，抱えている（2005年で34人）。こうした

エキスパート，ジョブコーチの活動範囲は，当然に障害者作業所内にとどまらずに，アウトリーチというか，一般労働市場の中にまで拡がっている。

　ヘッセン州の上記のような試みのひとつの成果は，『障害者報告書』によると，知的障害のある人は一般労働市場での就職後5年経って，3分の2がその職にとどまっていたという。ただ，精神障害のある人の場合は，安定度が低くて，5年後その職にとどまっていた人は約40％だった。『障害者報告書』はヘッセン・モデルを評価している。日本でもジョブコーチなどの活動などをみると，ヘッセン・モデルと類似の取り組みが行われているわけである。日本の福祉作業所でも，ヘッセン・モデルのような，一般労働市場への移行を促進する支援がおしすすめられている。

　障害のある人が一般労働市場により多く参入できるようにするには，障害者作業所をはじめとする一般労働市場の外側のシステムの改善努力が必要なのはいうまでもないが，同時に一般労働市場内でのいっそうの支援措置も必要である。一般労働市場内外での取り組みが同時におしすすめられる必要がある。一般労働市場内での取り組み（インテグレーション・プロジェクト）についての議論は，次章にゆずる。

4　福祉作業所と工賃とマネジメント

　日本の福祉作業所にも様々な課題があるが，当面なんとしても対応しなければならない課題，緊急の課題がある。日本の福祉作業所には就労継続支援B型が多いから，ドイツの場合ほどに，利用者を一般労働市場へ移行させる問題に，必ずしも収斂しない。日本での問題はひとつが非常に低額の工賃であり，いまひとつがマネジメント，経営である。2つは関連していて，工賃アップを実現するには，どうしてもマネジメント問題の解決が不可欠になってくる。むろん，工賃アップが福祉作業所のただひとつの目標ではない。利用者のウェル・ビーイングをたかめるようなしごと，合理的配慮をすること，ILOがいうディーセント・ワークを提供することが大切である。その一環として工賃問題がある。

4-1　工　賃

　工賃については「障害者の日常生活及び社会生活を総合的に支援するための法律に基づく地域活動支援センターの設備及び運営に関する基準」第12条にその規定がある。これによると，「地域活動支援センターは，生産活動に従事している者に，生産活動に係る事業の収入から生産活動に係る事業に必要な経費を控除した額に相当する金額を工賃として支払わなければならない。」
　工賃とは福祉作業所において障害のある人が行った作業の成果から支払われるものである。従来はこれは労働報酬としての賃金ではない，とされていた。賃金だということになると，たちまち「最低賃金法」の適用があり，地域別の最低賃金が支払われなければならなくなる。「………賃金の低廉な労働者について，賃金の最低額を保障する………」（同法第1条）。たとえば，東京都の場合，最低賃金額は時間あたり907円になる。全国平均では798円である（2015年）。福祉作業所の経営は厳しくて，とてもそんな金額は支払えない，というのが多くの福祉作業所の気持ちではなかろうか。しかし，頑張っているところもある。2つの例を挙げる。さきにのべたように，横浜市のぽこ・あ・ぽこの利用者に平均月額で2万6,881円を支払い，就労継続支援B型の利用者には，3万8,834円を提供していた。また川口市安行にある社会福祉法人めだかすとりいむの多機能型事業所すいーつばたけ[16]の場合は，利用者に約2万4,000円を支払っていた。
　高い工賃を支払うには，まずは高水準の売上高を確保していなければならない。このことは並大抵のことではなく，多年のたゆまざる努力があって，高売上高を確保し，高工賃を達成できる。前者は利用者のスキルの改善，障害のある人にも使いやすい治工具の開発，クオリティの高い作業，受注の絶えざる努力，納期の厳守，地域の人びとや組織との関係づくり，地域への融け込みなど。後者はむしろ競争力のある自主製品の開発に力を入れ，ブランド化に努めて，定評のあるクッキー・パンづくり・販売，木工，園芸などでそれぞれに成功した。クッキーとパンでは川口市の駅前の繁華街（川口銀座商店街）に店を出したり，安行にしゃれた喫茶サロンを開いたり，百貨店で販売したりするほどになっている。木工では賞を獲得している。

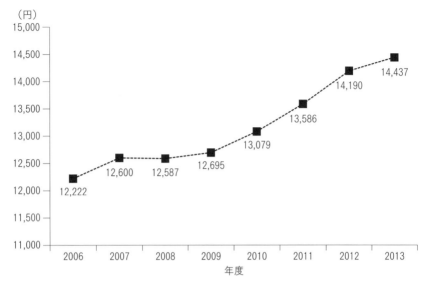

●図表V-10　平均工賃の推移

(注)　就労継続支援B型事業所，授産施設，小規模通所授産施設。
(出所)　厚生労働省『平成25年度工賃（賃金）の実績について』

　ところが，多くは工賃は驚くべき低さであって，月額で1万円に達しないことも少なくない。「工賃は昼食代で消えてしまう」といった声も聞かれる。厚生労働省の『平成25年度工賃（賃金）の実績について』によると，2014年度の就労継続支援B型事業所の平均月額工賃は1万4,437円だという[17]。これは時給では178円である。それでも，工賃は上向いてきているのだという。**図表V-10**は2006年度から2013年度までの平均月額工賃の推移（ただし，就労継続支援B型施設，授産施設，小規模通所授産施設のもの）を示したものである。これをみると，平均では工賃は7年間で少しずつアップしている。

　ちなみに，工賃には地域的な差異が大きい。首都圏は高くないし，大阪府は47都道府県のうちで最低である（1万345円）これはトップの福井県の1万9,733円の約52％にすぎない。なお，上記の『平成25年度工賃（賃金）の実績について』には，就労継続支援B型についての2006年度と2013年度の興味深い分布図が載っている。**図表V-11**がそれである。バランスのとれたベル・カーヴではなく，左方に片寄った山がある。「工賃倍増5か年計画」（2007〜2011年

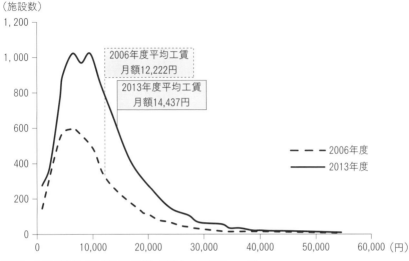

●図表Ⅴ-11　2006・2013年度平均工賃分布図（施設数）

(出所)　厚生労働省『平成25年度工賃（賃金）の実績について』

度），「工賃向上計画」（2012年度から）も提唱されているが，なかなか実現できない。

　図表Ⅴ-11が示すように，高い工賃を支払っている福祉作業所は少ない。福祉作業所で働く障害のある人の多くに，非常に低額の工賃しか支払われていない事態は，あとでふれるように，厳しい経営状況に基因する。その程度の工賃しか支払えない。また，低い工賃を正当化する説明としては，そうした人びとに対しては，障害基礎年金や様々の手当が支給されている筈であるというものであろう。それに，福祉作業所は第一義的には福祉施設であり，一歩ゆずっても，そこは職業ハビリテーションの場である，というかもしれない。

　障害のある人の何割が障害基礎年金，その他の障害年金を受け取っているかは，なかなかわからない。荒川区が「親なき後の支援に関する研究プロジェクト」において行った主に知的障害のある者を対象とした調査からは，**図表Ⅴ-12**のような結果が得られた[18]。ちなみに，福祉作業所の通所者はさきの図表が示しているように，大部分が知的障害のある人と精神障害のある人である。それぞれに比較的軽度の人びとが働いている。**図表Ⅴ-12**は，このうち愛の手

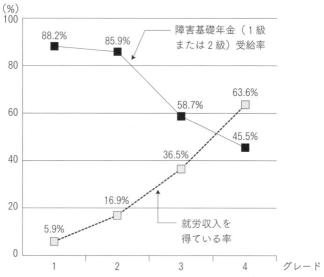

●図表Ⅴ-12　愛の手帳グレード別年金受給・就労状況と収入モデル

(出所)　荒川区自治総合研究所（2014年），親なき後の支援に関する研究プロジェクト報告書。

帳を所持する知的障害のある人に関するものである。ちなみに，愛の手帳所持者は193人であった（1度15人，2度64人，3度55人，4度59人）。

　同図表をみると，障害が重度であるほど，障害基礎年金の受給率が高い。愛の手帳1度で88.2％，2度で85.9％であるが，3度になると，これが58.7％にダウンする。4度は45.5％が受給しているにすぎない。さきの荒川区立荒川福祉作業所の例でいうと，作業所で働いている知的障害のある人の大部分は中・軽度である。精神障害のある者はすべて中・軽度である。

　サンプル数が少ないため，一般化していうことはできないが，福祉作業所で働いている人びとの半数前後には，障害基礎年金による所得保障はない可能性がある。年金だけでなく，諸手当も東京都と荒川区の制度である心身障害者福祉手当を別とすると，特別障害者手当，重度心身障害者福祉手当も，知的障害の場合，3度と4度には支給がない[19]（**図表Ⅴ-13参照**）。

　以上のべたような障害基礎年金や諸手当の支給状況からすると，福祉作業所の工賃が非常に低額だというのはすこぶる問題だといわざるをえない。障害の

●図表Ⅴ-13 障害がある人に対する各種手当等の状況

(単位:人)2011年3月31日現在

障がい別 手当別	身体障がい者				知的障がい者				重複障がい	脳性まひ	筋委縮性進行性	精神障がい	難病	その他	合計
	1級	2級	3級	4級	1級	2級	3級	4級							
心身障害者福祉手当	1,088	726	496	―	10	99	142	341	―	57	5	―	760	―	3,724
特別障害者手当	71	13	―	―	3	59	―	―	36	―	―	―	―	4	186
障害児福祉手当	15	5	―	―	―	14	―	―	29	―	―	―	―	―	64
経過的福祉手当	10	―	―	―	―	―	―	―	―	―	―	3	―	―	13
重度心身障害者福祉手当	29	1	―	―	3	61	―	―	51	―	―	―	―	―	145
心身障害者扶養年金	4	16	6	5	3	16	36	38	―	7	―	13	―	―	144
計	1,217	761	503	5	19	249	178	379	116	64	5	16	760	4	4,276

(注) 心身障害者扶養年金は年金受給者数(年金加入者は276人)。
(出所) 荒川区 (2011年)『平成23年度版 区勢概要』。

ある人の自立といっても無理というもので,働いていても,1万円余りの収入では,生活できない。親兄弟と同居し,親兄弟の収入・財産に頼って生きるほかはない。その分,「親なき後」のインパクトは,非常に大きいものがある。しかし,親も兄弟もいない場合,どうするのか。

ちなみに,第Ⅱ章でふれた公益財団法人ヤマト福祉財団は障害者のウェル・ビーイングの向上のために様々な事業を行っているが,その中に「障がい者給料増額支援助成金」制度があり,ジャンプアップ助成金とステップアップ助成金が用意されている。いずれも障害のある人の給付増額を促す助成である。ただ,前者は「すでに障がい者の給料増額に一定の実績がある施設・事業所」,後者については「障がい者の給料増額に努力し,全国平均以上の給料支給実績がある施設・事業所」という限定条件が付いていて,高い工賃支払の実績があり,さらにそれをアップできそうな事業所が助成対象になっている。こうした助成は,工賃アップの,またそのため作業所のマネジメントの改善の刺激にはなる。

4-2 マネジメント問題

工賃問題の解決は,福祉作業所の経営の改善をまたなければならない。現状は福祉作業所の責任者は,受注を確保するのに腐心し,この確保に非常に苦労

している。たしかに，障害のある人がつくったパン，ケーキを率先して購入する人は多いのではないか。むろん，そのパンやクッキーがおいしいこともあるが，同時に少しでも障害のある人に寄り添いたいという気持ちも強いのであろう。また，第Ⅱ章でふれた，いわゆる「障害者優先調達法」も2013年から施行され，公的機関では，「予算の適正な使用に留意しつつ，優先的に障害者就労施設等から物品等を調達するよう努めなければならない」。

　しかし，人の善意に頼っての受注に長期間依存することはむずかしい。発注する側も，それが最小限の経済ベースに乗っていないと，発注を続けることはできないのではないか。いわゆる「優先調達法」施行後，福祉作業所などは，官庁からの発注が多くなるかと期待したが，そうでもないという声も聞こえてくる。利用者に工賃を支払い続けるには，一定量の受注を確保しなければならないが，このことは大変なしごとである。まして，工賃を引き上げるには，福祉作業所の作業の生産性を上げる，付加価値性のある受注を継続的に確保する，自前の製品・サービスを開発し，市場性のあるものにする，といった難題に挑戦しなければならない。

　本章冒頭の図表Ⅴ-1が示しているように，福祉作業所は小規模であり，最大でも定員ベースで荒川福祉作業所の55人（就労移行支援と就労継続支援B型とを合わせて）であり，民間の小台橋あさがおで50人（就労移行支援と就労継続支援B型を合わせて）である。10人程度のところも多い。中小企業でも，零細企業とよばれるジャンルに近いところが大部分である。しかも，本章・第2節の「日本の福祉作業所の生成」のところでのべたように，そうした小規模作業所，小規模通所施設は親の会，保護者会などが奮戦してつくり上げたものであり，現在も親の会，保護者会のリーダーたちが，世代が変わったとしても，実質的に経営を担当していることが多い。「親の会」，保護者会のリーダーたちは総じて障害者福祉のことは知悉している。だが，経営，マネジメントに精通しているとはかぎらない。この点が，福祉作業所の解決課題である。

　それに，厚生労働省令（172号）によって，福祉作業所には人員に関する基準，設備に関する基準，運営に関する基準が設けられていて，こうした3基準を充足しつつ，つまり，省令の制約の中でマネジメントも行われなければならない。

日本の福祉作業所はすでにふれたように，第一義的に市場性のある製品やサービスをつくり出す場というよりは，障害のある人の日中活動の場として設けられるようになったものである。もちろん，その製品やサービスに買い手が付くということも大切である。だが，このことが福祉作業所の目的ではない。一般の企業の場合，小規模企業であっても，市場性がある製品やサービスを提供することが，存立の決定的用件であり，適材を集め，新鋭の機械設備を据え付けようとする。それぞれの企業は得手とする分野に特化し，人材も機械設備も特化している。

　筆者がみたかぎりで，福祉作業所はそうした状況にない。利用者は製品やサービスを効率的につくるという観点から集められたわけではない。利用者は地域の福祉ニーズにより決まる。福祉作業所でどんな作業が行われているかについては，すでにのべた。数日訓練すればやれるような作業が多い。例外はあるが，概して利用者の作業スキルは高くない。また専用機械が設置されている作業所は少ないのではないか。せいぜい汎用機械が若干ある程度である。利用者は机の上に作業対象を置き，簡単な工具を使って作業を行っている。ロットも小さい。利用者1人当たりの設備装備率は非常に低い。そうした中でも福祉作業所の職員は作業の準備，指導に多くの時間を割いている。利用者が行う作業そのものを手伝うことも多い。福祉作業所では，障害のある利用者と，障害のない職員との緊密な協働が行われている。ただ，戦略等に割く時間は短くなる。

　多くの福祉作業所，とくにその大多数を占める就労継続支援B型の作業所では，単位当たり，1円，2円といった世界での加工が，主に手作業で行われている。こうした作業とその経営の仕方では，生産性と付加価値は非常に低く，現状のままでは高い工賃支払は望めないのではないか。また，そうした作業では，障害のある人のしごと能力が高まることは，あまりないのではないか。少しでも，より付加価値の高いしごとを引き受けることが，あるいはそうした製品・サービスを開発することが，工賃アップにつながるし，障害のある人のしごと能力のいっそうの向上にも資する。

　これはマネジメントの問題である。マネジメントについては様々な説明の仕方があるが，それは目標と戦略を立て，計画をつくり，組織的に実施し，チェックをするというシステムを導入し，このシステムによって福祉作業所を運営

することを意味する。そして，目標と戦略を立てること，計画をたてること，組織的に実施すること，チェックすることそれぞれに多くの専門的知見がある。福祉作業所の幹部はそうした知見を学習し，あるいはマネジメントの専門家から助言を得ることが必要になる。

4-3 福祉作業所とコラボレーション

地域の福祉作業所は受注をめぐってほかの福祉作業所と競争関係に立つことがある。市場原理が働く中小企業の世界では，受注のため，出血受注などのいわゆる過当競争を行って，結局は共倒れに近い状況になることがある。福祉作業所は，元来は市場原理の下にあるわけではないが，利用者や受注の確保のため，お互い相手を意識しすぎるのかもしれない。

しかし，地域の福祉作業所同士がお互い切磋琢磨し，学習し合うことは非常に大切なことであり，その意味で競争するのは有益であろう。それに，協力し合って共存共栄する余地も多くある。「工賃向上計画」でも，工賃アップのため，福祉作業所間のネットワーキングが言及されている。こうした良い意味でのコラボレーションが，工賃問題を抱える福祉作業所間では必要である。ここにいうコラボレーションとは，組織同士が協力し合うために話し合い，行動することを指し，なんらかの組織間関係をもつことをいう[20]。荒川区の場合，以前から一緒に運動会を開いていたという関係があったり，またＳさんという地域活動に熱心な人物がいて，Ｓさんのイニシアティブで，「あらかわモデル」という，荒川区所在の福祉作業所間の連絡会のような組織ができ，荒川区もそうした活動をバックアップしている。合同での研修や自主製品販売会を行ったりしている。

5　福祉作業所の今後のあり方

福祉作業所は一般労働市場の外側のシステムである。一般労働市場での就労が，一般論としては好ましいかもしれないが，そうならない人もいる。本人も家族も福祉作業所でずっと働き続けることを望んでいる場合もある。福祉作業所での，一見簡単にできそうな作業でも，ウェル・ビーイングの源泉になりう

る。今まで1時間に5個しかできなかったのが，7個できるようになったとか，真面目な作業態度を周囲からほめられるとか。一方で，福祉作業所での作業を通じ，経験を積み，またいっそうスキルを身に付けて，一般労働市場で働きたいという人もいる。

　福祉作業所には様々なニーズをもった人が入所しているのが実状であるから，ドイツの障害者作業所のように，一般労働市場での就労へのステップだと位置付けをしてしまうと，困る人びとも出てくるのではないか。就労継続支援B型の利用者が非常に多い現実をみると，なおさらのことである。

　しかし，利用者が多様だと，福祉作業所のほうでは，多様性の中において自らの特徴をはっきりと打ち出す時期が到来していると思われる。工賃が高いとか，利用者に親切だとか，移行支援がうまいとか，福祉作業所のコアになるものを形成していくことが重要ではないか。自ずとそれが形成されていくこともあろうが，意図的に形成することこそがマネジメントである。つまり，福祉作業所の目標，方向性を考え，戦略を練り，着実に計画に落とし込み，組織的に実行していくという姿勢が求められる。大規模のところはもちろん，小規模作業所も，こうしたマネジメント問題に取り組まなければならない。

　福祉作業所のこうした方向は，社会企業（social firm, social enterprise），ソーシャル・ビジネス，コミュニティ企業，社会協同組合（social cooperatives），信用組合（credit union），など様々によばれている組織と通底するような考え方に立つことを意味しよう[21]。これらは第3セクターとかソーシャル・エコノミーと総称されるものであって，「公的セクターと私的セクターのあいだで活動し，そのマネジメントは民主的な仕方をとり，メンバーは同等の権利をもち，メンバーのため，あるいはより大きい社会のために提供されるサービスの改善に努める……」（USAID, 2009, p.24）[22]。

　EUはこうした社会経済をヨーロッパの重要な経済モデルとみている。日本でも，同様の動きがみられる。

（注）

1）ILO (2015), *Decent Work for Persons with Disabilities: Promoting Rights in the Global Development Agenda, Geneva*, pp.71-72.

2) 荒川区 (2015年), 荒川区障害福祉計画.
3) 小沢あや女 (2001年), 荒川区のぞみの会「のぞみ」4号, 12ページ.
4) 小沢あや女 (2012年), 荒川のぞみの会, のぞみ5号, 36ページ.
5) 小沢あや女 (2007年), 「"希望の家"と生活実習所設立にむけてのあゆみ」.
6) 文部省 (1972年), 学制百年史記述編, 959ページ.
7) 高村デン (2002年), 荒川あさがお福祉作業所20年のあゆみ, 1ページ.
8) 小峯和茂編著 (2016年), 日本ではじめて地域の家族会を築いた男・東京荒川区で精神障がい者とともに, ママレボ出版局, 47ページ.
9) 作業所ボンエルフに対するインタヴューは2013年に実施.
10) 作業所ボンエルフに関する記述も, 親なき後の支援に関する研究プロジェクト報告書による. インタヴュー実施は2013年.
11) 荒川区立荒川福祉作業所 (2014年), 平成26年度事業計画. なお, 荒川区荒川福祉作業所に関する記述は, 以下の文献によるところが大きい. 公益財団法人荒川区自治総合研究所 (2014年), 親なき後の支援に関する研究プロジェクト報告書. インタヴューは2013年に実施. なお, 2015年に再度インタヴューを実施.
12) ぽこ・あ・ぽこに対するインタヴューは, 2016年2月に実施.
13) Werkstättenverordnung vom 13 August, 1980.
14) Bundesregierung (2007), *Bericht der Bundesregierung über die Wirkung der Instrumente zur Sicherung von Beschäftigung und zur betrieblichen Prävention*, S.28.
15) Bundesregierung, Bericht, S.30.
16) めだかふぁみりい (2000年), ぼくらはこの街で暮したい, ぶどう社.
17) 厚生労働省 (2014年), 平成25年度工賃 (賃金) の実績について.
18) 公益財団法人荒川区自治総合研究所 (2014年), 親なき後の支援に関する研究プロジェクト報告書.
19) 手当とは月単位で金額の定めがあって, 定期的に支給される. 図表V–13の手当を上から順に説明する. 心身障害者福祉手当は東京都と荒川区の制度で (1974年度スタート), もっとも受給者が多いものである. 月額は1万5,500円と9,500円とがある. 特別障害者手当は重度の障害状況にあって, 日常生活で常時特別の介護が必要な人に月額2万80円支給される. 障害児福祉手当は20歳未満で重度の者に支給され, 月額1万5,500円, 経過的福祉手当は無年金者対策として支給されるもので, 月額3万3,000円もしくは2万6,000円である. 重度心身障害者福祉手当は東京都の制度で主旨はさきの特別障害者手当と同じだが, こちらは月額6万円である. 心身障害者扶養年金は障害をもつ人の保護者が掛金を納付していて (ただし, 加入年度の初日の年齢が65歳未満), その年金受給をいう.
20) コラボレーションの概念, 考え方に関しては, 二神恭一 (2008年), 産業クラスターの経営学・メゾ・レベルの経営学への挑戦, 中央経済社, 参照.
21) ILO (2015), *Decent Work for Persons with Disabilities: Promoting Rights in*

the Global Development Agenda, Geneva, p.80.
22) U.S. Agency for International Development (2009), *Transitions Towards an Inclusive Future : Vocational Skills Development and Employment Options for Persons with Disabilities in Europe & Eurasia.*

第VI章

一般労働市場における障害者雇用

1　一般労働市場参入のむずかしさ

1-1　就労支援

　前章で取り上げた日本の福祉作業所，ドイツの障害者作業所は一般労働市場の外側のシステムである。双方ともに，一般の市場原理が必ずしも作動しないところで，いわばシェルターの中で障害のある人の作業が行われていた。シェルタード・ワークである。ドイツの障害者作業所は，利用者のしごと能力を高め，一般労働市場へ送り込むことを目的にして運営されていた。日本の福祉作業所はもともとは，そうした目的をもって運営されていたわけでは必ずしもなかったが，就労移行支援事業がはじまって，一般労働市場への移行を支援する場としても位置づけられるようになった。

　ただ，福祉作業所，障害者作業所だけが，一般労働市場への入口ではない。いわゆる「障害者雇用促進法」では，障害のある人について公共職業安定所（ハローワーク）が職業紹介等，職業指導等を行うことになっているが（同法第9条，11条など），現在は実に様々な機関（エージェント）が，障害のある人の一般労働市場での就労を支援するようになっている。むろん，地域のハローワークが大きな役割を果たしているのであるが，その委託で，あるいは連携して，すでにふれた特別支援学校，福祉作業所，職業開発機関，それに自治体

が就労支援に大きくかかわるようになってきている。それに，就労先の企業等の理解，支援も必要なのである。障害がある人の一般労働市場への参入はなかなか容易ではなく，その支援はひとつのエージェントだけでやれる域をはるかにこえていて，様々なエージェントの協力，連携プレイが必要なのである。今日地域に就労支援クラスターが構築されている。

なお，就労支援というとき，障害のある人がある職場に就労することで終結するのではない。当人が職場に定着するよう支援することも，きわめて大切なのである。ジョブコーチなどにとって，定着支援も大きなしごとなのである。

1-2　就労チャンネルの多様性

障害のある人の就労へのアプローチは色々ある。やや古い資料だが**図表Ⅵ-1**「障害のある人のしごとの探し方」をみられたい[1]。一番多いのは，①「自分で探した」であるが，これは他の選択肢もふくんでいるかもしれない。①を別にすると，⑥「ハローワーク，地域障害者職業センター，障害者就業・生活支援センターなど」がそれに続く。総じて「しごとの探し方」は多様だが，②，③，④あたりの本人・家族・知り合いなどの私的，個人的ネットワークを頼って探す場合と，⑥，⑦，⑧，⑨などの地域の公的機関等による場合とに大別される。私的ネットワークによる就労は3割ほどのウエートである。こちらはインフォーマル経済の域になるのかもしれない。

障害のある人についての後者の就労支援が，ここでの問題である。これらの支援機関は図表では，別々の選択肢になっていて，たしかにそれぞれ独立した，独自の機能を果たしているのであるが，障害のある人の就労支援では，連携してことに当たっている。

その中にあって，地域のハローワークの果たす役割は非常に大きい。近年は市区町村といった基礎自治体も障害者福祉の一環として就労支援に乗り出し，これに力を入れるようになっている。障害のある人にとって，ハローワークよりも基礎自治体の窓口のほうが，距離的に近いことが多いし，他の福祉サービスも受けていることもあって，アクセスしやすいし，より身近な存在であろう。基礎自治体ならではの，きめ細かいアウトリーチの支援・サービスも受けられる。

●図表Ⅵ-1　障害のある人のしごとの探し方

①	自分で探した	163(人)	18.5(%)
②	家族，親族の紹介	80	9.1
③	家族・親族などの経営する会社・店で働いた	26	3.0
④	知り合いの紹介	142	16.2
⑤	障害者団体の紹介	93	10.6
⑥	ハローワーク，地域障害者職業センター，障害者就業・生活支援センターなど	152	17.3
⑦	学校，各種学校の紹介	128	14.6
⑧	職業能力開発校など職業能力開発施設の紹介	29	3.3
⑨	福祉事務所，市町村役場，福祉サービス機関のあっせん	92	10.5
⑩	起業した	60	6.8
⑪	その他	55	6.3
⑫	回答なし	44	5.0
⑬	回答者数	879	100.0

(注)　「どのような方法で仕事を探しましたか。利用した方法すべてに○をつけてください」という問いに対する回答結果。
(出所)　内閣府（2007），『障害者施策総合調査　「雇用・就業」に関する調査報告書』79ページ。

以下，荒川区を例にとって，基礎自治体による障害のある人に対する就労支援を取り上げる。この視角から，現在の就労支援の状況とあり様がよくみえてくるのではないか。

2　就労支援クラスター

2-1　市区町村と就労支援

障害のある人に対する就労支援については，荒川区は2003年に荒川区障害者就労支援センター，じょぶ・あらかわを設けた。荒川区社会福祉協議会の中に窓口があり，荒川区の委託事業として就労支援が行われている。

市区町村，基礎自治体では，この時期あたりから地域のハローワークと連携

して，就労弱者のための支援の窓口を設けるという動きが出ていた。障害のある人をはじめ，高齢者，子育て中の母親，とくに母子家庭の母親，引きこもりの若者など。荒川区の場合だと，設置の時点は前後するが，就労支援課，JOBコーナー町屋，マザーズ・ハローワーク，子育て女性のおしごと相談デスク，わかもの就労サポートデスクが設けられる。福祉において，自立可能な人については，就労を奨め，支援しようという考え方が前面に出てきたことによるものだろう。様々な事情をかかえる対象者に寄り添って，ケース・バイ・ケースで支援していく問題の一環であるのかもしれない。対象者に身近な基礎自治体が乗り出してこそ，就労にしても，支援の有効性が高まる。

　じょぶ・あらかわでは，どんな支援をしているのか[2]。その支援は非常に包括的であって，ハローワーク的意味での就労支援をこえている。障害のある人の就労ニーズとともに，健康，生活支援，権利擁護などのニーズも視野に入れ，それらを汲み取り相談にのり，必要な個所や人につなぐ。とはいうものの，就労支援機関であるから，就労の相談にのること，むろん情報を提供し，助言すること，とりわけ障害特性など個別の事情をよく聞き，就くことのできるしごとに関する情報を提供し，説明し，助言すること，地域の受け入れ先をさがすこと，新たな職場を開拓することなどが，主たる業務になる。これらのほか，就労のあとの定着支援や，就労・定着のための生活支援も行う。

　じょぶ・あらかわのスタッフは常勤2人，非常勤3人の5人である。この中に2人のジョブコーチがいる。すぐあとでふれるが，じょぶ・あらかわの支援を受けるためには利用者は登録をするのであるが，登録者は増加していて，スタッフ1人当たりの担当ケース件数も多くなっていて，2006年度末に30件であったのが，2014年度末には81件にまで達している。

　じょぶ・あらかわの就労支援の特色は，他の機関との連係プレイであろう。まずは，地域のハローワークとの連携であって，荒川区の場合，区内にそれがなく，隣接区に所在するハローワーク足立と連携している。ハローワークは本来的「職業紹介・指導」機関であるし，その分，相応の公権力をもち，就労支援の高いノーハウと広域のネットワークをもっている。すでに特別支援学校，職業開発校，福祉作業所とも連携しているし，それに求人側の企業等ともパイプをもっている。こうした連携ネットワークの中に，じょぶ・あらかわも加わ

るわけである。

　また当然，じょぶ・あらかわはさきほどふれた区の就労支援課，マザーズ・ハローワークなどとの連携を密にし，協力し合っている。さらに，地域の医師，弁護士などからの助言も必要なときがある。むろん，障害のある人を支援して送り込んだ職場の使用者，上司，責任者などとも協力しなければならないし，当人の家族との連絡も欠かせない。以上のようなネットワークの中でじょぶ・あらかわの活動が行われている。

　こうした様々なエージェントの連携は，産業クラスターにも擬することができる。あるいはそれに近い事態である。障害のある人に対する就労支援クラスターと表現したい。地域にはこうした就労支援クラスターが形成されている，形成されなければならない。M. Porter（1998）によると，産業クラスターとは場所的に近接した，共通性と補完性をもつ，また競争と協力の関係[3]にある様々な組織・企業の複合体のことであり，コラボレーションを介してむすび付いている。そして，産業クラスターには川上から川下にかけて価値を付加するプロセスがふくまれる。障害のある人に対する就労支援クラスターは地域ベース，基礎自治体単位で形成される。共通性とは障害のある子ども・若者などのしごと能力の形成・アップとエンプロイアビリティの構築・向上である。補完性とは，各担当機関が補完関係にある機能，役割を分担していることである。競争し合い，協力し合うという関係にある。さらに，産業クラスターでは，変化する環境の中で存続すべく，そのためのイノベーションが大切だとされていて，大学，研究機関も加わることがある。産業クラスターのキーワードは，地域，共通性と補完性，競争と協力，コラボレーション，イノベーションであるが，障害のある人に対する地域の就労支援にとっても，これらはやはりキーワードである。障害の分野でも，イノベーションということがいわれるようになっている。ちなみに，あとでふれるドイツの障害のある人の地域のインテグレーション・プロジェクトには，大学・研究機関も積極的に参加し，実務教育を刷新しようとしているケースがある。この就労支援クラスターでの付加価値問題とはしごと能力のアップである。

　産業クラスターが形成されると，クラスター効果が生じる。それは相乗（シナジー）効果，補完効果，情報共有化などである。これに参加している企業・

組織はこうした効果を享受できる。就労支援クラスターの場合も同じであろう。
　いま,障害のある人のライフステージについて,しごと能力の形成・維持・向上のフローという視点から,荒川区の場合を例にとって,以上のような就労支援クラスターを図式化すると,**図表Ⅵ-2**のようになるであろう。フローは上方から下方へ,川上から川下へという方向になっている。少しずつ,当人のしごと能力に関し価値が付加されていく。大きく学校教育と実務教育・職業リハビリテーション・就労支援と就労・ディスアビリティ・マネジメントに分けられる。フローはフィードバックも伴う。いったんは就労したが,離職,再出発に向けて職業訓練学校で勉強するといったフィードバックである。
　第1ステージの学校教育の担い手の中心は特別支援学校・学級である。ただ,

●図表Ⅵ-2　障害のある人の就労支援クラスター

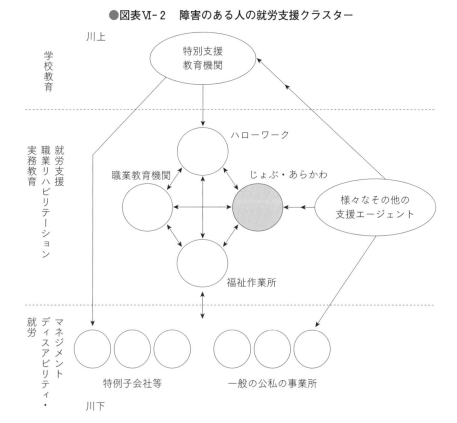

一般教育を受けた者の中にも，後日，この就労支援クラスターの対象となる者もいる。また，就学前の保育，児童デイサービスなども第1ステージの問題になる。第2ステージのフローは多様である。特別支援学校高等部の進路指導部を介して，労働市場に参入し，就労する場合も多い。また，職業開発校などを経由して就労することもある。それから，最終的に一般労働市場に参入できるとは限らない。福祉作業所においてずっと就労継続支援を受けることもある。

なお，特別支援学校高等部，とくに進路指導担当者は第2ステージの構成部分でもある。こうした第1ステージの活動は，同図表右側の支援エージェント（親の会，保健所，団体，教育委員会など）により支援されている。

第2ステージのフローの担い手は地域のハローワーク（荒川区の場合はハローワーク足立），職業開発学校，地域就労支援センター（荒川区ではじょぶ・あらかわ），福祉作業所などであって，実務教育・職業リハビリテーション，就労相談・紹介・あっせんその他の支援を行う。ここが障害のある人の就労支援クラスターの中核（コア）である。中核というのは，就労支援のため川上や川下，あるいはこのステージの他のエージェント，さらには図表の右側の様々な支援エージェントとのコーディネーションが行われるからである。荒川区の場合はコーディネーションはじょぶ・あらかわが担っている。

第3ステージは一般労働市場の公私の事業所，あるいは特例子会社，インテグレーション企業などのシェルタード・エンプロイメントの事業所である。このステージでは，ジョブコーチなどによる定着支援と，次章で取り上げるディスアビリティ・マネジメントが重要であり，さらに右側の様々なエージェントからの支援が必要である。

以上のべた就労支援クラスターは，荒川区の場合を念頭に置いたものだが，こうした就労支援クラスターができる経緯と様相は，地域によって異なるであろう。ここでは，もうひとつ神奈川県の「かながわモデル」を取り上げる[4]。「かながわモデル」では，NPO法人障害者雇用部会がコアになっている。NPO法人障害者雇用部会のはじまりは，約40年前に設立された児童医療のための財団法人にある。やがて発達障害の子ども・保護者のための「小児療育相談センター」が併設され，県域での労働組合運動に結びつき，障害のある人が働くことをテーマにした勉強会が始まった。労働行政，教育，障害者雇用を前向きに

考える企業の人たちもこの勉強会に加わり，やがて障害のある人が働くことをサポートしようという人々のムーブメントがおこり，2003年に土師修司氏によってNPO法人障害者雇用部会が設立された。2014年6月時点で，31社の特例子会社が構成員となっている。NPO法人障害者雇用部会の目的は，①障害者雇用に関する啓発活動，②障害のある者を雇用しようとする，または雇用している企業に対しての雇用安定のための支援，③障害のある者の就労を支援する関係者の人材育成を支援，④障害のある者の雇用を推進する他の組織との協働事業，⑤障害のある者が生活しやすい社会環境作りのための政策提言などである。啓発活動の内容には，企業見学会や企業分会を実施したり，企業内育成型ジョブコーチの育成事業なども行っており，ニッパツ・ハーモニーもこうした活動に参加することで，障害者雇用部会と連携している。

　図表Ⅵ-3は「かながわモデル」を描いたものである。図表Ⅵ-2のようなフローの形にはなっていないが，クラスターの要件は備えている。障害者雇用は，各組織が単独で進めても成果が上がらない。むしろ各組織がネットワークで結ばれ，ベクトルを合わせることにより，はじめて成果が上がる。同図表の中で，障害者雇用部会はコーディネーターの役割を果たしている。つまり，障害のある者の就労実現や継続的就労のためには，県内の就労支援センターと連携し，障害者雇用企業の開発と就労支援が重要となる。また，関係企業，就労支援センター，特別支援学校，県教育委員会，雇用部会で企業就労アフターフォロー

●図表Ⅵ-3　「かながわモデル」

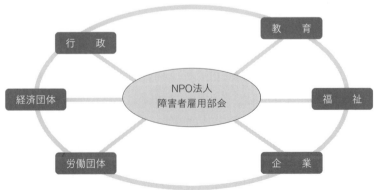

研究委員会を設け，特別支援学校から就労した生徒に対する卒業後の必要な支援について，具体的事例を分析・検討したうえで，フォローアップ体制を構築することも大切である。

2-2 じょぶ・あらかわの登録者

　以上のような地域の障害のある人の就労支援クラスターにおいて，支援を受けるのは，どのような人びとであろうか。荒川区のじょぶ・あらかわの登録者をみると，つぎのようになる[5]。2014年度の405人について年齢をみると，39歳以下が273人であって，全体の67％を占めている。しかし，40歳代も78人いて，全体の19％になる。50歳代が31人，60歳以上の人も23人いる。

　障害カテゴリーでみると，知的障害が231人，精神障害が111人であって，両者で全体の84％を占めている。身体障害は62人であり，発達障害をふくめ，難聴疾患，高次脳機能障害などの「その他」は1人にすぎない。第Ⅰ章でふれたように，障害のある人の多数は身体障害カテゴリーの人びとであるが，基礎自治体の就労支援では，それが少数派になる。

　知的障害と精神障害はライフステージのはじめ，あるいは早い時期に生じ，就労期にその大きな阻害要因になるのに対し，身体障害のカテゴリーでは，人びとは健康な状態においていわゆる「一般枠」で就職し，その後に疾病，事故などにより身体障害状況に陥るというケースが多い。加齢とともに，身体障害のリスクが高まる。このことは，特別支援学校・学級の障害のある子どものカテゴリー別構成と20歳以上の障害のある者のカテゴリー別構成のちがいを対比するとき，わかるところである。格別の支援が必要なのは，知的障害，精神障害なのである。

　次に，障害グレードをみる。知的障害では，1度の人はいない。2度は数人にすぎない。ほとんどが3度と4度であり，とくに4度の人は知的障害の231人のうちの185人，80％を占める。精神障害では111人のうち，2級と3級で104人になる。身体障害肢体33人については，1～3級が26人，4～7級が7人となっている。総じて知的障害の3度と4度ならびに精神障害の2級・3級の人が断然多数派になる。手帳を所持しない人は精神障害と発達障害とで1人ずついる。

じょぶ・あらかわの登録者は，同所に登録していて，福祉作業所で働いていたり，リハビリテーション施設で実習中であったり，待機していたり様々である。トライアル雇用中の者もいる。こうした状況の人たちに対し，じょぶ・あらかわは多様な就労支援をしているわけである。
　じょぶ・あらかわの最大の眼目，アウトカムは，登録者を1人でも多く，しごと能力をたかめ，一般労働市場へ送り込むことである。そのための準備的支援を行ったり，就労後の定着を支援するのも重要であるが，しごと能力のアップと就労という実績こそが，問われるのではなかろうか。ちなみに，2014年度の新規就労者は28人，離職者は2人であった。
① 　この28人の人的プロフィールの一端は以下の通りである。性別は男性は19人，女性は9人であって，男性が多い。
② 　就労時の年齢は，**図表Ⅵ-4**の通りであって，10歳代から50歳代にまたがっている。29歳までが13人，30歳以上が15人になる。
③ 　障害カテゴリーとグレードでは，愛の手帳所持者15人（4度12人，3度2人），身体障害者手帳所持者7人（3級5人，2級2人），精神保健福祉手帳所持者6人（3級5人，2級1人）であって，知的障害が全体の53％を占める。
④ 　受けた学校教育では，一般教育を受けて就労し，働いていて，しごとがうまくできなくなり，医師等に相談して，障害だと指摘されるなどのケースが多い。つまり，一般枠で就労したが，しごとが続けられなくなり，辞めて治療していて，体調も良くなってきたので，障害者枠で就労しようとして，じょぶ・あらかわに登録し，就職できたというケースのほうが多い（13ケース）。つまり，新規就労者全体の半分近くが，一般枠で就労したものの，なんらかの理由でしごとを辞め，じょぶ・あらかわに登録し，障害者枠で再就職をめざし，再就職したことになる。担当者の話では，近年こ

●図表Ⅵ-4　新規就労者の就労時年齢

年　齢	19歳以下	20～29	30～39	40～49	50～	計
人　数	3人	10	5	6	4	28
構成比	10.7%	35.7	17.8	21.4	14.3	100

のパターンが増えている。企業などの事業所・職場が競争の激化，長時間労働，IT化，人間関係などによって従業者に心身の緊張を強いる厳しい状況になってきて，心身の弱い人はそこから弾き出されてしまうのであろう。しかし，そうした人に対する施策としてのディスアビリティ・マネジメントはまだよく整備されてはいないのであろう。自己都合で職場を辞めて治療とリハビリテーションに努め，改めて就労に挑戦するのである。じょぶ・あらかわと相談し，「障害者枠」で就労支援を受けて，復職するというケースである。

⑤　受けた学校教育では，特別支援教育を受けた者の比率は，必ずしも高くはなかった。その点が不明の人を除くと，特別支援教育を経た者は7人であった（うち1人は特別支援学級）。一般教育を受けて，しごとに就き，働いていて，自らがなにか心身に支障を感じ，あるいは医師からの指摘を受けて休職するというケースが多いことが裏付けられる。なお，特別支援学校卒業生の場合は，高等部の進路指導で，じょぶ・あらかわなどを経ずに，就労するケースも多い。とくに第Ⅳ章でふれた特別支援学校高等部の場合は，就職率が非常に高い。

⑥　28人の雇用形態はほとんどが非正規である。しかし，正規従業者として就労するケースがないわけではない。雇用形態の内訳は正規雇用が2人，あとはパートタイム，契約社員，アルバイトなどである。パートタイム就労者と契約社員が多い。正規で雇われたのは，愛の手帳4度の18歳女性と，身体障害者手帳1級の51歳男性であった。

⑦　賃金。賃金は時給で示されている場合と月給のかたちをとっているケースとがある。正規従業者にはむろん，月給が支払われているが，契約社員の大部分と嘱託社員も月給になっている。最高額が25万円であり，もっとも低い場合が12万円である。正規従業者2人と，契約社員ならびに嘱託社員のほとんどには社会保険も付いている。時給は850～1,050円のあいだに分布している。

⑧　事務所での担当業務は事務補助がもっとも多くて，13人がデータ入力，廃棄文書処理，メール受発送作業，封入，ファイリング整理，DM折込，資源ゴミ回収などを行っている。次に多かったのが清掃であって，11人が

そうしたしごとに従事することになっていた。中には事務補助と清掃の両方をやる人もいた。

3　特例子会社

3-1　概　況

　日本の特例子会社の法的枠組みについては，すでに第Ⅲ章で説明した。それは民間企業の事業所での障害のある人の受け入れを促進する特例措置として生まれたものである。特例子会社は以前の表現では，アンヴァリッド事業所形態であり，ILOの言い方ではシェルタード・エンプロイメントである。同種のものとして，あとでふれるドイツのインテグレーション企業がある。

　特例子会社は増加傾向にあって，2004年において153社であったのが，2012年には349社と2倍以上に増えている（**図表Ⅵ-5参照**）[6]。2015年には，さらに391社になっている。障害のある人の雇用者実数も2004年の4,186人から2012年の1万1,892人に増加している。2015年には2万2,309人にまで増えている。しかも，注目すべきは，のべ人数において身体障害のウエートが以前は非常に高かったのが，近年は知的障害のそれが高くなったことであり，2012年には，身体障害カテゴリーと知的障害カテゴリーが逆転して，後者の人数のほうが多くなっている。また，精神障害カテゴリーも，人数自体は多くはないが，増加傾向にある。

●図表Ⅵ-5　特例子会社数と雇用障害者数の推移

年（いずれも6月1日現在）	2004	2005	2006	2007	2008	2009	2010	2011	2012
特例子会社数	153	174	195	219	242	265	283	319	349
障害者数（人）(重度ダブルカウント)	6,861	7,838	9,109	10,509.5	11,960.5	13,306	14,562.5	16,429.5	17,743.5
身体障害者数	5,078	5,629	6,127	6,639	7,107	7,470	7,752	8,168.5	8,384
知的障害者数	1,783	2,209	2,932	3,721	4,612	5,478	6,356	7,594.5	8,470.5
精神障害者数	−	−	50.0	149.5	241.5	358.0	454.5	666.5	889
障害者数（実人員）	(4,186)	(4,853)	(5,695)	(6,650)	(7,679)	(8,635)	(9,516)	(10,883)	(11,892)

（出所）　厚生労働省の各年の「障害者雇用状況の集計結果」より作成。

3-2　特例子会社のケース

(1)　株式会社ニッパツ・ハーモニーのケース

　株式会社ニッパツ・ハーモニーは，親会社である日本発条株式会社の特例子会社として，2002年3月14日に設立された[7]。ニッパツ・ハーモニーの資本金は770万円であり，出資比率は日本発条㈱91％，日発販売㈱9％となっている。**図表Ⅵ-6**は，売上高の推移を示しており，拡大傾向にある。2014年の売上高は1億4,620万円である。

　社名にある「ハーモニー」は，それぞれは異なった声でありながら素晴らしいハーモニーを奏でるように，障害のある人もない人も，共に調和しながら，「社員の自立」，「社会との共生」を目指す意味が込められている。

　なお，親会社の日本発条株式会社は1939年9月に設立され，資本金は170億957万円，売上高は6,014億円，事業内容は懸架ばね，シート，精密ばねなどの製造である。

　従業員は，2016年3月時点で知的障害のある者が53人であり，そのうち重度

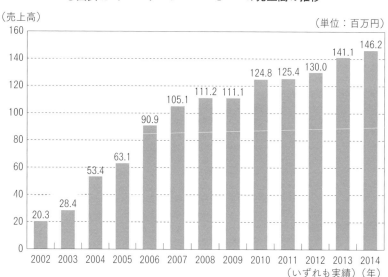

●図表Ⅵ-6　ニッパツ・ハーモニーの売上高の推移

障害のある者が29人となっている。横浜事業所の人数は，27人となっている。性別は，男女比が約3：2である。平均年齢は，約28.1歳である。勤続年数10年以上の勤続者も13人いる。

　なお，**図表Ⅵ-7**はニッパツ・グループの障害者実雇用率の推移を示しており，2015年6月の障害者実雇用率は2.14％である。

　最近3年間で，全体18人の内訳は，新卒15人，中途3人である。つまり，採用ルートはほとんど（8割以上）が新卒採用であり，補充者のみ中途採用である。新卒採用については，県教育委員会と連携しながら県内の特別支援学校の生徒たちの実習を受け入れている。高等部2年生のときの約1週間の実習，3年生のときの約1週間と約2週間の合計3回程度の実習を経験したものの中から，適性のある生徒を採用することが多い。

　また，中途採用については，特別支援学校と連携しながら職業訓練機関にいる卒業生の紹介や障害者就労支援センターから適当な人材の紹介によって，採用することが多い。

　しごとの内容には，清掃業務（浴場，トイレ，廊下，階段，更衣室，食堂床など），構内廃棄物回収と分別作業，構内緑化作業，生産補助作業（容器清掃），

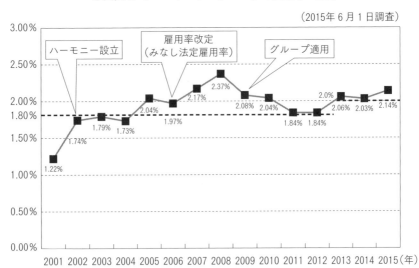

●図表Ⅵ-7　ニッパツ・グループの雇用率の推移

事務補助作業，郵便物集配作業，会場設営などがある。

　障害のある従業員の職務態度は，真面目でこつこつしごとをするタイプが多いという。定着率は高く，入社3年以内をみると，約9割程度であるという。高い定着率の背景については，のちほど分析したい。

　初任給は，神奈川県の最低賃金905円に労働時間（7時間40分）を乗じたものに，夏と冬の年2回1ヶ月分の賞与が加算される。

　従業員の目標には，「やる気：働く意欲をもって社会に参加しよう」，「根気：根気強く可能性に挑戦しよう」，「元気：明るく元気に頑張ろう」がある。これらの3つ「やる気」，「根気」，「元気」を日々実践していけるように，ニッパツ・ハーモニーでは朝礼，昼礼，終礼を行っている。朝礼では，健康チェックやラジオ体操，今日の目標の確認，作業説明，リーダー輪番制によるオ・ア・シ・ス（おはようございます，ありがとうございます，しつれいします，すみません）の唱和が行われている。昼礼でも，健康チェックや今日の目標の確認，作業説明が行われ，終礼では，業務日誌の記入によって，1日のしごとの振り返りが行われている。

　しごとのモットーは，スピードよりも，丁寧にやることを基本にしているという。知的障害のある従業員は，ちょっとした変化への適応が難しいため，それぞれの適性をみて得意のしごとをもたせるとともに，少しずつしごとの範囲を広げていく指導をしているという。

　ひとりの指導員は，障害のある従業員4～6人を担当している。研修で指導員が従業員の業務内容について半月から1，2ヶ月かけて指導した後，基本的には従業員がひとりで作業を行う。指導員は，巡回して従業員のしごとの出来映えを確認する。必要があれば，その都度指導をして作業改善や環境改善を行うという。

　なお，毎年障害のある従業員の何人かはアビリンピックという障害者技能競技大会に出場しており，入賞した者もいるという。こうした活動が障害のある従業員のモティベーション向上にも役立っている。

　ニッパツ・ハーモニーは，さきにふれた就労支援クラスター「かながわモデル」を形成するひとつの企業である。同社はNPO法人障害者雇用部会のメンバー企業でもある。**図表Ⅵ-8**はニッパツ・ハーモニーを中心にした地域の

●図表Ⅵ-8　ニッパツ・ハーモニーと神奈川県の支援ネットワーク

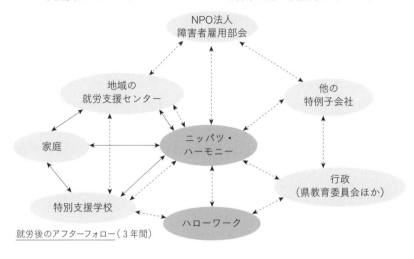

就労後のアフターフォロー（3年間）

様々なエージェントとのかかわりを示したものである。

　ニッパツ・ハーモニーは，定着支援において地域の特別支援学校や就労支援センターと連携している。特別支援学校は，卒業生が就職してから3年間，約半年に1回のペースで巡回し，卒業生の様子をフォローするという。4年目からは，就労支援センターが巡回し，問題などが生じた場合には，家庭とも連携しながら問題解決に取り組むという。ちなみに，障害者雇用部会には，企業分会や企業見学会などによる交流もあり，ニッパツ・ハーモニーはこうした交流にも加わっている。県教育委員会や特別支援学校とは，実習生の受け入れなどにおいて連携がとれている。家庭とも就職前の説明会や個別面談などで情報を共有し，連携している。

　このように，就労支援クラスター「かながわモデル」によって，ニッパツ・ハーモニーの障害者雇用の成果があがっているといえるだろう。

　ニッパツ・ハーモニーでは，個人個人の特性をしっかりと理解・把握したうえで指導することによって，その能力を発揮できるという視点から障害者雇用を行っている。

　したがって，それぞれの障害のある者の適性を把握して得意なしごとをもたせるとともに，障害のある者の職域を少しずつ広げることがこれからの指導の

ポイントであろう。

また、働くというモティベーションを維持するために、家庭や就労支援センター、学校との連携もとても重要である。

このように、特例子会社として採算をとりつつ、障害者雇用の促進と障害のある従業員のフォローを継続することが今後の課題といえるだろう。

(2) 株式会社ニコンつばさ工房のケース

2000年8月、株式会社ニコンつばさ工房は、株式会社ニコンの特例子会社として設立された[8]。それまでニコンでは、障害者雇用について人事部が中心になって各製作所が取り組んでいたが、いわゆる「障害者雇用促進法」が改正される中、障害者雇用のいっそうの実現に向けて、1999年12月に検討チームを発足させたという。2000年1月に検討チームは、特例子会社設立準備室となり、他の特例子会社や通所授産施設の実態調査を重ねたのち、知的障害のある人を雇用するため、ニコンつばさ工房を設立するに至った。

なお、社名は、3つのつばさがほしいという願いの同社の企業理念からついたという。ひとつは、障害のある人たちが困難を乗り越え、社会へ羽ばたいて自立するためのつばさがほしいという願いである。2つめは、独立企業としての事業経営の自立を目指すため、企業が飛びつづけるつばさがほしいという願いである。3つめは、障害のある人とない人が共に社会に貢献していくため、同じ空を飛ぶためのつばさがほしいという願いである。

設立当初、同社は就労支援センターに登録されている知的障害の20人を面接と実技試験を実施したうえ、10人を採用、3ヶ月のトライアル雇用を経て、正式採用した。B_1（中度）が8人、B_2（軽度）が2人であった。

しごと内容は、各種光学製品用部品の加工および組立作業、各種光学製品用部品の梱包業務などである。

障害のある従業員の職務態度は、こつこつとしごとを一生懸命やるタイプが多いという。定着率も高く、2年間で100％、3年目で80％程度だったという。

ニコンつばさ工房創設者の森藤武元社長によると、当初の不安とはうらはらに、障害のある人たちのしごとぶりは真面目で、しごとも成果をあげ、障害のある人たちの大きな可能性を実感したという。そのため、ニコンのものづくり

に障害のある人たちを参加させたいと考えるようになり，ニコン製品の部品組み立て，電子部品の基板実装作業，顕微鏡改良作業など複雑なしごとを担当してもらうことを決断したという。

　障害のある人たちが複雑なしごとを理解しやすいように，作業工程や手順を分解して写真で図解したのち，スタッフが実際にしごとをやってみせ，納得がいくまでOJTによって繰り返し教え込んでから，障害のある人たちにしごとを担当してもらうというプロセスを踏んだという。10人の障害者に対して2人のものづくりのエキスパートとひとりの助手が指導にあたったという。実際にしごとを担当させてみて課題があれば，工程を改善したり，補助工具を作って工夫したという。その結果，障害のある従業員たちもものづくりに参加できるようになった。たとえば，顕微鏡改良作業であれば，延べ76日間で4,400台完成（2000年11月～2001年4月）の実績をあげた。なお，**図表Ⅵ-9**は顕微鏡改良作業の工程を図示したものである。同図表でAの人は，改良された顕微鏡の

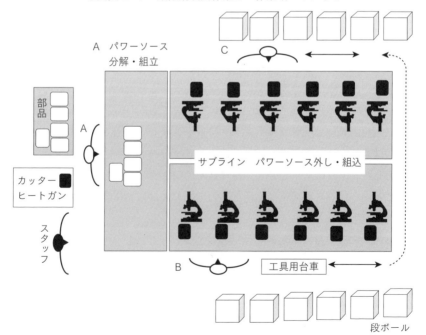

●図表Ⅵ-9　顕微鏡改良作業Ⅱ　作業域レイアウト

部品を組み立てるという，やや難度の高い作業を行っている。ＢとＣの人は，顕微鏡の不具合のある部品を取り外し，Ａが新しく組み立てた顕微鏡の部品を組み込む作業を行う。

　障害のある従業員の能力・技能を開発・育成するのに有効だったのが，技能マップである。**図表Ⅵ-10**は，技能マップを示している。たて軸にしごと，よこ軸に従業員を示すことで，個人別にどんなしごとができるのかを一覧にしたものである。

　ひとつのしごとを経験するたびにその人のしごとの欄が塗りつぶされていくので，技能マップを職場内に掲示することによって，障害のある従業員がどん

●図表Ⅵ-10　技能マップ

しごと ＼ 人（従業員）	A	B	C	D	E	F	G	H	I	J	K
個装	■	■	■	■	■	■	■	■	■	■	■
メタルエッチング	■	■	■	■	■	■	■	■	■	■	■
気泡管	■				■	■	■	■			■
フォーミング	■	■	■	■	■	■	■	■	■		■
マスキング	■				■		■				■
ハーネス	■	■	■		■	■	■	■	■	■	■
ゲートカット		■					■				
リードカット		■									
コネクターカット	■				■						
抵抗選別	■										
塗料溝入れ	■				■		■				
対物飾り環交換	■				■		■				
作業服リサイクル	■	■	■	■	■	■	■	■	■	■	■
スタンプ押印	■		■		■		■				■
荷札ゴムセット	■				■		■				■
顕微鏡改良	■										
顕微鏡改良Ⅱ	■	■	■								
封印作業	■	■	■	■	■	■					■
イマージョンオイル袋詰め	■										■
裏紙コピー用紙	■	■	■	■	■	■	■	■	■		■

（注）　■　経験したしごとを示す。

なしごとを経験したかが一目瞭然となる。その結果，日々のしごとの変動に応じて障害のある従業員をどのように配置すれば生産効率が良いのか，障害のある従業員がやりがいを感じるしごとは何であるかが明らかになり，障害のある従業員1人ひとりの能力や適性を見い出すことが可能になったという。技能マップの導入によって，障害のある従業員の特性，適性に合ったしごとを提供すれば，素晴らしい能力を発揮することが立証され，障害のある人自身がしごとに自信をもち，人間的にも成長していったという。

丁寧で根気よくしごとをする人，体力を要するしごとが得意な人，手先が器用な人，しごとのスピードは遅くても安心して任せられる人など，障害のある人には様々なタイプがいるが，その人のしごとの正確さ，丁寧さ，公正さを判断基準としつつ，その人の適性をみてしごとを配分することがとくに大切だという。「ものづくりは人づくりである」というニコンつばさ工房初代社長の森藤元社長の理念の通り，技能マップは，障害のある従業員の能力の開花に役立っている。そして，森藤元社長は，職場に個性豊かな人の集まりがいることを誇りに思い，社員の可能性が無限であると考えているという。

障害のある従業員の賃金は，会社設立当初，最低賃金に労働時間（7時間×20日）を乗じたもので，月額10万円をこえる程度であった。その後，前述の技能マップが賃金に連動するようになった。人事考課制度では，職務態度，能力，実績について評価し，月額賃金と賞与にそれらが反映される。

図表Ⅵ-11は，つばさスキルと呼ばれる技能マップに基づいた作業実績を従業員別に点数化したものであるが，設立当初からの半年間で個人差はあるものの，大きく伸びていることがわかる。

障害のある従業員の強みとしては，繰り返しの作業が得意で根気強くやり遂げること，あるいはしごとを覚えるのには時間がかかるが，覚えたしごとはしっかり行い，手を抜くようなことはしない，しっかり教えれば教わった通りに必ずしごとをするし，集中力も高いなどの点が挙げられるだろう。

反面，課題としては，判断力が弱いという点が挙げられるだろう。そうした点を考慮して，ニコンつばさ工房では障害のある従業員たちのために補助工具や作業手順を工夫して作成している。

また，知的障害がある人の場合，家庭での出来事で精神的動揺を受け，それ

●図表Ⅵ-11　つばさスキル

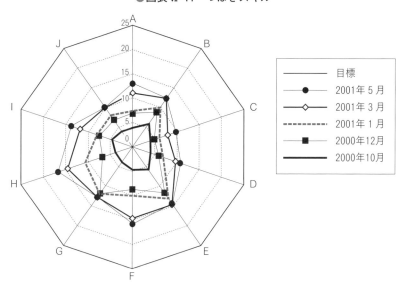

を職場にもち込むことがあるし，人間関係のトラブルが生じることもあるので，半年ごとに保護者面談をするなど家庭との連携が大切だという。

さらに，地域の就労支援センターが，巡回したりすることで，障害がある人の職場へ定着支援を行うので，地域の就労支援センターとの連携も重要である。

ニコンつばさ工房の現状について，酒井信治代表取締役社長に話を伺った。**図表Ⅵ-12**のように，2015年度の売上高は1億400万円にまで拡大している。また，障害のある従業員数も36人にまで増加している。その内訳は，知的障害者34人，精神障害者2人である。全体の27.8％の10人は，重度障害者であり，約半数の17人は，自閉的傾向がある。男性は32人，女性は4人であり，平均年齢は32.7歳である。特別支援学校卒が19人であり，大卒は2人である。なお，2015年度の障害者雇用比率も，**図表Ⅵ-13**のように，2.29％にまで伸びている。

しごと内容にも，時代のニーズに合わせて，変化がみられている。これまでのしごとに加えて，データ入力や保存文書の電子化，ソフトの書込み，電子磁気媒体のイレーズなどの情報処理業務，整面，ラミネート，露光，現像，剥離といったメタルエッチング業務，デジタルカメラの基板カバー板，ペンタ押さ

●図表Ⅵ-12　株式会社ニコンつばさ工房の売上高，障害者雇用数推移

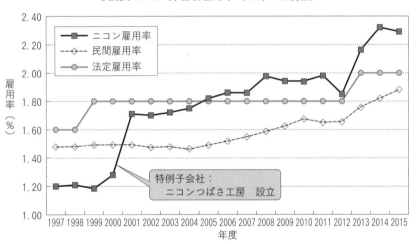

●図表Ⅵ-13　障害者雇用率（6月1日現在）

え板，ハーネスなどデジタルカメラの部品加工業務が増えている。逆に，受注の関係で，顕微鏡改良作業は現在行われていない。なかでも，メタルエッチング業務は，いくつかの工程から構成される，複雑な業務で，熟練の技が必要とされているが，技能マップを作成することによって，障害のある従業員たちがそうした業務を担っているという。

なお，酒井社長によれば，障害のある従業員の能力開発の考え方，指導方法や支援体制は，設立当初とほとんど変わっていないという。つまり，障害のある従業員の特性をよく理解したうえで，適材適所にしごとを配分すること，手順書を構造化することによって，視覚に訴えた情報伝達をすること，目標を設定し，技能マップを活用して，能力レベルを可視化することなどである。スタッフたちは，福祉的な視点を取り入れつつも，基本的にはものづくりは人づくりであるという考え方に基づいて，障害のある従業員たちを指導している。指導の基本は，しごとを「やってみて，やらせてみて，さらに確認する」ことだという。

　採用ルートも，設立当初と同様，就労支援センターを通じての中途採用が多いという。

　賃金については，現在では初任給13万4,400円となっており，昇給もあるし，ボーナスも半年に１回支給されるという。

　求める人材像には，社会性，意欲，元気のある人材であり，そのためには家庭のフォローが欠かせないという。

　酒井社長によれば，今後の課題としては，まずひとつめには，高齢化の問題が挙げられるという。本人のみならず，親の高齢化も深刻である。２つめには，業務の拡大である。新規業務の開拓と確保が切実な課題といえるだろう。３つめには，付加価値の高いしごとができる人材の育成である。そのために，障害のある従業員の可能性へ挑戦することが大切だという。最後には，雇用機会を創出するために拠点を拡大することであるという。

　本ケースの特徴は，障害のある従業員たちの技能マップを作成することによって，障害のある従業員の能力・技能を開発・育成するのに成功した点であり，そのことによって，障害のある人たちが複雑なしごとを行うことを可能にし，ものづくりに参加することができた点である。知的障害の場合，複雑な（complex）しごとを担うのは無理ではないかという考え方が一般にあるが，ニコンつばさ工房のケースは，周到な準備と支援をすれば，こうした一般の考え方が妥当しないことを立証するものである。工夫と努力を積み重ねていく中で，知的障害のある人びとの職域も広がっていくことが期待できる。第Ⅰ章で取り上げたStalkerとHarrisを再び引用すると，「選択の機会が非常に少ない

か，あるいは制限されているために，選択力が未発達のままになっているものの，重度の知的障害のある人をふくめ，すべての知的障害のある人は判断を行ったり，選好を示すための一定程度の選択力を有している」[9]。「ものづくりは人づくりである」というニコンつばさ工房初代社長の森藤元社長の理念にあるように，障害のある人たちがものづくりというしごとによって成長し，働くことに誇りや生きがいを感じてくれるようになった，示唆に富むケースである。

特例子会社は第Ⅲ章でのべたように，企業において障害のある人の雇用率を高めるための特例措置として設けられた仕組みである。多くの場合，企業ないし企業グループから障害のある人が担当できるしごとを切り出し集めて，特例子会社の業務とし，そうした人を雇う。

だが，特例子会社をもっと積極的に，つまり企業ないし企業グループの全体的戦略（いわゆるコーポレート・ストラテジー）の一端の担い手として位置づけ，障害のある人にも戦略的役割を担ってもらっているところもある。株式会社エフピコがそうである。同社の特例子会社ダックスでは大勢の障害のある従業員が働いており，しかも大勢の重度の人が作業している。株式会社エフピコでは特例子会社ばかりか，就労継続支援Ａ型もグループ内に取り込んで，その戦略の担い手として活用している。就労継続支援Ａ型は雇用型とよばれていて，市場との親和性があるものであるが，株式会社エフピコでは，そのベストプラクティスがみられる。同社は第Ⅱ章でふれた2015年度の「ダイバーシティ企業100選」の中に入って表彰されている。

株式会社エフピコの特例子会社と就労継続支援Ａ型が成功裡に運営されているのは，以下で取り上げるように，それぞれでの長年の努力の結果であるが，同時にエフピコグループの中で本章のはじめのほうでのべたグループ内の事業間での情報共有化，補完，相乗効果などといったクラスター効果によるところも大きい。

4　株式会社エフピコのケース

株式会社エフピコは，生鮮食料品や惣菜，弁当などに使用される食品トレー容器の専業メーカーとして，1962年に広島県福山市で創業した。2016年3月期

の売上高（連結）は1,702億円，経常利益（連結）は140億円となっている。従業員数は，795人（エフピコグループ：4,332人）である。

株式会社エフピコの障害者雇用の取り組みは，知的障害のある子どもをもつ親の会「あひるの会」との出会いに始まる。子どもたちが働く場を作ろうという親の会の熱意に応えて，1986年に株式会社ダックスを設立（後に特例子会社に認定（1992年））し，1996年には㈱ダックス四国を設立（1998年に特例子会社認定）した。「経営として成り立つ障害者雇用を行う。だからこそ，障害のある人の力を十分発揮してもらう」という経営方針のもとで，「働いて生きる」という当たり前のことを実現するために努力を重ねてきたという。

2006年には，民間の営利法人で初となる就労継続支援A型の広島愛パック株式会社を設立し，2009年からは，エフピコ愛パック株式会社として就労継続支援A型事業を展開していった。

2016年3月時点で，特例子会社4社（㈱ダックス，㈱ダックス四国，㈱ダックス佐賀，㈱茨城ピジョンリサイクル），就労継続支援A型事業1社（エフピコ愛パック㈱）を有し，障害のある従業員を主力とする事業所は全国で18ヶ所となり，エフピコグループ全体（連結33社）の障害者雇用人数は374人（障害者雇用率換算数：647人）であり，障害者雇用率は14.56％となっている（**図表Ⅵ-14**）。障害の種別では，知的障害90％，身体障害9.6％，精神障害0.3％となっている。障害の程度では，重度73％，重度以外27％となっている（**図表Ⅵ-14**）。性別では，男性が全体の72.6％，女性が27.4％となっている。年齢層では，20代が全体の48％，30代が30％である。

障害のある従業員は，簡易食品容器製造とリサイクルの2つの事業で活躍している。

簡易食品容器製造事業では，発泡トレー，透明容器，折箱タイプ容器の製造を行っている。比較的少量多品種の製品製造を担い，大工場との役割分担をしている。障害のある従業員たちは裁断，組立から検品，包装の最終工程まで担当している。

リサイクル事業では，使用済みトレーを回収し，再びトレーに戻す，いわゆる「トレーtoトレー」という循環型リサイクルを実現している。ここで，障害のある従業員たちは，高品質な再生原料にするために，発泡トレーや透明容器，

●図表Ⅵ-14　エフピコグループにおける障害者雇用状況

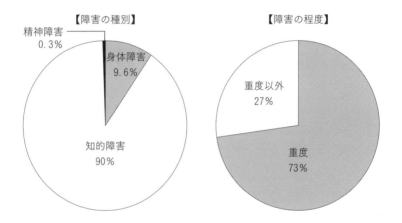

※2016年3月31日時点

障害のある従業員	374名
内訳　身体障害 　　　知的障害 　　　精神障害	36名（うち重度12名） 337名（うち重度262名） 1名
雇用率換算数	647名
障害者雇用率	14.56%

【障害の種別】
精神障害 0.3%
身体障害 9.6%
知的障害 90%

【障害の程度】
重度以外 27%
重度 73%

　PETボトルの選別作業を行っている。回収したトレーの不適品の選別や白・柄別の分別は当初機械が行っていたが，2008年より障害のある従業員が担当して手作業で選別を行うようになり，生産性と精度が格段に上がるようになったという。これら原料を使用して製造される「エコトレー」，「エコAPET」は，エフピコ独自の強みでもあるという。

　このようにエフピコでは，障害のある従業員が，リサイクル，食品容器製造という基幹業務のなかで，貴重な戦力として活躍している。

　特例子会社ダックスの過去3年間の定着率は，95%である。平均勤続年数は，2016年7月時点で20.8年となっている。障害のある従業員の職務態度は，集中力が高く，細かい作業についても根気と忍耐力をもって真面目に取り組んでいるという。

　特例子会社ダックス四国福山工場では，透明容器選別を行っている。障害の

ある従業員は15人であり，スタッフは6人である．障害のある従業員のうち，障害者手帳上の最重度が8人，職業的重度が9割をこえている．男性が10人，女性が5人である．年齢層は，20歳代から30歳代で，平均年齢は28.1歳（平成28年8月時点）である．定着率は95％で，欠勤率も極めて低い．身分は正社員で，保険や退職金共済にも加入している．休日出勤や残業もある．障害のある従業員は，数値目標を自分で設定し，上司がそれに基づいてアセスメントを行っているという．ただ，目標達成のみならず，勤務態度，意欲や障害特性を鑑みて総合評価しているという．評価に応じて昇給もあるし，主任補佐に昇進している者も2人いる．

特例子会社ダックスやダックス四国のこうした高い定着率を導いている取り組みのひとつに，従業員ケース管理がある．エフピコ特例子会社グループには，100人をこえる障害のある従業員と約70人の健常スタッフがいる．スタッフ一人ひとりが現場で起きたことや課題，気付きについて全事業所間で共通フォームを使用し，クラウド上でリアルタイムに投稿，共有する仕組みが，従業員ケース管理である．従業員ケース管理の項目には，障害種別，手帳区分，就労判定，特性上の問題，ケース区分，ケース内容，対応内容，対応結果・現状などがある．この仕組みの強みは，投稿されたケースが全事業所の管理者および社長に即日配信され，各々が目を通してコメントを返すことができる点，現在は現場を離れている管理者たちが，これまでどのように障害のある従業員たちと向き合ってきたのか，どのようなことで躓き，どのようなきっかけで乗り越え，どのような想いで彼（彼女）らと働いてきたのかをデータとして蓄積できる点である．なお，自社のみならず，取引先30社以上を中心に他企業の障害者雇用のコンサルタントも行っており，障害者雇用連携ネットワーク会を設立している．障害のある従業員を基幹業務のなかで戦力として活用する，エフピコのモデルケースを研修で体験して自社に応用する他企業も多い．

就労継続支援A型事業のエフピコ愛パック福山工場では，折箱タイプ容器製造等簡易食品容器製造を行っている．障害のある従業員16人全員が正社員雇用であり，そのうち最重度が3人である．男性10人，女性6人である．年齢層は18歳から48歳で，平均年齢が31.4歳であるという．

本節の冒頭でもふれたように，エフピコ愛パックは民間の営利法人で初とな

る就労継続支援Ａ型事業である。石川管理者によれば，一日８時間の労働をしっかり行って，採算性を重視しているという。公費で運営していることを意識しつつ，６人のスタッフが長期的な視点で障害のある従業員たちを育成しているという。また，スタッフたち自身も障害のある従業員たちの手本となるように，定例会議を開催して障害者特性について勉強したり，地域と連携しながら集団指導研修に参加したりして，就労支援ネットワークや発達障害者支援ネットワークを形成しているという。地域の特別支援学校の生徒を実習で受け入れるなど産学連携もとれている。

　また，Ａ型事業のエフピコ愛パック福山選別センターから１人の従業員が特例子会社ダックス四国福山工場の方に移行し，就職したケースもあるという。こうしたＡ型事業と特例子会社の連携は，障害のある従業員たちのモティベーションの向上，チームワークや会社への愛着にもつながるだろう。

　且田障がい者雇用責任者によれば，障害のある従業員の強みはこうしたチーム力であり，お互いを認め合い，協力する力であるという。現場では，障害のある先輩の従業員が，障害のある後輩の従業員にしごとのやり方や改善点などを教えたりする光景もよくみられるという。教えることで，自分の力が必要とされているという，本人の自信にもつながり，職場の一体感も生まれるという。また，障害のある従業員のノウハウを継承する気持ちも高いという。このように，障害のある従業員同士も切磋琢磨しているという。障害のある従業員一人ひとりが，基本的に最初から最後までしごとに責任をもって担当しており，スタッフはそれをチェックしたり，複雑な調整を行っているにすぎないという。

　選別ラインの中には，障害のある従業員が１ラインの作業すべてを止めることができるフットスイッチがある。選別ラインの状況に応じて必要ならばラインを止める権限も障害のある従業員に任されている。また，誤操作予防のための作動スイッチ２重化，トラブルを機械オペレーターに知らせるための緊急ボタン設置，危険予知訓練（ＫＹＴ）による安全動作の確認等，事故を防ぐための安全対策についてきめ細やかなサポート体制を整え，障害者が働きやすい職場環境を提供している。

　このように，特例子会社のダックスやダックス四国においても，就労継続支援Ａ型事業のエフピコ愛パックにおいても，障害のある従業員を正社員として

雇用している。採用ルートは，特別支援学校からの新卒採用も含めて，ハローワーク経由である。

障害のある従業員の定着支援のために，家庭との連携も大切だという。生活面で家庭からのサポートは不可欠なので，年1回程度保護者に対して職場状況の報告をしたり，家庭とのコミュニケーションをとるようにしているという。

なお，エフピコグループでは，障害の有無を超えた交流を促進するためにフロアホッケー活動を行っており，グループ社員約600名（うち障害のある従業員約180名）がともに汗を流して楽しみ，交流しているという。

本ケースの特徴は，障害のある従業員を基幹業務のなかで貴重な戦力としている点である。そうしたことを実現可能にしているのは，エフピコの「経営として成り立つ障害者雇用」という経営方針やダイバーシティを尊重する職場文化だろう。西村執行役員によれば，障害のある従業員はかけがえのない存在であり，彼（彼女）らをエフピコグループ全体の中でとても尊重しているという。ダイバーシティを活かすために，多様な個性をあるがままに受容して包み込む，懐の深い職場であることが基本であるという。障害の有無にかかわらず，人が働き甲斐を感じるのは，ひとりの職業人として自分が職場に貢献していると感じる時であるだろう。したがって，多様な個性を認め合い，一人ひとりの生命と心を大切にして各人の能力を十分に引き出すことにより，働き甲斐があり，創造性の溢れる活気ある職場づくりを進めることが大切だという。

今後の課題としては，高齢化が進展するなか，障害のある従業員がどのように定年退職を迎えて地域で暮らしていけるようなシステムが形成されるのかという，雇用から福祉へのスムーズな移行の問題であり，これは生涯にわたるキャリア形成という観点からの問題でもあるだろう。

5　一般会社就労の場合

(1)　株式会社図書館流通センターのケース

特例子会社を設けていない，一般会社での障害のある者の就労はどのようなものであろうか。以下では，株式会社図書館流通センター（TRC）のケースを取り上げる[10]。同社は1979年の設立であり，本社は東京の文京区大塚にあ

る。同社は各地の図書館業務を指定管理者などとして受託し，バックヤードとしてサービスを開発・提供している。2016年現在，公共図書館496，学校図書館431，博物館などの施設19などで業務が行われている。売上高は414億9,800万円（2015年1月期），従業者数は6,640人だという。ちなみに，同社に対しては2012年に「……大阪中央図書館での業務において，就職困難者等の就労支援を通じて人材問題に積極的に取り組み，社会に貢献している」として，「人材開発養成貢献賞」と「就職マッチング賞」を受賞した。

　同社へのインタヴューは2013年であって，同時点での従業者数は約6,000人であったが，正社員は300人ほどであって，他は有期雇用（1年契約）であった。障害のある者は85人であった（身体障害40人，知的障害21人，精神障害24人）。採用のとき障害のあった者はすべて有期雇用である。知的障害のある従業者は3度と4度であって，4度の人の割合が高かった。ただし，「職務遂行力は必ずしも手帳の等級とリンクしていない」という関係者の言葉があった。

　障害者雇用はハローワークに求人を出して行う場合と，特別支援学校からの実習や障害者就労支援センターの紹介がきっかけとなる場合も多い。ハローワーク経由と特別支援学校や障害者就労支援センター経由が相半ばしている。知的障害のある者と精神障害のある者に対しては，採用前に2週間ほどの実習を行い，本人と会社双方がしごとと職場に合うかどうかを判断し，その上で合否を決める。

　しごとは大型封筒に広告，チラシを入れるというもので，広告，チラシは7，8種に及ぶこともある。また，人事課でのデータ入力作業も部分的には障害のある従業者の手で行われている。

　知的障害のある者と精神障害のある者については，ジョブコーチを付けている。当初はよくコーチングをするが，障害のある者がしごとに慣れてくると，「なにかあれば相談して下さい」という程度になる。コーチングは1対1の対応であるが，1人のコーチが何人もの障害のある者を受け持つことは多い。職場には，仕事調整係のような役目の人もおり，障害のある者もふくめ作業者に，仕事の段取り，スケジュールなどを説明する。

　賃金は最低でも時給870円である。障害のある者だから賃金が低いということはなく，障害のない人でも同じしごと，同じ仕事量であれば，同一賃金が支

払われる。「しごとありきの賃金設定になっていますよ」とは会社の人事担当者の言葉である。職務遂行力が高くなるにつれ，賃金も上がり，時給1,400円ほどになることもある。

　障害のある者のしごとへの定着に関する印象として，担当者は以下のように話している。障害カテゴリーでは，精神障害のある者の定着はよくない。しごとや職場に慣れてきた頃に調子を崩し，欠勤が多くなり，辞めるというパターンが多い。また，身体障害のある人はしごと，職場が自分に不向きだと判断すると，すぐに辞めてしまうことが多い。「知的障害のある人は続いている人が多い。ほとんど辞めない」。

　障害のある人はせっかく就労しても，長続きしないということは，よく聞かされる言葉である。だが，特別支援学校高等部の進路指導担当者や障害者就労支援センターのジョブコーチがよく職場を回って，生活支援もふくめて，長続きするようにアフターケアをすること，よい相談相手になること，また職場の上司，同僚も気配りをすること，長期勤続の者の表彰を行うなどのインセンティブを考えることなどに努めるならば，そうした言葉は妥当しなくなるかもしれない。

(2)　GEジャパン株式会社のケース

　いうまでもなく，アメリカのGEはTh. A. Edisonが発明した白熱電灯システムのためのエジソン・エレクトリック・ライト社にはじまり（1879年），いまや世界的規模で活動するようになっている著名な大企業である。1981年からトップを長年務めたJ. Welchもよく知られている。現在では，世界の約170拠点で，約30万人の従業員が，エネルギー，医療，航空機，エンジンなどの事業分野で働いている。GEの日本での活動は1886年にはじまるが，販売事務所を開設したのは1903年である。複数の事業組織で活動を行っているが，その中でGEグループおよびその事業部に対する管理業務，新規事業開発，技術，ソフトウェア等の研究開発にかかわる連絡業務等を行う組織としてGEジャパン株式会社（旧日本GE株式会社）がある。同社の障害者雇用率は，2015年10月時点で2％である[11]。障害種別は，身体障害，知的障害，精神障害である。身体障害別では，聴覚，視覚，内部疾患，肢体不自由となっている。

GEでは，障害の有無，人種，国籍，宗教，性別を超えて，全世界で様々な人々が働いている。GEでは，ダイバーシティこそが経営に広がりをもたせ，企業を成長させるものとして，重要視している。障害のある人の採用についても，必要な（合理的）配慮をしているが，しごとについて特別扱いはしていない。採用方針は，一貫して当社で活躍し貢献できる人材，企業の成長に資する人材を採用することである。

　GEジャパンでは，障害者採用の経験，ノウハウをもつ人事担当者が，障害のある人の経験やスキルを考慮して採用を行う。GEジャパンの障害のある人の採用ルート・方法について，全体の90％が人材紹介会社を通じた採用であるという。GEジャパンの場合，前述の企業に比し，人材紹介会社の果たす役割が大きい。

　採用のガイドラインは，詳しく定められているが，とくに重視している点は，自分の障害を受け入れ，どんな助けが必要であるかを理解しているか，障害を周囲に知ってもらい，配慮されて働くことを受け入れることができるかなど障害の受容であるという。これは非常に大切な点であろう。人材を育成するには，ポテンシャルも必要であるので，そのほかにも，ビジネスマインドをもっていること，自分のキャリア構築に積極的に取り組んでいること，他者の意見を受け入れられること，PCなど基本的なビジネススキルをもっていることなども，採用のポイントとして挙げられるという。

　障害のある者は，主として人事の仕事を行っている。とくにオペレーションサポートCOEチームの仕事であり，人事の事務補助である。具体的には，PCデータ入力，データ加工，書類作成・加工，申請受付，問い合わせ対応，書類発送，請求書処理，リスト作成などであり，ほとんどがPC（社内システム，エクセルなど）を使った業務である。なお，特許事務などの人事以外の業務を担当する人もいるという。

　障害のある従業員の強みは，人にもよるが，与えられたしごとをまじめにやる点であるという。障害のカテゴリーにもよるが，辛抱強い人も多いという。

　GEジャパンでは，図表Ⅵ-15のように，障害のある従業員のリテンションに向けて，様々な分野の支援体制がある。まず物理的支援については，会社がバリアフリー，アクセシビリティの充実支援を行う。上司の支援についてはマネ

ジメント(管理者層)が,障害特性の理解やOJTの実施,マニュアルの作成支援を行う。障害のある従業員本人のモティベーションアップやキャリア支援については,HR(人事)がキャリアコンサルティングやメンタリング,トレーニング,明確な目標設定,評価を行う。ヘルスマネジメントについては,メディカルセンターが健康保持サポート,メンタルサポート,緊急時対応を行う。全社員へ向けての啓蒙活動については,GEバリアフリーネットワーク(社内のダイバーシティ活動のひとつ)が,障害実体験,手話・点字講座セミナーや障害者ロールモデルのセッションなどを行う。

雇用形態は,有期雇用契約であるが,パフォーマンスを上げ,やる気のある社員には正社員への道も開かれており,正社員として雇用された者もいる。

アセスメントについては,GEの全世界共通の評価システム(英語)をわかりやすくした評価シートを日本語で作成したものに記入してもらい,フィードバックしているという。評価には,障害者自身が自分の仕事の全容を理解し,その中での自分の役割や目的は何であるのか,自分がミスをすると誰に迷惑をかけるのかを把握できるかなどのソフトスキルも含まれるという。

2013年4月のいわゆる「障害者雇用促進法」の改正に伴い,法定雇用率が2%に引き上げられた。このことによって,障害者の採用をめぐる競争が激化しつつあるといえる。障害者も少しでも給与が高い会社へ転職する傾向がある。こうした中,企業の課題としては,戦力となる人材をどのようにみつけ出すのかという採用管理,さらに障害者にその企業で働きたいという気持ちをどのよ

●図表Ⅵ-15　GEジャパン株式会社のRetention & Engagement

支援体制	物理的支援	会社	バリアフリー/アクセシビリティ充実支援(必要な場合)
	上司(周囲)の支援/理解	マネジメント	障害特性の理解/OJT/マニュアル作成支援など
	本人のモティベーションアップ/キャリア支援	HR(人事)	キャリアコンサルティング/メンタリング/トレーニング/明確な目標設定・評価
	ヘルスマネジメント	メディカルセンター(産業医/保健師)	健康保持サポート/メンタルサポート/緊急時対応
	全社員へ向けての啓蒙活動	GEバリアフリーネットワーク	障害実体験/手話・点字講座セミナー/障害者ロールモデルのセッションなど

うにもたせるのかというリテンションが重要なテーマになっている。GEジャパンのリテンションについての支援体制は、さきに詳しく述べた通りである。

また、2016年4月より「改正障害者雇用促進法」が施行される中、障害者雇用をめぐる動きも加速化している。第Ⅲ章でふれた合理的配慮という言葉が注目されているが、障害のある従業員自身も企業に何かやってもらうという受け身ではなく、自分は何ができるか、主体的に働くという考え方や姿勢が重要になってくるだろう。その意味で、やる気のある障害のある従業員への報酬管理も、今後不可欠となる課題である。

最近では、障害のある従業員の多様化も進展している。とりわけ精神障害のある人をどのように雇用して、育成していくのかが、緊急の課題といえるだろう。

さらに、産学官連携による人材開発が重要視されている現在、障害のある人が幼い頃から将来働くことや職業について考えるようなキャリアプログラムの開発も、今後重要な課題となるだろう。

最後に、障害者雇用にとって家庭や地域との連携は不可欠である。この点は第Ⅳ章でのべたところである。学校のみならず、家庭環境や家庭でのしつけや教育は、障害のある人の職業人としての基礎を形成するものであるので、障害者雇用について家庭・地域との連携の重要性も忘れてはならない。

アメリカのGE本社の影響もあり、GEジャパンにおいてもダイバーシティの理解が浸透している。とくに障害者雇用については、GEジャパンはACE（Accessibility Consortium of Enterprises）に加盟しており、他社とのネットワークを通して情報交換や勉強会を行っていることもあり、障害者雇用への積極的な取り組みが行われている。

たとえば、バリアフリー・ネットワークという社内のダイバーシティ活動のひとつで、社員が自主的に運営するコミュニティでは、手話・点字講座の開催や聴導犬育成支援など障害者雇用への啓蒙活動が行われている。こうした障害者雇用への主体的な取り組みが可能であるのも、ダイバーシティ文化がGEジャパンにおいて浸透しているためであり、その点が本ケースの特徴といえるだろう。

(3) 合同会社セグチパッケージのケース

　障害のある人の一般就労のもうひとつのケースとして，合同会社セグチパッケージを取り上げる[12]。同社は障害者雇用率制度の対象となる雇用義務のある事業者には該当しないが，障害のある人，とくに知的障害のある人の一般就労に積極的に取り組んでいる企業である。設立は1972年であり（設立時は有限会社瀬口紙工），東京の荒川区ならびに足立区に3事業所が立地している，紙器（日用雑貨や食品，ドリンク等の紙製の容器）の加工会社である。同社会長である瀬口高雄氏は東京の荒川区町屋7丁目の町会長および尾久防犯協会の会長を長年務めており，地域活動，社会貢献活動にも熱心に取り組んでいる。

　2014年現在，セグチパッケージの全従業者12人のうち，8人が知的障害のある人，1人が聴覚障害のある人である。精神障害との重複障害の人もいる。性別は男性8人，女性1人であり，年齢は30代から70代までと幅がある。知的障害のある人を積極的に雇っている企業としては，川崎市所在の日本理化学工業株式会社がよく取り上げられるが（2012年6月現在，全従業者73人中54人が知的障害のある人），セグチパッケージにおいても全従業者の7割弱を知的障害のある人が占めている。

　セグチパッケージでは，設立当初から障害者雇用を続けており，それが経営上の大きな柱になっている。同社が設立された1972年は第1次オイルショックによる不況の直前であり，中小企業では人手不足が深刻化していた。瀬口会長によると，障害のある人を雇うようになった直接のきっかけはこうした人手不足を解消するためだったという。また，それ以前から地域との交流の中で障害のある人との接点があったことも大きかったという。

　業務は現在，足立区の事業所に集約して行われており，障害のある人はこの事業所で働いている。働いている人の多くは，ハローワーク，東京都心身障害者福祉センター等の紹介を受けて雇用されている。また特別支援学校からの実習生も受け入れている。

　紙器の加工は機械を使って流れ作業で行われ，従業者は主に梱包作業と検査作業を行う。梱包作業は，機械から出てきた紙器の結束，箱詰めなどの比較的単純な補助作業である。検査作業は判断業務ではなく，機械的なチェック作業であり，担当者の個人的判断が入らないほうが好ましいとされる。作業内容に

ついて，新入者は工場長等から指導を受けるが，覚えるのに時間はほとんど要しない。作業に当たっては，障害のある人の適性に合わせた作業配置を心がけているという。また，安全面も配慮されており，これまで事故が起きたことはない。

勤務時間は朝8時30分から夕刻17時15分までとなっていて，日曜日・祝祭日と，第2・4土曜日が休みである。週40時間の勤務である。報酬については，最低賃金（2013年10月末日現在，東京都では869円）の額か，それをこえる額が支給されている。障害のある従業者の平均勤続年数は約15年である。障害のある人の中にはすぐに辞めてしまう者もいるし，トラブルを起こす者もいる。一方において30年以上勤務している者もいる。職場に自分の唯一の居場所を見出しているのか，長年勤務している者もいるという。

障害者雇用をすすめる際に重要なのは，現在の社会的・経済的諸条件の中で，障害者雇用と企業経営をいかによく両立させていくかという点である。紙器の買い手は加工賃，品質などについて，絶えず厳しい要求をする。買手企業も経済競争に生き残るためには，高い要求水準を保持せざるをえないからである。小企業において，こうした要求水準に応えつつ，障害者雇用を維持するのは，事業者にとってやり甲斐もあるが，また非常に気骨が折れることでもある。

6　ドイツのインテグレーション・プロジェクト

ドイツでは，障害のある人の一般労働市場への参入は，どのようにすすめられているか。その制度的枠組みについては，すでに第Ⅲ章で説明した。ドイツの場合，民間セクターの従業者20人以上の事業所に対して既述のような法定雇用率が適用されている。日本からみると，民間の事業所にとって厳しい制度になっていると思われるのであるが，ドイツでは具体的に，どのような推進策がとられているのか。そこで浮上してくるのが，インテグレーション・プロジェクトの問題である。

インテグレーション・プロジェクトあるいはインテグレーション企業についても，法的枠組みはすでに第Ⅲ章で説明した。それは「社会法典第9編・障害者のリハビリテーションと参加」第132条の規定によるものである。インテグ

レーション・プロジェクトはこの法的規定に発するものではあるが，官民が参加した，経済的・社会的に大きなふくらみをもった実在にまでなっていて，一般労働市場での障害者雇用をすすめるうえで大きな役割を果たすようになっている。

インテグレーション・プロジェクトが全国規模で立ち上がり，推進されるようになったきっかけは，2004年9月にはじまったイニシアティブ「"ジョブ－バリアフリーのジョブ"」（Initiative "job-jobs ohne Barrieren"）である。イニシアティブは構想とか計画といった意味合いである。

6-1 イニシアティブ「ジョブ－バリアフリーのジョブ」

イニシアティブ「ジョブ－バリアフリーのジョブ」は連邦政府が障害のある人の職業教育と雇用を促進するため，各界に協力を呼び掛けてはじまった大きな運動である。それには3つの目的があった[13]。ひとつが若年で障害のある者の職業教育の推進であり，もうひとつが重度障害のある者の雇用機会の拡大，とくに中小事業所での拡大であり，さらに従業者のしごと能力と健康を長期に維持・向上させるための事業所での支援である。3番目の目的は，次章において取り上げるディスアビリティ・マネジメントの問題でもある。

イニシアティブ「ジョブ－バリアフリーのジョブ」には，連邦政府の労働社会省，健康社会保障省をはじめ，ドイツ職業開発工場協会（ARGE BFW），連邦雇用機構，職業教育実習所協会（BAGBBW），インテグレーション機構・生活援護主局連合会（BIH），インテグレーション企業連邦協会（BAG），ドイツ産業連盟（BDA），ドイツ労働総同盟（DGB），郡議会，同業組合連盟（HVBG），金属労働組合（IGメタル），ラインラント・ファルツ州使用者連盟（LVU），ドイツ社会連合会（SoVD），職員疾病基金・労働補償連盟，ドイツ年金保険機関連合などが関与している。ドイツ挙げての取り組みといってよい。

この構想の中の諸活動の実施と評価のために5人構成の会議が設けられた。それはBDA，DGB，ドイツ障害者連盟，リハビリテーション機関が送る委員と連邦健康社会保障省大臣から構成される。大臣が議長を務める。また，この構想には連邦と州の関係機関が協力することにもなっていて，連邦と各州，労使をはじめ様々な関係団体も支援することになっている。

構想会議では2005年当時に，20のプロジェクトを提言していた。その後プロジェクトの数は増えた。プロジェクトの選択に当たっては，その理念・考え方，資金，公表・パブリシティなどが問われた。2004〜2006年の期間でのプロジェクトは41になった。職業教育関連のプロジェクトが9，雇用関連が19，予防関連が13という内訳であった（**図表Ⅵ-16参照**）[14]。もっとも短期のプロジェクトは4ヶ月，もっとも長いものは26ヶ月であった。同図表には，イニシアティブ関連の支援資金も載っていて，予算規模で225万8,539ユーロである。それは障害者雇用調整金ならびにヨーロッパ社会基金から拠出された。関係機関の自己資金は108万3,946ユーロであった。なお，同図表でいう積極組織ならびにコンファレンス等開催については，あとでふれることにする。

　プロジェクトには，さきにふれた3つの目的に対応して，職業教育に関するものと，雇用，とくに障害のある若者の雇用についてのものと，予防，インテグレーション・マネジメントに関するものの3つがあるわけであるが，プロジェクトの件数と投入金額では，雇用分野がトップであり，参加人数では予防分野が一番多い。

　以下，3つの分野でのプロジェクトをそれぞれひとつ取り上げて，説明する[15]。メトログループの「かみ合った職業教育」とヒュンゲリンク・ロウターの「しごとへの適応」の両プロジェクトとプレボブ（PRÄBOB）・プロジェクトの3つである。

●図表Ⅵ-16　イニシアティブ概観（2004〜2006年）

	職業教育	雇　用	予　防	合　計
プロジェクト	9	19	13	41
イニシアティブ資金	673,311€	1,059,927€	525,301€	2,258,539€
自己資金	267,016€	548,247€	268,683€	1,083,946€
積極組織	13	20	9	42
コンファレンス等開催	2	3	3	8（プラス2回の全体コンファレンス）
参加者	400	540	1,060	2,000（プラス全体コンファレンスの参加者）

（出所）　Bundesregierung（2007），Bericht, S.37.

なお，3つの分野ごとに，積極組織が選ばれている。積極組織とは，たとえば職業教育に関してベスト・プラクティスのケース，お手本になるような組織のことであり，組織と表現したのは企業に限らず，公的組織，ネットワークなどもふくまれているからである。

(1) 職業教育実習所との「かみ合った職業教育」プロジェクト

このプロジェクトは2005～2007年の期間行われ，「かみ合った職業教育」（Verzahnte Ausbildung mit Berufsbildungswerken：VAMB）とよばれた。それは第Ⅳ章でふれた職業教育実習所の職業教育と就労のうまいリンケージ，かみ合わせを意図するプロジェクトである[16]。ガレリア・カウフホーフ，レアル，エクストラなどの企業で構成されたメトロ（METRO）グループがドイツ職業教育実習所協会と協力して，職業教育実習所の訓練生に販売員としての教育・訓練を施そうというものであった。しかも，このプロジェクトはイニシアティブ「ジョブ－バリアフリーのジョブ」に組み込まれ，ハンブルク大学の職業教育・経済教育学研究所とも連携して，ひとつのモデルの構築も目指した。そのモデルを他の職業教育にも拡大したいという意図もあったようである。

研究上の課題は，どのような人が販売員に向いているか，いかなる資格要件が必要か，訓練生には，特別教育上あるいは医学上，いかなる支援が必要か，企業と職業教育実習所との協力関係は，考え方として，また実行レベルでどうあるべきか，モデルがうまく機能するための前提条件は何か，モデルは他企業，とくに中小企業にも援用できるのか，といったことであった。コントロール・グループも設け，比較も行った。

プロジェクトには2005年に60人の若者が，2006年には80人が参加し，いくつかの州にまたがっての職業教育実習所と上記の企業の協力のもとにすすめられた。最終学年は企業実習であり，そこで修了という仕組みであった。各訓練生には個別に支援計画，インテグレーション計画がつくられ，その実施状況が定期的にチェックされ，また科学的にも検討されたという。

同プロジェクトの結果は，以下のように評価されている。①それに参加した訓練生はその職業訓練のあと，よりしばしば職業教育相応の（ausbildungsadäquat）働きをした。②求職者のうちでまだ職に就いていない若者の割合が著

しく減った。③若者の大多数は事業所によくインテグレートされた。④同僚との協働も，大勢の教育担当者から積極的に評価された。興味深いのは，⑤プロジェクトのプロセスにおいて，参加した訓練生のモティベーションが高まり，しごと能力の開発と人的成長の良い機会が生まれた。⑥とりわけ，売場での顧客とのやりとりが，訓練生の人的成長につながり，しごと能力の開花を促し，そして就職にむすび付いた。

連邦社会労働省の報告書でも，「かみ合った職業教育」プロジェクトのこのモデルは評価されている。「『かみ合った』職業教育を通じて，障害のある若者のインテグレーションははっきりと高まった。……社会性もふくめたしごと能力は，事業所での実務教育がうまくいくかどうかによって，また当人がそれを自分のチャンスにむすび付けうるかどうかによって決まる」[17]。

なお，VAMBは2009年からVAmBというプロジェクトに引き継がれていて，職業教育実習所協会の手でいっそうの進展をみせている。500人以上の障害をもつ若者がこのプログラムを修了し，170をこえるしごとについて「かみ合った」教育を実施していて，30をこえる職業教育実習所と160以上の企業事業所がVAmBに加わっている。

(2) ヒュンゲリンク・ロウターのケース

これは重度障害がある者の雇用機会の拡大に関するプロジェクトの1例である。「しごとへの適応」（fit für Arbeit）がプロジェクト名称である[18]。エルシュタットのヒュンゲリンク・ロウター有限責任会社が舞台である。同社はインテグレーション企業である。2005年9月から2006年末までがプロジェクトの期間であった。それは地域の協力企業とともに，重度の知的障害の若者10人を対象に企業へ就労させるための具体的教育を施すことであった。企業内の具体的なしごと遂行に必要な能力とむすび付く教育を行う。ヒュンゲリンク・ロウターが参加者に対し専門的にそうした指導を行い，寄り添い，世話をする。協力企業もそうである。参加者には月額で350ユーロが学習手当として支払われる。

このやり方で，参加者は協力企業のひとつと，雇用関係に入ることができるかもしれない。このことが「しごとへの適応」プロジェクトの目的である。協力企業と直接に雇用契約を締結することもあれば，ヒュンゲリンク・ロウター

との契約の範囲の中でこれを行う。参加者も協力企業も必要とあらば，以下のような諸点について職業教育修了後もヒュンゲリンク・ロウターの支援を受けうる。職場の構成・組織，モジュールとしてのしごと，しごとのすすめ方と制約，素材の吟味と顧客の育成，機械工具の確保と手入れ，機械工具の扱い，作業安全。実習生は外部の人間ではなく，協働者として扱われ，自らと企業に対し責任をもつものとされる。

　プロジェクトでは，しごとの習得に当たって，若者が体験すべき具体的な能力に意識的にしぼっている。学習単位は個人か，2～4人の小グループである。週ごとに反省会がもたれる。専門の学習とともに，若者にとって人的開花に資するようなことも，教えられる。自分の強味，コンピテンシーはなにか，自分の弱味をどう克服するのか，障害による制約をどう受け入れるか，自己責任をいかにして担うのか，専門をいかに学習していくのか，組織とどう付き合っていくのか，キャリア計画をいかに立てるか，など。第Ⅱ章でふれたストレングス・ファインダーの仕方である。

　プロジェクト終了後，このモデルは活用されているようであって，ザクセン・アンハルト職業教育実習所は，「しごとへの適応」をうたっている。

(3)　プレボブ・プロジェクト

　イニシアティブ「ジョブ-バリアフリーのジョブ」の第3分野の予防に関する13プロジェクトは，いずれも次章で取り上げるインテグレーション・マネジメント，ディスアビリティ・マネジメントに関するものだが，プレボブ・プロジェクトもそうである。そこでは「小企業での予防と雇用確保」[19]がうたわれている。期間は2006年1月から同年12月までで，オーバハウゼン地域が舞台であった。それは同地域の小企業のインテグレーション・マネジメント，健康管理を支援しようとするもので，使用者に対し，従業者の健康としごと能力の強化に寄与し，企業の競争力強化に資することをアピールしている。同地域のサービスネットワークNWDOがプロジェクトを牽引していたが，その後ほかに2社が加わっている。

6-2　積極組織におけるベスト・プラクティス

　すでにふれたように，イニシアティブ「ジョブ－バリアフリーのジョブ」では，3分野にわたり41のプロジェクトを立ち上げ，推進するとともに，42の積極組織（Aktivität），先進組織を選んでいた。プロジェクトと積極組織は対応していない，というよりも別々のもの，というべきであろう。「イニシアティブは……プロジェクトの支援のほかに，そのテーマに関しイニシアティブの目的に適い，他企業の刺激になるような積極組織を公表する。そうした積極組織の事業所では先進的取り組みを成功裡にすすめている。」[20]（Bericht, S.40）。そうした積極組織が職業教育分野で13事業所が，雇用分野で20事業所が，予防（インテグレーション・マネジメント）分野で9事業所が選ばれていた。

(1)　職業教育分野

　職業教育分野では，さきのメトロ・グループも挙がっているが，ここではシーメンスのケースを簡単にのべることにする。シーメンスはいまやドイツの企業というよりは，確固たるグローバル企業になっていて，2015年の時点で従業者数は34万8,000人になり，事業所は200ヶ国以上に所在している。電機のほか，エネルギー，輸送機械，デジタル，健康など様々な事業を手掛けている。障害者雇用の取り組みでは，カナダのシーメンスが知られているが，ドイツ国内でも，同社はインテグレーション・プロジェクトに協力している。ここでは，障害のある若者の職業教育の分野のシーメンスの活動を取り上げる。同社では，2006年3月に人事部長会議での決定により，国内の13支社でそれぞれ少なくとも1人以上の障害のある若者を職業教育のため受け入れることとした。またフランケン地域の3拠点でパイロット・ケースの取り組みとして，いくつかの職業教育実習所と協力し，身体障害ならびに知的障害のある若者のしごとの準備，職業教育に当たっての協力をすることにした。

　シーメンスは障害のある若者の職業教育の強化を目的としていることを，インターネット，イニシアティブのコンファレンスなどを通じ伝えようとしている。

　エアランゲンとニュルンベルクの地域では2006年10月から2007年7月まで，

中部フランケン職業教育実習所から6人の知的障害の若者を社内に受け入れて実習をさせていた。金属加工の専門教育訓練の一環としてのものである。また，ニュルンベルクのシーメンスの教育訓練部門とルンメルスベルクの職業教育実習所とが協力して，相互に教育訓練生を支援して2週間専門教育を施すこととした。作業環境の変化という点でも，人間関係を新たにつくるうえでも，情報を得るにもよかったという。そのほか，シーメンスは様々な取り組みもしている。こうした取り組みの総費用は36万5,000ユーロであり，そのうちのシーメンスの自己負担額は26万5,000ユーロだという。

(2) 雇用分野

　ホーフグート・ヒムメルライヒのケース。雇用分野では20の積極組織が公表されているが，ここではホーフグート・ヒムメルライヒのケースを取り上げる。同社はシュバルツバルト地方のキルシュザルテントに所在するガストホーフ（地方のレストランを兼ねたホテル）であるが，そこでは精神障害のある者を中心に13人の若者が，健康な人とともに働いている。6ヶ月の新入者実習期間中，障害のある若者は，料理，サービス，場合によっては外回りの実習を次々にする。1週間の座学もあって，レストラン経営学の勉強もする。もちろん，障害のある若者の場合は，そうでない若者に比し，しごとを覚えるのにより時間がかかる。そこで，無給の（ボランティアの）しごとのアシスタントが作業時間のあいだ寄り添う。障害のある若者には同じ人間という態度に徹し，決して「助けてやっている」といった口のきき方などはしない。みんなで一緒になって，適したしごとをさがすのを助ける。専門家と保護者ともどもよく話し合い，解決をはかる，実習生のしごと能力と結果をよく注意する，不安とか先入観をなくす，障害があってもやれるしごと，しごとの仕組みをさがす，ナフキンのたたみ方，飲み物の注ぎ方，計算の仕方などを教え込む，専門的な知識・能力の習得を手伝うなどが行われていた。

　障害のある若者は新入者実習後，障害のない者の50％の成績をあげ，ホーフグート・ヒムメルライヒと雇用関係をむすび，保護者の扶助や社会給付に頼らないで自立した生活が送れるようになった。しごと能力も身に付けた。月額678ユーロを受け取るようになった。13人はこうして一般労働市場へとインテ

グレートされた。

(3) 予防分野

　ドイツのフォード有限責任会社[21]は，アメリカのあのフォード社が1926年にベルリンに進出し，設立したもので，最初従業者は5人だったという。2015年現在，ケルンとザールルイスに工場があり，前者には約1万7,300人，後者には約6,500人の従業者がいる。フォードは障害者問題に関心が高く，障害のある人にやさしい自動車の開発に尽力しているが，ディスアビリティ・マネジメントにも非常に力を入れていて，インテグレーション・プロジェクトの当分野の積極組織，モデル企業のひとつに，すでに2007年に選ばれている。選ばれた理由は，同社が従業者の生活の質（QOL），健康の維持，しごと能力の維持に積極的な取り組みをしているからである。人間工学を活用した職場形成，産業・労働医学による早期予防，安全管理の徹底，リハビリテーションやインテグレーションの組織的推進，社会保険システムとのネットワーキング，給付機関との協力，事業所での再訓練の実施，相談と支援などに力を入れている。「ディスアビリティ・マネジメントはフォードの企業政策・戦略の一部となっている」。

　フォードの2工場では，インテグレーション・チームが結成されている。2006年当時13のチームがあった。それは経営協議会代表，重度障害者代表，人事担当者，健康管理担当者，ディスアビリティ・マネジメントの担当者などから構成されていて，従業者の心身になにかあったときの対応をする。できるだけ，フォードの中でのインクルージョンに努めるという。このチームは現在も活動している。

6-3　インテグレーション・プロジェクトの近況

　インテグレーション・プロジェクトは，プロジェクトという以上は有期のもので，既述のように2，3年のものが多いが，終了するものがある一方で，新規に立ち上げるプロジェクトもある。BIHの年次報告書をみると，今日それはかなり増えていることがわかる[22]（**図表Ⅵ-17参照**）。2013年では，プロジェクト数は799である。2012年が726であったから，1年間で73増えたことになる。

●図表Ⅵ-17　インテグレーション・プロジェクト数と従業者数と
　　　　　　重度障害者雇用人数（2013年）

地　　域	プロジェクト数	新プロジェクト数	従業者数	重度障害者雇用人数
バーデン＝ヴュルテンベルク	75	3	2,846	1,276
バイエルン	88	3	3,959	1,917
ベルリン	35	2	1,051	597
ブランデンブルク	27	1	542	266
ブレーメン	7	1	126	59
ハンブルク	7	2	180	86
ヘッセン	47	5	2,063	847
メクレンブルク＝フォアポンメルン	23	6	273	142
ニーダザクセン	34	3	820	378
ノルトライン＝ヴェストファーレン・ラインラント	118	13	2,562	1,338
ノルトライン＝ヴェストファーレン・ヴェストファーレン＝リッペ	144	19	2,968	1,664
ラインラント＝プファルツ	72	3	2,475	839
ザールラント	11	0	163	102
ザクセン	51	3	1,287	571
ザクセン・アンハルト	21	4	172	90
シュレースヴィヒ＝ホルシュタイン	17	1	570	177
チュリンゲン	22	2	475	199
計 うち女性数	799	71	22,532 10,100	10,548 4,349

（出所）　BIH（2014），Jahresbericht 2013/2014.

　2013年の新規プロジェクトは71である。なお，インテグレーション・プロジェクトでの重度障害の雇用者数は1万548人であり，女性は4,349人であった。地域によって，プロジェクト数と重度障害の雇用者数にちがいがある。

7　一般労働市場での就労をすすめるための要点

　障害のある人が一般労働市場で就労し，それを持続させるのは，容易なことではない。義務的雇用率をはじめ，制度的整備をしても，障害者雇用が成り立つものではない。様々なエージェントが，対象者に寄り添う様々な支援があってはじめて，それが成就するといわざるをえない。大切な点は，一般労働市場で働くには，それ相応のしごと能力を身に付けなければならないことである。義務的雇用率を定めても，しごと能力を形成するインフラが出来上がっていなければ，雇用率に見合うしごと能力の形成がすすまなければ，またしごと能力を身に付けた人を様々な事業所・職場にむすび付けるいわば配電盤システムがなければ，障害者雇用は成立しない。

　以上のような，障害のある人のしごと能力形成，職業紹介・指導そして就労について，様々の組織が，また人が専門的な支援を行っている。そうした専門的支援はそれぞれに有効性があるであろう。同時に，様々な専門的支援がシステマティックに行われると，さらに有効性が高まる。あるいはシナジー効果がある。集団的あるいはシステマティックな有効性については，すでにふれたように，産業クラスター論が力説するところである。むすび付き自体から力が生まれる。そうした力を，エージェント間のコラボレーションがつくり出す。

　必要に応じその都度，あるいはアドホックに協力するというのではなく，それぞれが障害者雇用の就労支援クラスターの構成員だという意識をもって，日頃からコラボレーションを重ねていることが大切である。その際，各エージェントの結節点になるエージェント，コーディネータの機能を果たす組織や人がいることが必要である。

（注）
1）　内閣府（2007），障害者施策総合調査「雇用・就業」に関する調査報告書。
2）　じょぶ・あらかわに対するインタヴューは2016年実施。
3）　M. Porter（1998），*On Competition*, Harvard Business Review Book, Boston.
　　二神恭一・西川太一郎編著（2005年），産業クラスターと地域経済，八千代出版。
　　二神恭一著（2007年），産業クラスターの経営学・メゾレベルの経営学への挑戦，

中央経済社。二神恭一・高山貢・高橋賢編著（2014年），地域再生のための経営と会計・産業クラスターの可能性，中央経済社。
4 ）「かながわモデル」については，2016年 3 月に実施した株式会社ニッパツ・ハーモニーへのインタヴューに基づいて作成。
5 ） 荒川区障害者就労支援センターじょぶ・あらかわ（2015年），平成27年 3 月支援実績報告書。じょぶ・あらかわに対するインタヴューは2015年実施。
6 ） 特例子会社データは次による。
http://www.mhlw.go.jp/stf/shingi/2r98520000021014-att/2r98520000021045.pdf
7 ） 株式会社ニッパツ・ハーモニーに対するインタヴューは，2016年 3 月に実施。
8 ） 株式会社ニコンつばさ工房に対するインタヴューは，2016年 4 月，および 6 月に実施。
9 ） K. Stalker & P. Harris (1998), op. cit., p.70.
10） 公益財団法人荒川区自治総合研究所（2014年），親なき後の支援に関する研究プロジェクト報告書より引用。インタヴューは2013年実施。
11） GEジャパン株式会社に対するインタヴューは2016年 3 月に実施。なお，GEでは「障がい者」と表記しているが，本書では統一性を図るため，「障害者」と表記している。
12） 公益財団法人荒川区自治総合研究所（2014年），親なき後の支援に関する研究プロジェクト報告書より引用。インタヴューは2013年実施。
13） Bundesregierung (2005), *Bericht des Bundesregierung über die Situation behinderter und Schwerbehinderter Frauen und Männer auf dem Ausbildungsstellenmarkt*, S. 34.
14） Bundesregierung (2007), *Bericht der Bundesregierung über die Wirkung der Instrumente zur Sicherung von Beschäftigung und zur betrieblichen Prävention*, S. 37.
15） Bundesregierung (2007), S. 39.
16） VAMB, https://www.bbw-rv.de/das-bbw/zertifizierungen/vamb/index.html
17） Bundesregierung (2007), Bericht, S. 43.
18） fit für Arberit http://www.fuengeling.de/
19） PRÄBOB http://www.munda.de/munda/praebob.htm
20） Bericht (2005), S. 40.
21） http://www.ford.de/UeberFord/FordinDeutschland/Geschichte
22） BIH (2014), Jahresbericht 2013/2014, S.28.

第VII章

ディスアビリティ・マネジメント

1　はじめに

　前の章で登場したインテグレーション・マネジメントはドイツの「社会法典第9編・障害者のリハビリテーションと社会参加」法の中に出ている用語，法的概念であって，ドイツ語では「事業所のインテグレーション・マネジメント」(betriebliches Eingliederungsmanagement：BEM) という。同国ではBEMという言い方が多い。「事業所のインテグレーション・マネジメントは『しごとからの離脱と年金の代わりに雇用を』という原則を背景にしたものである。インテグレーション・マネジメントとは事業所においてその諸活動と組織を通じ，またその様々な可能性を駆使して従業者の健康としごと能力の維持に努めるものである」（ドイツの『障害者報告書』2007年，S.25)[1]。またそれは，とりわけ同法第84条2による6週間規制による職場を離れた者のしごと復帰支援を内容とするものである。

　ちなみに，「障害者権利条約」においても，第27条は「他と同等のベースにおいて障害のある者の働く権利を認める。この権利には自由に選択したしごとで生計を得る機会，障害のある人も包摂し，そうした人がアクセスできる労働市場に受け入れられる権利をふくむ」とし，そのいくつかの具体的措置の中に職業リハビリテーションをおしすすめ，障害のある人のしごと維持としごと復帰プログラム（job retention and return-to-work programmes）をすすめるこ

とがのべられている。同条約では，しごとの維持としごとへの復帰が一再ならず言及されている。

注目すべきは，ドイツの『障害者報告書』では，「事業所のインテグレーション・マネジメントは重度障害のある者とそのおそれのある人ばかりでなく，また障害のある人に限らず，すべての従業者を対象とする」としている点である。事業所の現場では，健康に不安を感じながら働いたり，法的に規定された障害の範疇には入らないけれども，大小の様々な障害を抱えて働いている人も少なくないのではないか。ある人はそうした障害をもちながら働いているし，一部は欠勤したり，休職したりしている。いまは健康な従業者であっても，いつそうした状態になるかもしれない。企業は従業者に対し定期健康診断を実施したり，安全衛生管理をすすめ，職場環境を整備したり，健康保険，労災保険，雇用保険，厚生年金保険などのリスクマネジメントも行っている。これらが企業に法的に義務づけられている。

ドイツの『障害者白書』では同国の合計特殊出生率の持続的低下，高齢化によって労働力人口の質的変化が生じつつあると指摘している[2]。現在の総人口820万人が2050年には740万人に減り，しかも労働力人口の高齢化がいっそうすすむ。2020年には，労働力人口の中で50歳以上の人が3分の1になるという。健康な労働力が貴重になり，高齢従業者についての障害予防がウエートを増してくる。インテグレーション・マネジメントがこの意味においても切実になる。加えて，「ストレス，バーンアウト，うつによる長期疾病者の割合が増えて，この精神負荷が当人だけでなく，企業にとっても大きな問題になってきている」(Bericht, S.25)[3]。ドイツでは，インテグレーション・マネジメントの実施を企業によびかけている。

2　ドイツのインテグレーション・マネジメントと実態

2-1　インテグレーション・マネジメントとはなにか

ドイツでは，このインテグレーション・マネジメントに対する関心が非常に高くなっていて，議論も活発である。発端は「社会法典第9編・障害者のリハ

ビリテーションと参加」第84条2の規定である。もう一度，この条文を引くと，以下のような長い条文になっている。「従業者が1年間に6週間以上継続的に，あるいは繰り返ししごとができなくなったとき，使用者は第93条がいう所管の利益代表とともに，さらには重度障害のある者の際にはその代表とともに，できれば当人の同意と参加を得て，どうすれば，しごとができない事態が克服されるのかについて解明し，またいかなる支援があれば，しごとができなくなることを予防し，しごとを維持できるのかについて解明するものとする（企業へのインテグレーション・マネジメント）。必要があれば，産業医もこれに加わる。当人またはその法定代理人はまず，企業へのインテグレーション・マネジメントの目標ならびにそのためのデータの種類と範囲について言及するものとする。労働生活に参加するための給付あるいは参加に必要な支援を考えなければならない場合，使用者は地域の共同サービス・センターか，重度障害のある者についてはインテグレーション機構もこれに加わる。……」（同法第84条2）。また同法同条3には，「リハビリテーション給付機関とインテグレーション機構は，企業へインテグレーション・マネジメントを導入する使用者に対し割増金や奨励金といった助成をすることができる」。

　一般の従業者でも，疾病，事故などにより，1年間で6週間以上継続して，あるいは繰り返してしごとができないと，同法同条2が作動することになる。しかも，そうした事態の解明，克服の仕方，予防等が使用者と従業者代表，場合によっては重度障害者代表とのあいだにおいて議論されるし，外部のリハビリテーション給付機関やインテグレーション機構もこれに加わる。

　同法第84条は予防（Prävention）という見出しになっている。予防には様々な意味があるかもしれないが，この概念は同条では「障害をもったり，慢性の疾病になったりすることを妨げることにかかわっている」（Cramer et al., S.518)[4]。とくに事業所での（betrieblich）予防が主題である。しかし，戦列を離れざるをえなかった従業者についての扱いも規定している。同条は予防に終始したものではない。

　以上をもう少し個別的に整理すると，こう言えるだろう。①使用者はインテグレーション・マネジメントを行う責任がある，②インテグレーション・マネジメントではしごとからの離脱が年間6週間をこえると，これが発動される，

③従業者代表がインテグレーション・マネジメントに関与する，④重度障害のある者の場合は重度障害者代表もこれに加わる，⑤本人あるいはその法定代理人には，当企業のインテグレーション・マネジメントに関する情報を前もって開示しておく，⑥インテグレーション・マネジメントは本人の同意がある場合に限り，発動する，⑦必要に応じ，産業医もコミットする，⑧また必要ならば，リハビリテーション機関やインテグレーション機構も加わり，必要な支援を行う．

2-2 Niehaus調査

ドイツでは21世紀に入って障害者雇用の動きが加速し，こうしたインテグレーション・マネジメントの実務フレームまでつくられるようになった。これはドイツ版ディスアビリティ・マネジメントというべきものである。それは第Ⅵ章でふれた「ジョブ・バリアフリーのジョブ」のキャンペーン，プロジェクトの中にも組み込まれている。ドイツでインテグレーション・マネジメントがいかに受け入れられ，どのように実施されているかについての調査も行われている。M. Niehausをリーダーとする研究プロジェクト・チームが連邦労働社会省の委託を受けて2008年に調査を行っている[5]。

調査方法は複合的であって，①ドイツ全国の企業・官庁の事業所に，53の質問をふくむ調査票を送付し（紙とオンライン），回答を得るアンケート調査と，②「しごとと障害者」誌の2007年6月号に調査票を添付し，重度障害者代表から回答を得る調査と，③「ジョブ・バリアフリーのジョブ」の専門家，企業・官庁の担当とのインタヴュー調査からなる。ただ，報告書を読むと，①のアンケート調査結果の分析が中心であることがわかる。アンケート調査票を2,428通送り，837の回答があり，そのうちの有効回答数は630であったという。

事業所は規模別に，また業種別に分けて分析されているが，回答結果では業種別のちがいはあまりみられないのではないかと思う。規模については従業者数49人以下の事業所と，50〜249人の規模の層と，250人以上のところに3分類されている。それぞれの構成比は，事業所規模では49人以下が11％，249人以下が20％，250人以上の事業所が68％だった。また，業種では製造業が27.3％，サービス業が22.4％，公務が18.8％，その他が20.1％になっている。手工業と

商業のウェートは低い（8.81％と2.6％）。調査票にだれが回答したか。重度障害者代表がトップで196，経営協議会あるいは職員委員会が194で，これらの回答が多い。人事部門は101，産業医が81，ディスアビリティ・マネジャーが18であって，インテグレーション・マネジメントにだれがかかわっているか，その一端が示されている，といえる。

インテグレーション・マネジメントの実施状況は従業者数250人以上のところは55％であるが，50〜249人の規模では38％，49人以下の層は29％であった。ただ，計画中の事業所もふくめると，すでに実施中と計画中の事業所が従業者数250人以上のところでは87％，50〜249人のところが68％，49人以下が39％となっている。後の２つの層の平均は61％になる。「社会法典第９編・障害者のリハビリテーションと参加」第84条２の施行が2004年５月１日であり，調査時点が2007年であった。

インテグレーション・マネジメントの中身はどうなっているか。ひとつの焦点はいわゆる６週間規制であって，この点については，「６週間規制に関しこれを管理している人はいますか」という設問が用意されていた。これに対し，インテグレーション・マネジメントを実施している事業所の77％が，責任ある管理者を指名して規制しているとした。しごと復帰を成功させている事業所の場合は，82％に管理者がいた。該当する従業者には連絡しているか，という設問の回答では，73％の事業所でそれが行われていた。どの部署がそれを行っているかという問いでは，人事部門という回答が断然多く，次いで上司，経営協議会（または職員協議会），重度障害者代表の順になっている。ディスアビリティ・マネジャーと答えた事業所は20にすぎなかった。

当人へのこの連絡は文書による場合が48％，直接に話すというのが35％，電話連絡が７％だった。規模の大きい事業所では文書が多く，小規模のところは直接に話すことが多かった。これに対し，当人はいかなる反応をするのか。声を掛けられた従業者の79％が，インテグレーション・マネジメントの所定の手続に応じると答えた。インテグレーション・マネジメントの対象となるか否かは，もちろん当人の自由意思による。「あなたの自由です」という点を，伝えているかどうかも，この調査ではたずねているが，79％の事務所がその確認をしていた。

上記のような設問は要するに，インテグレーション・マネジメントの手続化，標準化がどの程度行われているか，いかなる点で標準化がすすんでいるか，という問題にもなる。標準化に関する問いもある。30～41％の事業所が標準化に着手している。しかし，標準手続を定めていない事業所も31％あった。企業や公的組織の事業所には，前章でふれたフォード有限責任会社の場合のように，インテグレーション・チームがつくられていることがある。全体で37％の事業所にそれがあった。50人以上の規模だと44％になる。それは一時的存在ではなく，常設的な組織であるという。

　インテグレーション・マネジメントはインテグレーション協定ないし（労使間の）事業所協定でうたわれているかという問いに対しては，インテグレーション協定の中でというのが29％，事業所協定というのが38％だった。復帰に成功しているところはインテグレーション協定をむすび，必ずしもそうでないところは，事業所協定でやっている，という傾向がある。

　インテグレーション機構，リハビリテーション給付機関など外部の支援は，どの程度に得ているのか。54％の事業所が支援を得ていた。インテグレーション・マネジメントの計画をたてて実行している事業所は，支援を受ける頻度が高く，また，復帰に成功している事業所は，そうでない事業所に比し，支援を受けることが多い。もっとも，インタヴューでは，必ずしもそうした傾向は指摘できない，ということだった。外部機関としてインテグレーション機構，疾病基金，インテグレーション専門支援員，職業組合の名前がよく挙がった。

　あなたの事業所は疾病中の従業者のインテグレーションのためどのような具体策を講じているか，という問いに対する回答は，**図表Ⅶ-1**のような結果になる。「段階的復帰」がトップであり，次いで他のしごとへの配置，職場の技術的整備・改善，トライアルな配置，労働時間の短縮，職務範囲の限定，作業負担の軽減，事業所内職務の資格化，しごと要件のプロファイリング（しごと要件を明確化し，記録しておくこと），従業者の能力プロファイリング，外部の職業資格化などが挙がっている。エキスパートとのインタヴューでも，少し順番はちがってはいるものの，同じような具体案が挙がったという。

　一番よく挙がったのが，段階的復帰であって，大きな事業所はほとんどがこの具体案を挙げた。小さい事業所では3分の1ほどが挙げたという。ちなみに，

第Ⅶ章　ディスアビリティ・マネジメント

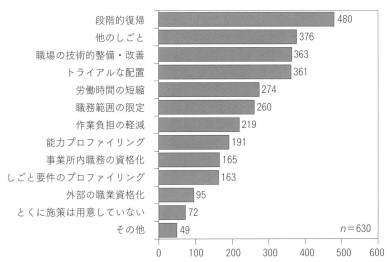

●図表Ⅶ-1　インテグレーションのための具体策

(注)　複数回答。
(出所)　Niehaus (2008), betriebliches Eingliederungsmanagement, S.56.

　すでにインテグレーション・マネジメントを実施している事業所や，しごと能力に見合う復帰をすすめている事業所では，より多くの具体案が挙がった。こうした回答結果をみると，6週間規制に関連して，広範囲にわたっての措置がとられていることが判明する。

　以上は各事業所での6週間規制が発動されてからの動き，その傾向を取り上げたものであるが，6週間規制の引き金が引かれる際の問題がある。調査結果から浮かび上がる重要なことは，各事業所において，従業者の同意というかたちでの自己決定が強調されていることであって，インテグレーション・マネジメントそれ自体，そのシステムと実践が従業者の自己決定を前提としている。さきにふれた6週間規制に関する「社会法典第9編・障害者のリハビリテーションと参加」第84条2の規定でも，この点がうたわれている。

　6週間規制のまえに，予防的措置が講じられている筈である。つまり，職場での障害（ディスアビリティ）予防の問題がある。それは，あとでふれるディスアビリティ・マネジメントの従来の分野になるわけであるが，インテグレーション・マネジメントについてのこの調査でも，障害予防に関する設問がふく

まれている。

　障害予防とは健康維持と同義である。インテグレーション・マネジメントでは，どんな障害予防，健康維持のための従業者に対するキャンペーンが行われているか。当然のことながら，病気・中毒予防が47％，運動のすすめが45％，ヘルシーな食事が36％，ストレス対策が35％などとなっていて，いずれの国でも，事業所での健康維持のための対従業者・家族キャンペーンはこうしたものであろう。

　事業所側では，障害予防，健康維持のため，しごとと職場について，いかなる対策を講じているか。回答結果は**図表Ⅶ-2**のようになっている。職場形成に当たって人間工学を重視しているという回答が362（58％），従業者の作業上の重要問題については，従業者に参加してもらうとするのが250（40％），しごとのフローに関しても，従業者個々人の意向を斟酌するのが231（37％），さらに，従業者のキャリア志向・欲求を把握し，参考にするのが202（32％），職場要件に留意するが180（29％），管理者の再教育が170（27％），年配者，疾病者を受け入れるカルチャーの醸成と健康のサークル活動がそれぞれ154（24％）

●図表Ⅶ-2　事業所の（労働・組織分野での）従業者の健康促進策

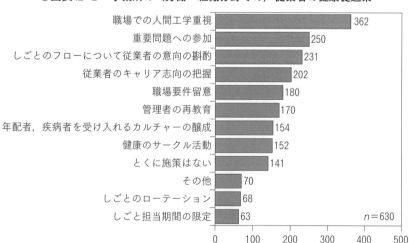

（注）　複数回答。
（出所）　Niehaus (2008), betriebliches Eingliederungsmanagement, S.66.

となっている。同図表をみると，多様な取り組みが行われていることがわかる。重要なのは，従業者の健康管理が，しばしば管理職務のひとつに位置づけられていることである。つまり，部下の健康への配慮がマネジャーの大切なしごとのひとつだと考えられるようになっている。

以上，Niehausの調査結果を取り上げながら，インテグレーション・マネジメントがいかに実施されているかをのべた。法的施行から4年経った時点での調査結果なので，インテグレーション・マネジメントはまだ全面的に実施されているとはいえないものの，どのような具体的措置が講じられつつあるかは，当調査から知ることができよう。そうした具体的措置からみて，インテグレーション・マネジメントは次に取り上げるディスアビリティ・マネジメントのドイツ版である，ということができよう。

とはいうものの，若干のドイツ的特徴があるのではないか。ディスアビリティ・マネジメントは，一定の法的規制が契機となっているが，企業主導のマネジメントの一分野であり，企業経済的動機に発する施策になっている。安全衛生管理，従業者健康管理からスタートしたものであり，現在もこうした管理がディスアビリティ・マネジメントの，障害予防の一大分野になっている。ドイツの場合の特徴は，これを障害者関連の法で規制したことである。インテグレーション・マネジメントが脚光を浴びたのは，第84条2の規定からであって，とくに6週間規制がポイントなのである。この他律的経営社会政策を，企業等の組織がどう受け止め，内部化し，具体化するか。インテグレーション・マネジメントが関心を集めているゆえんである。いまひとつのドイツの特徴は，このマネジメントには事業所の管理者だけでなく，従業者代表組織である経営協議会，職員協議会や重度障害者代表，外部の専門家等が大きくコミットしていることである。インテグレーション・チームには，こうした人びとも参加している場合が多い。

3 ディスアビリティ・マネジメントとはなにか

3-1 職場でのディスアビリティ・マネジメント

　ディスアビリティ・マネジメントとは，20世紀末からにわかに注目されるようになったコンセプトであるという (R. Wynne & D. McAnaney, 2004, p.28)[6]。ILOによると，2003年にはオーストラリア，カナダ，ドイツ，スイス，イギリスなどの産官その他団体の代表が集まり，ディスアビリティ・マネジメントの分野でのグローバルな研究・教育・啓発を目的として国際ディスアビリティ・マネジメント標準協議会 (International Disability Management Standards Council : IDMSC) をつくったという[7]。とりわけカナダ，オーストラリア，北欧諸国において，ディスアビリティ・マネジメントのコンセプトが議論の対象になり，実務がすすんでいる。2011年においてGeisenとHarderは，ディスアビリティ・マネジメントが発展している国として上記の国のほかにアメリカ，オランダなども挙げ，そうでない国として，日本，フランス，イタリア，中国等を列挙している (Geisen & Harder, 2011)[8]。いずれにしても，ディスアビリティ・マネジメントが進展しているところとそうでない国があり，日本は後者に属する，ということが指摘されているわけである。

　ディスアビリティ・マネジメントに関していくつかの定義がある。「ディスアビリティ・マネジメント・モデルとはしごとのリテンションと職場へのインテグレーションの可能性を高めるための，組織上あるいは制度上の支援に係るもの」(Geisen & Harder)[9] という。あるいは第Ⅵ章でふれたドイツのフォード有限責任会社のように，「企業が健康を損ねている従業員を扱い，それを予防するような企業戦略的なコンセプト」[10]，といった位置づけも行われている。

　ディスアビリティ・マネジメントの発展について，以下のような説明がある。それは職業リハビリテーションから発したもので，その伝統的なサービスのかたちは，圧倒的に保健分野の企業外部のプロフェッショナルやケースワーカーなどといった側から提供されていて，企業も疾病や障害のある従業員も医療機関，障害者支援組織に頼らざるをえなかった。ところが，1980年代の半ば頃か

ら，企業，使用者がこの分野により深く介在するようになり，さらにこれを主導するにいたった。「使用者主導」のディスアビリティ・マネジメントは，「使用者が疾病・障害とその後遺症に対するコントロールを取り戻したいという願望から」(G. C. Murphy & M. A. O'hare) 生まれた[11]，ということができる。要するに，企業，使用者としては，職場での従業員の心身のダメージの結果として，長期的欠勤その他しごと上のロスを減らしたいのである。今日のきびしい企業環境の中では，従業員の心身に多大の負荷がかかっていて，それがまた，企業のコスト増をもたらす。企業としては，人材をいっそう活用し，どんどんイノベーションをすすめ，また生産性をたかめたいのに，従業員がしばしばストレスに陥ったり，病んだり，長期欠勤したりする状態では，イノベーションも生産性向上も覚束ない。ディスアビリティ・マネジメントが人事戦略あるいは企業戦略として位置づけられるのは，以上のような事情による。それは内部組織化されている。事業所や職場でのディスアビリティ・マネジメントといわれるものである。

　しかし，企業や使用者の都合だけでディスアビリティ・マネジメントは正当化されるわけではないであろう。すでにふれたように，従業員としても，疾病，障害のために，しごと能力を発揮できないことは本人にとって苦痛だし，不幸であろう。しごとは大抵の人びとにとって，生活の糧を稼ぐ手段であり，生活の基盤をなしている。それだけでなく，第Ⅰ章でふれたように，しごとは当人にとってウェル・ビーイングの重要な源泉であり，人的成長の機会である。疾病，障害により折角の機会がありながら，しごとが休みがちになったり，しごと能力を十分に発揮できなかったり，長期に欠勤せざるをえない，しごとから離れなければならない，という状況はウェル・ビーイングではない。もちろん，本人の努力も大切だが，使用者，事業者としても，従業員がそれぞれのしごと能力をよく発揮できるような配慮をしなければならない。ILOが強調するディーセントワークの問題である。

　もっとも，ディスアビリティ・マネジメントのこうした意義，重要性は使用者がよく認識しているとは限らない。使用者，管理者に認識されていない場合のほうが多いのではないか。Harder & Scottはディスアビリティ・マネジメントのキー・コンポーネントのひとつとして，「上級経営・管理者による重要

性の認識」を挙げている。2人はディスアビリティ・マネジメントを企業の戦略計画の中に入れて然るべきだという（Harder & Scott. 2005, p.47)[12]。「そうすることで，企業は効果的な人的資源管理の重要性を明確に表現することになり，従業者とのその約束を確認し，人のはたらきが企業業績にいかに積極的な影響をもつことをはっきり示すもの」(Harder & Scott. 2005, p.47) になるからである。

　このような職場でのディスアビリティ・マネジメントと，まえの諸章において取り上げた様々な障害者雇用制度とを改めて対比すると，前者は3つの点で特徴的である。ひとつはディスアビリティ・マネジメントは使用者，とくに企業の使用者がイニシアティブをとってすすめてきたものである。つまり，従業者に対する社会責任（CSR）もふくめて企業経営上の必要性に発したものである。いまひとつは，ディスアビリティ・マネジメントが対象とするのは法的意味の障害のある者だけではない。むしろ，現在のところは健康な従業者であっても，健康上の診断を行って，障害予防を行う。もし，異常がみつかれば，早期に対応する。しごとから離れざるをえないのであれば，リハビリテーションを支援し，RTWに努め，インクルージョンを推進する。

　第3の点こそ，障害者雇用との関連において，今日ディスアビリティ・マネジメントがクローズアップされているところである。その実務には，予防管理，リスクマネジメントの域をこえて，疾病，障害等で職場やしごとから離脱を余儀なくされた従業者に対し，システマティックにRTWを行うという段階にまですすむことが求められている。あとでふれるように，そうしたディスアビリティ・マネジメントをすすめている企業があらわれている。この点がディスアビリティ・マネジメントのディスアビリティ・マネジメントたるゆえんである。そして，ディスアビリティ・マネジメントがRTWの領域にまで拡大することによって，それは障害者雇用において培われたノーハウやその専門家・組織を活用することになる。とくに，あとでふれる外的ディスアビリティ・マネジメントにおいてそうである。

　ディスアビリティ・マネジメントは企業経営上の意味だけで動いているわけではなかろう。少なくとも現在，それは社会的な存在理由をもつ。すでにふれたように，ディスアビリティ・マネジメントは従業者のウェル・ビーイングの

うえで不可欠の存在であるし,第Ⅰ章でふれたように,少子高齢化社会にとっても,必要なシステムである。今後ますます,ディスアビリティ・マネジメントは重要性を増してくる,と思われる。

3-2 ディスアビリティ・マネジメントの諸領域

(1) ディスアビリティ・マネジメントには様々な側面がある。Geisenらは,内的ディスアビリティ・マネジメントと外的なそれがあるという。前者においては,企業自らがディスアビリティ・マネジメントを行い,ディスアビリティ・マネジメントは企業の組織構造の一部となっている。さきにのべた企業,使用者が主導する職場でのディスアビリティ・マネジメントはここにいう内的ディスアビリティ・マネジメントであろう。ところが,後者は企業の外に位置していて,企業はそのサービスの需要者になる。つまり,外的ディスアビリティ・マネジメントは個別企業をはるかにこえた存在であって,おそらく社会的には(あるいは社会インフラとして),医療機関,職業リハビリセンター,職業訓練施設,就労支援機関などのシステムとして存在している。むろん,そうした施設ではたらく医師,カウンセラー,ケースワーカーなどの人びとも,外的ディスアビリティ・マネジメントシステムの構成要素である。

内的ディスアビリティ・マネジメント,職場でのディスアビリティ・マネジメントがうまく機能するためには,地域において外的ディスアビリティ・マネジメントが有効に作動していることが不可欠である。前者は後者から専門的な助言,サービスを受けなければならないからである。ディスアビリティ・マネジメントは事業所や職場での取り組みと,地域での支援システムの機能がかみ合って,回っていくことが不可欠である。

(2) さらに,ディスアビリティ・マネジメントについてしごと復帰マネジメントと仲介・あっせんマネジメントという識別もある。「しごと復帰マネジメントはしごと能力があるものの,疾病や事故にあった従業者をできるだけ早く,ふたたび業務へインテグレートすることであり,仲介・あっせんマネジメントでは労働市場に参入するのが困難な者を支援してしごとができるようにすることがこころみられる。……しごと復帰に当たっては,事業所内のすでにある関係と相互義務の状況を手直し,更新し,事業所内で現実の問題状況の解決をさ

ぐろうとする。それに対し，仲介では，そうした関係をはじめて新しくつくり上げるのである」(Geisen et al., S.4-5)[13]。しごとの維持とRTWという分け方ではなく，しごと復帰マネジメントと仲介・あっせんマネジメントという分類をすることにより，ディスアビリティ・マネジメントでの仲介・あっせん分野の重要性が改めて示されている。仲介・あっせんは個々の企業をこえた問題でもあり，公共職業安定所，地域就労支援センターなどとの連携が不可欠となる。

(3) 生活・労働状態改善のための欧州財団の報告書では，ディスアビリティ・マネジメントについて**図表Ⅶ-3**のような整理を行っている[14]。同図表をみると，ディスアビリティ・マネジメントはしごとの維持・定着とインテグレーションに大別されている。前者については，人的資源，機会均等，健康・安全，リスクマネジメント，職業保健，健康増進，従業者支援，健康保険，転勤，

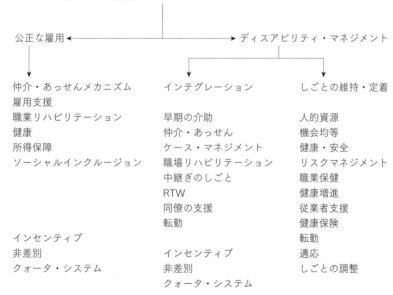

●図表Ⅶ-3　生活・労働状態改善のための欧州財団の報告書の
　　　　　ディスアビリティ・マネジメント・モデル

(出所)　Employment and Disability, p.30.

適応，しごとの調整が例示され，後者に関しては，早期の介助，仲介・あっせん，ケース・マネジメント，職場リハビリテーション，中継ぎのしごと，RTW，同僚の支援，転勤，インセンティブ，非差別，クォータ・システムが挙げられている。こうしたディスアビリティ・マネジメントがうまく回っていくためには，然るべき雇用環境がなければならない。公正な雇用に向けての，仲介・あっせんメカニズム，雇用支援，職業リハビリテーション，健康，所得保障，ソーシャル・インクルージョン，インセンティブ，非差別，クォータ・システムなどが整備されている必要がある。

(4) 以上のような識別のほかに，クライアント志向のディスアビリティ・マネジメントと，システムあるいは施設志向のディスアビリティ・マネジメントがあるとされる（W. R. Wendt, 2001）[15]。クライアント志向のディスアビリティ・マネジメントとは，就労弱者たるクライアントの能力やニーズに焦点を合わせたディスアビリティ・マネジメントであり，こうした能力やニーズが個人個人で異なるとすると，このディスアビリティ・マネジメントはあとでふれるケース・マネジメントの問題になってくる。リハビリテーションやRTWのプロセスはしばしば長期にわたるので，しかも個人個人の事情に合わせての支援になるので，ケース・マネジメントの問題になってくる。ケース・マネジメントについては，この章の後段でふれる。システムあるいは施設志向のディスアビリティ・マネジメントとは，たとえば，施設のあり方，職業リハビリテーション組織論，福祉作業所論といったものになる。

(5) 日本の状況から，職場でのディスアビリティ・マネジメントに関しては，予防的局面とリハビリテーション・RTW局面とに大別することが大切である。予防的局面では，従業者全員を対象とする健康管理，保険加入・リスクマネジメント，安全・衛生，職場環境の整備などがその内容になる。これらの予防的措置は日本の企業において従来からよく取り組まれてきたことではあるが，第Ⅱ章でふれたように，産業災害による死者が年間1,000人をこえるとか，職場生活に関し，強い不安，悩み，ストレスを感じる従業者が60%をこえるという状況がある。職場でのディスアビリティ・マネジメントの措置は，障害のある人を多く生み出さないようにするうえで，このうえなく有効である。あるいは，万一障害をかかえることになった場合でも，負担を減じることになる。

ディスアビリティ・マネジメントの新しい局面はリハビリテーションとRTWのところにある。RTW局面とは，疾病・事故等によってしごと能力がダメージを受け，職場から離脱をせざるをえない従業者を，ふたたび（リハビリテーションを通じ）しごと能力をとり戻して，職場に復帰させるというプロセスである。いま，ディスアビリティ・マネジメントが欧米で注目されるようになったのは，このリハビリテーションとRTWの局面においてである。日本でもっと取り組むべき局面である。

以前は，職場を離れた人は自分でリハビリテーションを行って，しごと能力を回復させ，復帰をめざす。多少は元の職場の上司や同僚なども手をさしのべてくれる。ただ，そうした支援はフォーマルなものでないかもしれない。ディスアビリティ・マネジメントは企業のフォーマルなマネジメントとして，人的資源管理，CSRの一環としてリハビリテーション，RTWをシステマティックに支援しようとする。組織としてディスアビリティ・マネジメント責任者を置いたり，一定の復帰率を目標として設定し，その達成をめざしたりする。

いまひとつ，ディスアビリティ・マネジメントについて企業の立場で問題をとらえ，企業内部を中心に考える立場と，企業外部の社会的インフラも視野に入れ，さらには「公正な雇用」といった社会規範にも重きを置いてディスアビリティ・マネジメントを取り上げようとする立場もある。図表Ⅶ-3の構想はこれに当たる。本書もディスアビリティ・マネジメントを広い視野でとらえるべきだと考える。自前の病院を抱えるような大企業であっても，ディスアビリティ・マネジメントは一企業だけで完結しえない。様々な外部の専門機関とのコラボレーションをすすめ，ネットワークを構築して対処しなければ，うまくいかない。

4　Geisen等によるスイス企業調査

4-1　調査対象

ディスアビリティ・マネジメントは企業で実際にどのように行われているのか。スイスに所在する7社を対象に2007年10月に実施された，T.Geisenたち

のディスアビリティ・マネジメント調査がある（Bericht im Rahmen des mehrjährigen Forschungsprogramms zu Invalidität und Behinderung)[16]。この調査結果は『スイスにおける企業のディスアビリティ・マネジメント』としてまとめられている。すでにふれたように，同国はディスアビリティ・マネジメントの先進地域だとされている。といっても，7社は全部が必ずしも生来のスイス企業とはいえないかもしれないし，従業者の出生地も，スイスが7割弱というように，全員がスイス国籍だとはいえない状況であった。ちなみに，7社はミグロス・バーゼル，BVB（Basler Verkehrsbetriebe)，クリニック・バルメルウァイト，ISS（Integrated Service Solutions)，ポストファイナンス，ポストメール，イムプレニアであって（**図表Ⅶ-4参照**)，ミグロス・バーゼルやBVBのように，スイスでも，ドイツやフランスとの国境にじかに接している地域の企業もある。各社の業種，従業者数などは同図表のようになる。この調査では使用者・人事担当者についての面接だけでなく，ディスアビリティ・マネジメントの利用者に対するアンケート調査も行っている。7社の総従業者数3万7,850人のうち，利用者は企業側の数字で570人であり，この570人に対し調査票を送付したが，有効回答者は198人であったという。回答率は約35％ということになる。なお，図表Ⅶ-4にはないが，スイス・ジーメンスも調査対象になっている。同社には約6,000人の従業者がいる（中央スイス約2,500人，チューリッヒ約2,000人，西部スイス1,500人)。

●**図表Ⅶ-4　7社の業種，従業者数など**

企　業　名	業　　種	従業者数	対象従業者数	ケース数
ミグロス・バーゼル	小売	3,800	52	36
BVB	交通	1,000	64	36
クリニック・バルメルウァイト	クリニック	250	25	12
ISS	設備管理	9,000	19	9
ポストファイナンス	金融	3,000	80	24
ポストメール	郵便サービス	16,000	210	59
イムプレニア	建設	4,800	120	20

（出所）　Bericht, S.18.

調査結果をみると，まずはディスアビリティ・マネジメントという表現は7社いずれも使っていなかった。担当部署の名称も健康管理，ケース・マネジメント，社会相談などと「多様な表現」がみられた。表題にディスアビリティ・マネジメントを使った文献は1980年以降に多数あり，この表現が話題になっているのに調査した7社ではそうでなかったことは意外であった。ただ，この調査では，担当所管の名称が異なっていても，ディスアビリティ・マネジメントないしディスアビリティ・マネジメント担当者という表現をしている。

4-2 導入の動機と時期

この調査は，ディスアビリティ・マネジメント導入の動機はなにか，ディスアビリティ・マネジメントはいかに実施されているか，どんな成果を生んでいるかを知ろうとするものであった。ディスアビリティ・マネジメント先進地域といわれるところにおいて，企業が行っているディスアビリティ・マネジメントの実際を，多少知ることができるかもしれない。

調査結果をみると，まずディスアビリティ・マネジメント導入の動機にはかなりの共通性がみられ，しかもそれらが少なからず企業経営上の動機とみなしうるものであることがわかる。同調査ではこれらの動機を，経営経済上の動機，企業文化上の動機と，外発性の動機にわけて整理している（**図表Ⅶ-5参照**）。経営経済上の動機としてはコスト節減，欠勤率の改善，生産性向上，効率アップなどが挙がっており，企業文化上の動機としては企業内の結束の強化，管理の質の改善，従業者に対する責任，コーポレート・アイデンティティの推進，職業エートス，モティベーションの改善，コンフリクトの解消，従業者に対する配慮，従業者の自発性のアップが記されている。外発性の動機あるいは外的圧力としては，他企業の手本になるため，労働組合の要望があったため，保険会社からの要請がのべられている。

ちなみに，ディスアビリティ・マネジメント導入の時期はすべてが2000年代になってからで，このシステムが非常に新しいものであることを示している。いずれの企業もディスアビリティ・マネジメントについて研究・検討のプロジェクトやパイロット・ディスアビリティ・マネジメントを立ち上げ，そのあと本格的にディスアビリティ・マネジメント導入に踏み切るケースが多いが，社

第Ⅶ章　ディスアビリティ・マネジメント

●図表Ⅶ-5　ディスアビリティ・マネジメント導入の動機

- 経営経済的動機
  - コスト節減
  - 欠勤率の改善
  - 生産性向上
  - しごと能力の活用
  - 効率向上
- 企業文化的動機
  - 企業内の結束の強化
  - 管理の質の改善
  - 従業者に対する責任の認知
  - コーポレート・アイデンティティの推進
  - 職業エートス
  - モティベーションの改善
  - コンフリクトの解消
  - 従業者に対する配慮
  - 従業者の自発性の発揮
- 外発性の動機あるいは外的圧力
  - 他企業の手本
  - 労働組合からの要望
  - 保険会社からの要請

会相談といった，前身のなんらかのシステムがあって，それがディスアビリティ・マネジメントに発展するケースもある。ディスアビリティ・マネジメント担当者の組織上の位置はどうなっているか。2つのパターンがあって，社会相談担当者が行っている場合（クリニック・バルメルウァイト，シーメンス）と人事部門内の担当者が担っているケースがある（残りの各社）。

4-3　対象となる従業者

　ディスアビリティ・マネジメントは7社においてどのように実施されているか。まずは，いかなる従業者を対象としているのか。ほとんどの企業では，すべての従業者が対象になっている。ただ，一定の人たちがディスアビリティ・マネジメントの対象外になっているケースもあって，クリニック・バルメルウァ

●図表Ⅶ-6　しごとを休まざるをえなかった理由

疾病	69（％）
身体上の支障	20（％）
複数の主原因	3（％）
その他	4（％）
無回答	3（％）

（出所）　Bericht, S.52.

●図表Ⅶ-7　疾病の分野

運動器官	43（％）
心理・精神	24（％）
心臓・循環器	20（％）
その他	23（％）

（出所）　同上

イトでは，トップマネジメントには別のシステムが用意されていた。

　さて，アンケート調査の有効回答198について，しごとを休まざるをえなかった主たる理由をたずねた結果は，**図表Ⅶ-6**の通りであって，断然多いのが疾病であり（69％），次いで身体上の支障（20％）となり，双方でほとんど9割を占める。

　疾病を主な原因として挙げた者についての，疾病の分野をたずねた質問の回答結果は**図表Ⅶ-7**のようになっていて，運動器官関係が43％，心理・精神的なものが24％，心臓・循環器関係が20％，その他が23％となった。2人によると，企業によって，原因のウエートにちがいがあり，しごとによって，中断理由が変わるとしている。

　ディスアビリティ・マネジメントの実施では，ケース・マネジメントが目立ち，とくにシーメンス，ISS，ポストファイナンスでは，この手法がはっきりと意識され，使われている。だれが対象になるか。企業には「2ヶ月以上休んだ」（ISS），「4週間以上欠勤した」（ポストメール）といった基準が設けられている。ただ，欠勤がこうした基準をこえる見通しがあっても，事情がわかっ

第Ⅶ章　ディスアビリティ・マネジメント

ていて，復帰の目途がついている場合は，ケース・マネジメントの問題にはならないし，おそらく上司が推移を見守ることになる。すでにふれたように，ドイツのインテグレーション・マネジメントでは，これが法的に6週間以上と画一的に規定されていたわけである。ドイツの規定よりも短い場合もあれば，長いケースもあることがわかる。しかし，診断が判然とせず，いくつもの要因が絡んだ，基準をこえる欠勤となると，ケース・マネジメントの出動となるという。できるだけ早期に対処することが大切だという点は，7社ともよく認識していた。ケース・マネジメントの引き金を引くのは事業所のディスアビリティ・マネジメント責任者（29.3％），上司（25.8％），人事の責任者（19.7％），「自ら問い合わせ」（16.7％）という順になっている（**図表Ⅶ-8** 参照）。同図表をみると，ケース・マネジメントの引き金を引くのは，多くは企業内，事業所内の担当者であり，さきの動機に関する図表Ⅶ-5と合わせて考えると，ディスアビリティ・マネジメントはいかにも企業・事業所主導で行われているようにみえる。もちろん，かかりつけ医，家族，同僚などがきっかけをつくることもある。当然のことながら，ディスアビリティ・マネジメントの担当者ないし部門は，対応策を考え，講ずることになる。注目すべきは，スイス企業の場合，

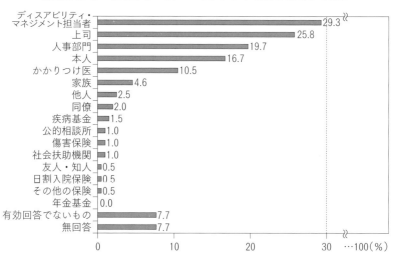

●図表Ⅶ-8　だれがケース・マネジメントの引き金をひくのか

（出所）　Bericht, S.59.

263

ドイツのインテグレーション・マネジメントのように，重度障害者代表，経営協議会，職員協議会といったところの介入がないことである。大方の国のディスアビリティ・マネジメントはそうであろう。逆にいうと，そうした介入があるのがドイツ的特徴であろう。

4-4　施策とアウトカム

図表Ⅶ-9 は対応策をとりまとめたものであるが，「相談する」，「文書または口頭での情報」というのが多く，次いで「医学的支援」，「心理的ケア」，「リハビリテーション・セラピー」などとなっている。件数の多寡は，RTWにかかわるディスアビリティ・マネジメントが発動される順序をあらわしている。「相談する」のは，自分の健康について懸念をもつと，まずだれかに相談するのだろう。相談だけですんでしまうことも多いであろう。相談にとどまらないで，つぎにディスアビリティ・マネジメントの医学的支援，心理的ケア，リハビリテーション・セラピーの段階まですすむことも少なくない。そのさきに財務的支援，法的支援の段階があると考えられる。さらにはしごとの抑制，他機関への紹介・あっせん，再教育などといった措置もとられる。

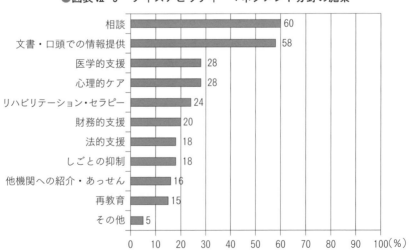

●図表Ⅶ-9　ディスアビリティ・マネジメント分野の施策

（出所）　Bericht, S.60.

第Ⅶ章　ディスアビリティ・マネジメント

　ディスアビリティ・マネジメントは企業内の問題でもあるが，これまでくりかえしのべてきたように，企業内だけで対処できない部分もある。企業外部の様々な専門機関の協力がなければならない。図表Ⅶ-9は，そうした外部の専門機関の様々な支援が非常に必要であることを示唆している。

　このディスアビリティ・マネジメント調査では，最後にディスアビリティ・マネジメント実施の効果についていくつかの質問がなされている。ディスアビリティ・マネジメントの成果測定について，どんな測定基準が使われているのか，また関係者はこれをいかほど支持しているのか，といった質問である。ただ，調査対象企業はいずれもディスアビリティ・マネジメントを導入してまだ日が浅く，成果を語るという段階にはなっていないのかもしれない。調査結果をみると，そうした印象をうける。

　ディスアビリティ・マネジメントの成果，アウトカムはなにかという問題は，ディスアビリティ・マネジメント論の大きな関心事のひとつである。U. Gensbyたちは様々なディスアビリティ・マネジメント論を精査して，そのアウトカムはなにか，測定の基準にはいかなるものがあるかを導き出そうとした[17]。Gensbyたちの指摘によると，基本的（一次的）なアウトカムはRTW，疾病期間，喪失日数である。二次的なアウトカムは，機能からみた健康調査，就労形態別（フルタイムかパートタイムか）のしごと復帰状況，復帰に要する時間などである。Geisenたちのディスアビリティ・マネジメントに関するスイス企業の調査では，アウトカムに関する測定基準を，企業側へのインタヴューの中でたずねている。その回答をみると，複数の測定基準が挙げられ，しかも併用されていることがわかる。保険料（保険の掛け金），欠勤率，長期疾病者・事故者数，ケース数，しごと復帰者数，ケースの推移が使われていた。ただ，これらのうち，「ケースの推移というのは測定基準ではない」という調査担当者のコメントがある（S. 62）[18]。欠勤率はすべての企業が測定基準として使っている。むろん，その低下がディスアビリティ・マネジメントの主要なねらいであり，場合によっては目標値が設定されることになる。欠勤率の高い部門では，これを引き下げるという観点からディスアビリティ・マネジメントのいっそうの推進が求められるだろう。次に多いのがディスアビリティ・マネジメントが対処した従業員数，とくにケース件数である。ケース件数は減ってい

くのが望ましい。しかし，ケース・マネジメントの対象とすべき従業者がいるのに，そうしなかったりすると，これは大きな問題であり，先々深刻な問題をひきおこすことになろう。しごと復帰者数はディスアビリティ・マネジメントをリハビリテーション，RTWの観点でとらえるとすると，重視すべき測定基準になる。とくに，インテグレーション・マネジメントではそうである。ただ，この測定基準を使っていたのはミグロス・バーゼルとポストメールだけであった。

従業者のディスアビリティ・マネジメントに対する評価はどのようになっているか。調査では従業者がディスアビリティ・マネジメント担当者だけでなく，様々な人，組織，機構などからも受けている支援の度合いを5段階で評価してもらっている（5：十分な支援を受けている，4：やや支援を受けている，3：どちらともいえない，2：あまり支援を受けていない，1：支援を受けていないという5段階で評価した）。これをみると，ディスアビリティ・マネジメント担当者の支援は3.9であり，「やや支援を受けている」という感じに近いことがわかる。しかし，家族とかかりつけ医からの支援が非常に大きくて（いずれも4.5），ディスアビリティ・マネジメント担当者のそれをずっと上回っている。友人・知人・隣人の支援も大きい（4.0）。基金の支援状況については，疾病基金は高いが，傷害保険は低いというように，バラツキがある。上司，人事担当者，職場仲間の支援については評価が低い。

リハビリテーション，RTWの段階では，当人は企業，職場の人びとよりは，企業外部の家族，かかりつけ医その他の人びとからより多くの支援をしてもらっていると感じている。この点は興味深い，あるいは注目すべきことかもしれない。しかし，企業の中では，ディスアビリティ・マネジメント担当者の支援が一番大きいと感じている。企業外部の基金をはじめ，様々の機関の支援については総じて高くは評価されていない。

5　マネジメントとしてのディスアビリティ・マネジメント

ディスアビリティ・マネジメントは文字通りにマネジメントの問題である。マネジメントとは組織，企業の理念を明確化，見える化し，具体的目標を設定

して，それを実施すべく計画を立て，組織をつくり，これを運用し，また担当する人材を育成し，動機づけて目標達成に努め，そのアウトカムを測り，評価することである。評価した結果は次なるマネジメントに生かされていく。

　そこで，ディスアビリティ・マネジメントという以上，マネジメントであるからには，理念をはっきりとうたい，具体的目標を設定するというステージがなければならない。ディスアビリティ・マネジメントの理念については，第Ⅱ章第7節でふれた3つのベクトルのどれを，あるいはどれとどれを志向しているのかを，示す必要があろう。それを組織全体の理念やレゾンデートルとも関連づけて，格調高く簡明に成文化することが多い。

　具体的目標はひとつでなく，複数のものが設定されよう。ディスアビリティ・マネジメントは多元的だからである。目標は時間，人数，金額，数量などの数値であらわされていることが望ましい。容易に達成できるレベルよりも，努力目標たる性格をもたせるのがよい。かといって，とても実現できそうにない，夢のような目標の設定もまずい。

　理念，目標を所定期間にどう実現していくか，方針，手続，プログラム・マニュアルを整備し，またスケジュールを決めるといったことが計画の内容になる。ディスアビリティ・マネジメント，とくにRTWでは従業者の個別的状況に合わせた対応が求められるが，そうした個別的対応が多くなるほど，一般的な方針，手続，プログラム・マニュアルは必要になる。

　組織については，名称はどうあれ，ディスアビリティ・マネジメント責任者を置くことが必要である。ディスアビリティ・マネジメントの業務は外部委託してしまうことが多い。とくに中小企業の場合は丸投げに近いかもしれない。それに，ディスアビリティ・マネジメントのプロフェッショナルは組織外部にいて，そうした人びととの支援が不可欠である。しかし，ディスアビリティ・マネジメントの従業者に対する責任は企業側にある。

　ディスアビリティ・マネジメントでは，担当する人材を育て，動機づけ，サービスの質の維持・向上が大切である。ディスアビリティ・マネジメントは担当する人材によって運用されるわけで，人材のいかんによってディスアビリティ・マネジメントの良し悪しが決まるともいえる。

　ディスアビリティ・マネジメントのアウトカムの測定，評価に関しては，さ

きに取り上げたスイス企業7社の場合，アウトカムを測る基準として保険料，欠勤率，障害者数，ケース数，復帰者数が挙げられていた。基準は目標と対応している。ひとつの企業が複数の測定基準を使っている，ということも判明した。

6　ケース・マネジメント

ケース・マネジメントは「ディスアビリティ・マネジメントのプログラムの重要な構成要素である」(Harder & Scott, 2005, p.103)[19]。ディスアビリティ・マネジメント問題，とくにRTWではほとんどの場合に，ケース・マネジメントへの言及がある。

「ケース・マネジメントとはなにかと問うと，おそらく10通りの答えがかえってくる」とはJ. Tradwellたちの『ケース・マネジメントとケア調整』[20]の冒頭に出てくる文章である。ケース・マネジメントの一義的理解は今日もない，という。1973年にアメリカにおいて「健康維持組織法」ができてからの概念であり，1990年にアメリカ・ケース・マネジメント協会（CMSA）の設立があって，そうしたしごとの標準化がすすみ，ケース・マネジメントの実務が見える化した。以上のような経緯からして，また表現からいって，ケース・マネジメントはアメリカからはじまったものである。ケース・マネジメント担当者は患者とその患者のケアにかかわる健康ケアのプロフェッショナルとコラボレーションを行いながら，患者のケアの計画を立て，回復を促し，支えていく。ケース・マネジメントは「非常に個別的（個人的）アプローチであって，健康制度，医療，行動，社会障壁すべてにかかわり合う」。ただ，最近は医療組織といった固有の健康維持組織の場ならずとも，類似のしごと状況にある場合にも，ケース・マネジメント・アプローチがとられている。たとえば，小学校・中学校での問題児のケアについて，あるいは子ども家庭支援センターでのなかなか再起できない母親へのケアについて，などの場で用いられている。

ディスアビリティ・マネジメントでは，ケース・マネジメントは「従業者がしごとから離れる時期に生じる諸活動」にかかわる（Harder & Scott, p.17)[21]。つまり，ディスアビリティ・マネジメントのスタートからケース・マネジメン

トが伴走するわけでなく，従業者が職場から離脱し，疾病を克服し，リハビリテーションを行い，しごと復帰をめざす局面において，ケース・マネジメントが登場する，登場させざるをえないのである。この局面では，ケア・マネジャー的な役割を果たす従業者の伴走者がいなければならない。

　ディスアビリティ・マネジメント担当者，ディスアビリティ・マネジャーはRTW段階の従業者にかかわるときは，ケース・マネジャー的役割を演じることになる（Harder & Scott, p.19）[22]。ディスアビリティ・マネジメント担当者はまず，この点を自覚しなければならない。ケース・マネジメントとはいかなることか，この点をよく理解しておく必要がある。

　ケース・マネジメントにはいくつかの特徴がある。ひとつは，すでにふれた個別性，個人性であって，しごとを離れた従業者は性格，しごと能力がそれぞれちがっているし，本人の置かれている状況，抱えている問題においても異なっていて，対応，支援は相手ごとに変えなければならない。個別の対処が求められよう。次に，従業者がRTWを果たすために克服しなければならない問題の因子は多元的（マルチディメンショナル）で，それらが相互に関連し合っている。それぞれに専門的支援が必要だし，それら支援が連携関係にある，ということが求められる。プロフェッショナルの間でのコラボレーションが不可欠になる。ディスアビリティ・マネジメント担当者や人事担当者のほかに，リハビリテーション機関関係者，産業医，専門の医師，保健師などのあいだでコラボレーションが行われる。

　大企業，大組織の場合，これらのプロフェッショナルを組織内で抱えることができるかもしれない。大企業，大組織にはグループ内の病院があることも珍しくはない。しかし，大企業，大組織でも，必要とするプロフェッショナルをすべて組織内で抱えていることはないのではないか。それが組織合理的である。大部分の企業，組織では，少なくともプロフェッショナルについて，外部人材に頼る。一般的には立ち入った検診，医学・職業リハビリテーションにしても，外部機関，地域資源を活用する。地域には，そうした福祉クラスターが整備されているわけで，ディスアビリティ・マネジメント担当者は，企業と外部資源，地域の福祉クラスターとのつなぎ（リエゾーン）の役割を果たす。

　ちなみに，この点で企業と事業所のちがいというものがある。事業所は企業

に全く埋没してしまう存在ではない。事業所は所在する地域の一員であり，より地域性をもつ存在であり，たとえば，所属する企業に遠隔の地にある病院があったとしても，事業所としては地域の医療システムに頼るほうが合理的であろう。

そもそも，RTWは特定企業，特定事業所をこえた問題になる可能性が少なくない。というのは，リハビリテーションを行って，以前のしごと能力が再形成できても，もとのしごと，職場に戻れるとはかぎらない。同一事業所内で別のしごとに就くことになるかもしれない。場合によっては，これまで所属していた事業所内に再形成したしごと能力に見合うようなしごとがあるとはかぎらない。そうしたとき，地域のほかの事業所において，新たな職場，しごとを求めなければならない。RTWは地域の就労支援クラスターともむすび付く必要がある。コラボレーションのために，当の従業者，配偶者も加わってケース会議が開かれることも少なくない。

リハビリテーション，RTWは長いプロセス，期間にもなる。計画的にすすめられることもあるが，計画通りにならないこともある。ケース・マネジメントの担当者は辛ぼうづよく，本人および支援の関係者とコラボレーションを重ねながら，RTWを果たす努力をすることになる。

7 アクション・リサーチ

ディスアビリティ・マネジメントの分野では，ケース・マネジメントとともに，アクション・リサーチも登場する。アクション・リサーチは第2次世界大戦中に，K. Levinが考案した社会的イノベーションの考え方・手法である。Levinがアメリカ軍部の要請により，牛の胃袋を，アメリカの家庭の夕食のメニューの中にとり入れるべく，主婦たちにそれを習慣付けようとした実験は有名である[23]。したがって，アクション・リサーチが登場したのは，70年以上まえのことである。

この間，アメリカ，ヨーロッパ（とくにノルウェー），日本等において様々な分野でアクション・リサーチの活用がみられた。企業分野のほかに，福祉，教育，地域経済などにおいて，その活用がみられる。そうした中で，アクショ

第Ⅶ章 ディスアビリティ・マネジメント

ン・リサーチの考え方も実際も非常に多様化している。

アクション・リサーチはごく一般化していうと,「状況を改善するための専門のアクション・リサーチャーと組織,コミュニティのメンバーからなるチームが行う研究」(D. J. Greenwood & M. Levin, 1998)[24]といったことになる。この規定からすると,社会的イノベーション,専門家,様々なエージェント,研究(新知見の発見)が,アクション・リサーチのキーワードといえるだろう。GreenwoodとM. Levinはアクション・リサーチの特色として研究プロセスでの広範囲の参加(participation)を挙げている。最近はこの参加をいっそう強調すべく,参加的アクション・リサーチ(PAR)という表現もされている(F. Borda, 2001, B. Genat, 2009, etc.)[25]。

ディスアビリティ・マネジメントといった多様性,多元性のソーシャル・アリーナにおいて,なにか変革のための新しいアイディアを手に入れようとするなら,ケース・マネジメントの節で挙げたような様々なエージェントの積極的な関与がないと,変革はなかなかできないのではないか。ちなみに,GreenwoodとLevinはアクション・リサーチが研究であることを強調している。しかし,それは純然たる学術研究に終始するものではなかろう。アクション・リサーチでは,2つの点が大切である。ひとつは,だれのための研究か(whom the research is for)という点が留意されなければならない。ディスアビリティ・マネジメントの分野,そのソーシャル・アリーナでは,障害のある人びと,ないし障害のおそれのある人びとが,対象になる。そうした人びとのウェル・ビーイングの視点から,アクション・リサーチが行われる。

いまひとつの点は研究者の役割である。アクション・リサーチでは研究者は個人的関心や自分の専門の見地において研究をこころみるのではない。伝統的な役割をこえなければならない。研究者は対話者であり,説明者であり,ファシリテータであり,コーディネータであり,能力開発者でもあり,そして当該ソーシャル・アリーナの「ポリティカル・アクター」でもある(Genat, p.114)[26]。

ディスアビリティ・マネジメントの分野では,アクション・リサーチはどのようにすすめられるのか。C. RandallとN. Buysはオーストラリアのある州の医療機関のケースを紹介している[27]。もっとも,このケースは参加的アクション・リサーチを十分に意識したものではない。

この医療機関は1万人をこえるスタッフがいて，都市と地方の緊急医療も担っている。職員の多くが陥るストレスをどうするかが課題で，その予防，職業リハビリテーションの手だてを，アクション・リサーチを通じ見出そうとした。グリフィス大学と提携してこれが行われ，研究者は同大学から派遣された。アクション・リサーチの大きなフローは4段階になっていて，まずはワーキング・グループをつくり，バックグラウンドデータを集めること，次いでデータを分析・解析して課題を見出し，そして解決策を提案し，最後に実施にかかわり合う，というものであった。課題については，文化，資源，コミュニケーション，職員のリクルート，組織外部との個人的・組織的関係と予防・リハビリテーション制度の6つに分けて，それぞれ研究グループを設け，課題と解決策の探求が行われた。一方において，全体の関連，相互関係を見失わないように，全体として研究が進捗するように，（ビジネス・）プロセス・マッピングの手法[28]が使われたという。このアクション・リサーチの運用は，さきに述べた考え方で行われた。

　RandallとBuysが取り上げたアクション・リサーチは大がかりなものである。けれども，もっと小規模な試みもあるのではないか。ケースではしばしば，当人が新しい行動を見付けられない，それがわかっていても，旧来の行動から脱却できず，事態が進展しない。専門家，研究者もふくめて，関係者が当人に寄り添い，新しい知見を取り入れたり，みんなでヒューリスティック（heuristic）な仕方で解決策をさぐったりしながら，事態の改善，行動変容の手伝いをすることも大切である。それは小さくとも，社会的イノベーションになる。

8　日本の「健康経営銘柄」

8-1　安全・衛生，健康のマネジメント

　ディスアビリティ・マネジメントの予防局面はすでにふれたように，人的資源管理，人事管理の分野において主に安全・衛生の問題として浮上してきたといえる。ただ，それはディスアビリティ・マネジメントの予防局面だけにウエ

ートを置くものであった。従業者を労働災害から守り，職業病をふくむ疾病から守るための管理分野，つまり健康維持管理が，その主たる内容である。「健康と安全のプログラムは従業者の生産性とウェル・ビーイングに対する組織の戦略的関心を反映している。そうしたプログラムは従業者のコミットメント，会社のイメージ，コスト削減，生産性向上を通じて競争優位を求めるという戦略目標とむすび付いている」(R. J. Stone, 2002, p.642)[29]。

安全・衛生，健康のマネジメントは組織にとって非常に重要な分野であるが，その割には以前においても現在においても，必ずしもその重要性に見合う扱いを受けてきた，受けているとはいい難い。たとえば，日本の人的資源管理のテキストをみても，この問題を取り上げているものは少ない。取り上げられていても，ほかに比しわずかのページが割かれているにすぎない。ただ，アメリカの分厚い人的資源管理のテキストの場合は別であって，それなりに「健康と安全」の章が設けられている。そこでは近年とくにストレス問題への対応が論じられている。

日本の場合，この問題は法的に規定されている。1972年の「労働安全衛生法」は「労働基準法」(1947年)と相まって，「労働災害の防止のための危害防止基準の確立，責任体制の明確化及び自主的活動の促進の措置を講ずる等その防止に関する総合的計画的な対策を推進することにより職場における労働者の安全と健康を確保するとともに，快適な職場環境の形成を促進することを目的とする」(同法第1条)としている。そして，使用者は「この法律で定める労働災害の防止のための最低基準を守るだけでなく，快適な職場環境の実現と労働条件の改善を通じて職場における労働者の安全と健康を確保するようにしなければならない」。また使用者は「国が実施する労働災害の防止に関する施策に協力するようにしなければならない」(同法第3条第1項)。

事業所では，総括安全衛生管理者，安全管理者，衛生管理者，安全衛生推進者等，産業医などを選任しなければならない。ちなみに，産業医については以下のような規定がある。「事業者は……医師のうちから産業医を選任し，その者に労働者の健康管理その他の……事項(以下「労働者の健康管理等」という。)を行わせなければならない。……産業医は，労働者の健康を確保するため必要があると認めるときは，事業者に対し，労働者の健康管理等について必

要な勧告をすることができる。事業者は……勧告を受けたときは，これを尊重しなければならない」（労働安全衛生法第13条）。同法では，その他包括的に様々な措置・施策を講じることが求められているわけであるが，健康の分野ではとりわけ，同法66条において健康診断の実施の義務がうたわれている。使用者は「労働者に対し，厚生労働省令で定めるところにより，医師による健康診断を行わなければならない……」し，「労働者は……事業者が行なう健康診断を受けなければならない」（同法第66条第1項・第5項）。使用者は健康診断の結果を記録しておかなければならないし，健康診断の結果について異常という所見があったときは医師または歯科医師から健康を保持するうえでの意見を聴取する必要がある。そして健康診断実施後の措置として，従業者の実情を考慮して，職場・しごとの変更，労働時間短縮，シフトの配慮，施設・設備の整備などを行うことになる。

　いうまでもなく，健康診断の結果は当人に通知しなければならない。本人は健康上の指摘された異常に留意して働くことになろう。あるいは多少，従来のしごとのやり方を変えることになるかもしれない。そうした際に，使用者側，事業所側も本人に対し，保健上の指導をする必要がある。

　ただ，「労働安全衛生法」第66条の規定はあっても，すべての従業者が定期健康診断を受けているわけではない。厚生労働省の「労働安全衛生特別調査」（2013年）をみると（**図表Ⅶ-10参照**）[30]，2007年において300人以上の事業所の実施率は100％であるが，10～29人の規模の事業所は82.7％になる。全体では86.2％である。常用従業者の受診率は81.2％であった。パートタイマーになると，49.2％になる。ちなみに，定期健康診断の結果，なんらかの異常を認められたとする有所見率は39.6％にもなる。従業者の健康問題は無視できない状況になっている。

　最近，日本でも健康経営の動きが顕著にみられるようになった。2015年から，経済産業省は東京証券取引所と共同で，「従業員の健康管理を経営的な視点で考え，戦略的に取り組んでいる企業を選定する」ことで，企業の従業者健康管理（あるいは健康経営）を推進しようとしている[31]。

　従業者の健康管理，健康経営を推進する企業では，「従業員の活力向上や生産性の向上等の組織の活性化をもたらすことで中長期的な業績・企業価値の向

●図表Ⅶ-10　定期健康診断の実施率，常用労働者の受診率及び有所見率

(単位：％)

区　　分	事業所	常用労働者	
	実施率	受診率	有所見率
2007年	86.2	81.2	39.6
（事業所規模）			
5,000人以上	100.0	93.3	32.9
1,000〜4,999人	100.0	88.6	44.5
300〜999人	100.0	84.8	42.4
100〜299人	99.7	84.9	43.2
50〜99人	98.1	81.8	43.1
30〜49人	92.6	78.1	37.6
10〜29人	82.7	76.8	34.4
（就業形態）			
一般社員	・	93.4	40.5
契約社員	・	82.1	38.1
パートタイム労働者	・	49.2	35.1
その他	・	38.0	37.1
2002年	87.1	83.3	38.2

(注)　実施率，受診率及び有所見率は次のように算出。

$$実施率 = \frac{定期健康診断を実施した事業所数}{全事業所数} \times 100$$

$$受診率 = \frac{受診者数}{定期健康診断を実施した事業所の常用労働者数} \times 100$$

$$有所見率 = \frac{有所見者数}{受診者数} \times 100$$

上を実現し，投資家からの理解と評価を得ることで株価の向上にもつながることが期待」される。そして経済産業省が上場企業に対しアンケート調査を実施し，経営理念・方針，組織・体制，制度・施策実行，評価・改善，法令遵守・リスクマネジメントの5点からスコアリングをして，22社を選定したという。

選ばれた企業は以下のとおりである[32]。アサヒグループホールディングス（食料品），東レ（せんい製品），花王（化学），ロート製薬（医薬品），東燃ゼネラル石油（石油・石炭製品），ブリヂストン（ゴム製品），TOTO（ガラス・

土石製品），神戸製鋼所（鉄鋼），コニカミノルタ（電気機器），川崎重工業（輸送用機器），テルモ（精密機器），アシックス（その他製品），広島ガス（電気・ガス業），東京急行電鉄（陸運業），日本航空（空運業），SCSK（情報・通信業），丸紅（卸売業），ローソン（小売業），三菱UFJフィナンシャル・グループ（銀行業），大和証券グループ本社（証券・商品先物取引業），第一生命保険（保険業），リンクアンドモチベーション（サービス業）の22社である。上場企業の中にはほかにも従業者の健康に非常に配慮している企業もあろうし，非上場企業にもそうした企業はあるであろう。

　ここでは，上記の22社について，従業者に対する健康管理の状況をみると，実に様々な措置が講じられていることがわかる。まずは従業者の健康について，当該企業としていかなる位置づけをするか，という問題がある。重視している企業は，経営理念，経営政策のレベルにおいて，それを明文化している。またトップ・マネジメントの構成員が責任者になっている，全社的な組織がつくられているなどの組織上の措置となって現れてくるであろう。すでにふれたように，HarderとScottは，ディスアビリティ・マネジメントを戦略上重視するのであれば，トップ・マネジメントのメンバーが責任者になるべきだとしている。

　また，健康保持，障害予防について全社的キャンペーンを行っているところもある（たとえば，花王のウォーキングキャンペーン，SCSKの禁煙キャンペーンなど）。社長から全社員へ健康増進のメッセージを発信したりしている企業もある（広島ガス，日本航空など）。こうしたキャンペーンはすでにふれたように，ドイツでもみられた。

　担当機関は人事や労務の部署や健康管理室，医務部などであるが，保健師，産業医，看護師，栄養士などの専門家も関与している。これらの専門家は専属の場合もあれば，外部人材であるときもある。こうしたプロフェッショナルの関与は不可欠である。ドイツのインテグレーション・マネジメントでは，法的に従業者代表組織である経営協議会の関与が規定されているが，日本の場合も健康保険組合や労働組合とのコラボレーションが行われている。これは非常に大切なことであって，こうしたコラボレーションを通じ，健康経営がすすめられている企業が多い。

　まずは，定期健康診断のほかに，様々な健康チェックが行われていることが

わかる。生活習慣病検診，長時間勤務者検診，がん検診，人間ドックなど。ちなみに，2012年の「労働安全衛生特別調査」によると，時間外・休日労働が100時間をこえる従業者への医師による面接指導の実施状況は，実施している事業所が4.3%，がん検診は34.3%，人間ドックは28.1%となっている。メンタルヘルスについては，22社のうちの12社に明示的な言及がある。様々な取り組みが行われていて，近年の大きなイシューがあることがわかる。全従業者を対象に年2回ストレスチェックを実施している場合もある（コニカミノルタ）。分析結果を各職場責任者にフィードバックし，ストレス度の高い職場については改善策を講じるようにしている。とくにハイリスクの従業者に対しても，気を配っている。

　いまひとつには，メタボ対策が目に付く。様々な取り組みがみられる。たとえば，内臓脂肪になりにくい食事を，社内食堂で提供する，内臓脂肪測定コンテストを開催する（花王），運動場や体育館をつくる，栄養士によるセミナーを開催する，さきにふれたウォーキング，運動などを奨励するといった試みである。禁煙，節酒への取り組みも多くの企業において行われている。

　従業者の健康・不健康・障害状態というのは因果関係では結果であり，川下の問題であろう。川上のほうに様々な因子があって，結果として健康であったり，不健康であったり，障害をもつにいたったりする。川上を是正しなければ，川下でいくら頑張っても，問題は解決しないのではないか。ディスアビリティ・マネジメント，健康経営では，川上も視野に入れなければならない。その意味では，ディスアビリティ・マネジメント，健康経営のベクトルは広大であって，人のウェル・ビーイング全般に係ってくる。つまり，従業者の職場内外のウェル・ビーイングが視界に入ってくる。少なくとも，ILOが主唱するディーセント・ワークに向けた努力が大切である。

　その意味での川上のほうになる労働条件の測定尺度としては，とくに長時間労働，残業時間，有給休暇・年休取得状況，過重労働などがある。そのほか，ワークライフバランス，パワハラの尺度もある。それらはディーセント・ワークの尺度でもある。より積極的には，職場のウェル・ビーイングを促進することも重要である。従業者が職場で自分のしごとの重要性を認知できていること，力の発揮機会があり，成長機会があると思っていること，周囲の人びとからの

期待を理解できていることが，ウェル・ビーイングの大きな内容である．そして周りに自分を励ましてくれる人，気に懸けてくれる人，ほめてくれる人，信頼できる人，努力している人がいるとき，そうしたウェル・ビーイングは大きくなる[33]．

ここでは，職場の問題だけにふれるが，それでもしごと・勤務のあり様，労働条件，職場の物的条件・環境や人間関係などの広範囲にわたる考慮事項がある．とりわけ，しごとの過重な容量，長時間労働，残業につぐ残業，なかなか取れない休日などはディスアビリティ・マネジメントの引き金になる．

8-2 RTWに向けて

前節では，ディスアビリティ・マネジメントの国際的な流れについて述べた．それは当初，企業での欠勤等による生産性の低下，コストアップを防ぐ企業的ニーズのために，それから従業者のウェル・ビーイングのために浮上したわけであるが，とりわけ最近はRTWがクローズアップされているとした．RTWのウエートが高まるにつれ，それは名実ともにディスアビリティ・マネジメントになってくる．しごと，職場から離脱した，離脱せざるをえなかった人を，ふたたびしごとに復帰させる取り組みであり，しごと復帰者数がディスアビリティ・マネジメントの重要な測定尺度として位置づけられる．そうして，ディスアビリティ・マネジメントは障害者雇用と通底することになる．

この点からすると，前述の健康経営はまだRTW問題にアプローチしていない．ただひとつの例外はコニカミノルタであった．もっとも，健康経営銘柄に選定されなかった企業の中には，RTWを熱心に推進しているケースもあったかもしれない．RTWプログラムの有無は，前述の国際的動向からすると，大きなポイントである．コニカミノルタの場合は，リハビリ勤務制度が運営されていて，フル勤務が可能となる正式復職までの間に最大3ヶ月のリハビリ勤務期間を設け，その期間のフォローを手厚くし，復職後の再発防止を図っているという．このリハビリ勤務制度の導入によって，再休務者数が，制度導入後の2012年度において対前年比で半減したという．

ディスアビリティ・マネジメントに関するスイス企業調査では，その進捗の測定尺度が取り上げられていたが，日本の企業の場合はどうか．健康保険組合

の１人当たりの医療費，傷病休職者や長期休職者数，特定保健指導対象者数のほか，有給休暇取得率，残業時間が尺度として挙がる場合が多い。また，BMI値，腹囲，血圧といった健康指標値あるいは喫煙率，モティベーション診断の結果なども挙がっている。

（注）
1) Bundesregierung (2007), *Bericht des Bundesregierung über die Wirkung der Instrumente zur Sicherung von Beschäftigung und zur betrieblichen Prävention.*
2) Bundesregierung (2007), Bericht, S.4.
3) Bundesregierung (2007), Bericht, S.25.
4) H. Cramer et al., (2011), *SGBIX-Kommentar zum Recht schwerbehinderter Menschen.*
5) M. Niehaus (Wissenschaftliche Projektleitung) (2008), *Betriebliches Eingliederungsmanagement: Studie zur Umsetzung des Betrieblichen Eingliederungsmanagements nach 84 Abs. 2 SGB IX.* Universität zu Köln.
6) R. Wynne & D. McAnaney (2004), *Employment and Disability: Back to Work Strategies.* European Foundation for the Improvement of Living and Work Condition.
7) ILO (2015), *Decent Work for Persons with Disabilities.* p.122.
8) T. Geisen & H. G. Harder (2011), *Disability Management and Workplace Integration: International Research Findings*, Elsevier London etc.
9) T. Geisen and H. Harder (edit.) (2011), *Disability Management and Workplace Integration: International Research Findings.*
10) http://www.ford.de/
11) G. C. Murphy & O'hare M. A. (2011), The Role of Workplace Social Support in Disability Management, in Geisen & Harder (edit.), *Disability Management and Workplace Integration: International Research Findings.*
12) H. G. Harder & L. R. Scott (2005), Comprehensive Disability Management, Elsevier.
13) Geisen et. al., Institut Integration und Partizipation der Hochschule für Soziale Arbeit FHNW (2008), *Disability Management in Unternehmen in der Schweiz.* Olten. S.4-5.
14) Wynne & McAnaney (2004), op.cit., p.30.
15) W. R. Wendt (2001), *Case Management in Sozial- und Gesundheitswesen*, Freiburg.
16) Institut Integration und Partizipation der Hochschule für Soziale Arbeit

FHNW (2008), *Disability Management in Unternehmen in der Schweiz*. Olten. この報告書の執筆者は T. Geisen, A. Lichtenauer, C. Roulin と G. Schielke である。
17) U. Gensby, M. Labriola, E. Irvin, B. C. Amick and T. Lund (2014), A Classification of Components of Workplace Disability Management Programs: Results from a Systematic Review, *Journal of Occupational Rehabilitation* 24.
18) Institut Integration und Partizipation der Hochschule für Soziale Arbeit FHNW (2008), o.o. S.62.
19) Harder & Scott (2005), op. cit., p.103.
20) J. Tradwell, R. Perez, D. Stuffs, J. W. McAllister, S. Stern, and R. Buzi (2015), *Case Management and Care Cordination: Supporting Children and Families to Optimal Outcomes*, Springer.
21) Harder & Scott (2005), op. cit., p.17.
22) Harder & Scott (2005), op. cit., p.19.
23) K. Levin (1943), Forces behind food habits and method of change. In : *The Problem of Changing Food Habits, Report of Committee on Food Habits*, Washington D. C., National Academy of Sicences.
24) D. J. Greenwood & M. Levin (1998), *Introduction to Action Research: Social Research for Social Change*, Sage. London.
25) F. Borda (2001), Participatory action research in social theory. in P. Reason & H. Bradbury (Eds), *Handbook of action research*, Sage London. : B. Genat (2009), Building emergent situated knowledges in participatory action research, *Action Research*. Vol. 7-1.
26) Genat, op. cit., p.114.
27) C. Randall & N. Buys (2011), Using Action Research to Develop Effective Disability Management Program, in Geisen & Harder (edit.), *Disability Management and Workplace Integration*.
28) (ビジネス)・プロセス・マッピング (BPM) あるいはビジネス・プロセス改善 (BPI) はシステム・エンジニアリングのひとつの技法であって、機能や手続ではなく、業務のプロセス、流れに着目して、複雑なプロセスを分析し、見える化し、改善を図ろうとするものである。BPM や BPI について多くの文献がある。
29) R. J. Stone (2002), *Human Resource Management*. 4th Edition Wiley, p.642.
30) 厚生労働省 (2013年)、平成19年労働安全衛生特別調査。
https://www.e-stat.go.jp/SG1/estat/GL08020101.do?_toGL08020101_&tstatCode=000001020508
31) 経済産業省ヘルスケア産業課 (2015年)、企業の「健康投資」ガイドブック・連携・協働による健康づくりのススメ。
http://www.meti.go.jp/policy/mono_info_service/healthcare/kenko_keiei_guidebook.htm

32) 経済産業省（2015年），平成26年度「健康経営銘柄」。
　　http://www.meti.go.jp/press/2014/03/20150325002/20150325002.html
33) 荒川区自治総合研究所（2015年），CSと職員のモティベーションに関する研究プロジェクト報告書，参照。
　　http://rilac.or.jp/wordpress/wp-content/uploads/2015/08/CSと職員のモチベーションに関する研究プロジェクト要旨.pdf

索　引

人　名

外国人名

Akilab ································ 78
Anderson, H. D. ······················ 129
Aristotle ···························· 36, 37
Arscott, K. ··························· 32
Banks-Smith, J. ······················· 31
Becker, G. S. ························ 123
Beethoven, Ludwig van ··············· 35
Biklen, D. ···························· 78
Bismark, O. E. L. ····················· 82
Borda, F. ···························· 271
Brentano, L. ······················· 57, 77
Briefs, G. ···························· 76
Buckingham, M. ······················ 77
Buys, N. ························· 271, 272
Chan, F. ······························ 32
Clifton, D. O. ························ 77
Cramer, H. ············ 73, 74, 78, 83, 99, 102
Cummins, R. A. ···················· 10, 32
Cunha, F. ······················ 31, 123, 126
Dagnon, D. ··························· 32
Davey, G. ···························· 32
Davidson, E. ························ 129
Di Tella ······························· 5
Edison, Th. A. ······················ 225
Emerson, E. ·························· 32
Engelhart, D. V. ···················· 82, 83
Fitoussi, J. P. ······················· 159
Form, W. H. ························ 129
Fuchs, H. ···························· 78
Galton, F. ·························· 38, 76
Garland, R. ················ 35, 36, 37, 75
Geck, L. H. A. ······················· 76

Geisen, T. ············ 252, 255, 256, 259, 265
Genat, B. ··························· 271
Gensby, U. ·························· 265
Greenwood, D. J. ··················· 271
Hall, D. T. ·························· 130
Harder, H. G. ···· 37, 38, 76, 252, 253, 268, 269, 276
Harris, P. ······················ 10, 32, 218
Hatton, C. ··························· 32
Heckman, J. J. ··················· 31, 123
Hensel, E. ······················ 9, 10, 31
Herrnstein, R. J. ················ 122, 124
Hinz, A. ························ 73, 74, 77, 78
Hirsch, S. ··························· 78
Januszewsky, B. ····················· 78
Jost, W. ····························· 76
Kroese, B. S. ····················· 31, 32
LaFontaine, P. A. ··················· 123
Layard, R. ························ 5, 31
Levin, K. ··························· 270
Levin, M. ·························· 271
Lochner, L. J. ······················ 123
Locu, D. ····························· 32
Maslow, A. H. ······················ 159
Masterov, D. V. ···················· 123
McGillivray, J. A. ················ 10, 32
Miller, D. C. ······················ 129
Miller, S. M. ························ 32
Murphy, G. C. ······················ 253
Murray, C. ···················· 122, 124
Niehaus, N. ························ 246
Nyman, S. R. ······················ 7, 31
O'hare, M. A. ······················ 253
Opp, G. ························ 74, 150
Oswald, A. J. ······················ 8, 31
Pfeiffer, J. P. ······················ 8, 31

283

Pinquart, M.	8, 31	石坂厳	76
Porter, M.	199	占部都美	76
Powdthavee, N.	8, 31	岡田昌治	77
Randall, C.	271, 272	小倉昌男	67
Reichwein, R.	58, 77	小沢あや女	192
Ritz, H. G.	78	川島聡	31
Roosevelt, Franklin, D.	35	酒井信治	215
Rose, J.	31	佐々木常和	76
Rubinstein, Y.	123	瀬口高雄	229
Ryff, C. D.	159	征矢紀臣	76
Scheidemann, F.	44	田口俊樹	77
Schein, E.	128, 129, 130	千葉敏生	77
Schennach, S. M.	123	辻井伸行	35
Schmoller, G.	45, 57, 76, 77	手塚直樹	76
Schwenger, R.	46, 78	富永晃一	76
Scott, L. R.	37, 38, 76, 253, 268, 269, 276	永野仁美	76
Seligman, M.	31	長谷川珠子	76
Sen, A.	159	林成之	135
Shapiro, J. P.	21, 24, 30, 32	増地庸治郎	76
Slee, R.	78	松井亮輔	31
Spalding, B.	78	宮城まり子	35
Stalker, K.	10, 32, 218	村田和彦	76
Stiglitz, J. E.	159	藻利重隆	76
Stiker, H. J.	37, 75, 76	森藤武	211
Stixrud, J.	123	山下清	35
Stone, R. J.	273	山田伊三郎	76
Super, D. E.	39, 76, 128, 129, 130, 147, 150		
Thalheim, K. C.	58, 77	事　項	
Timur	35	欧字・数字	
Todd, P. E.	123		
Udittsky, B.	78	1976年共同法定法	48, 73
Urzua, S.	123	6週間規制	249
Voigt, F.	77	ACE	60, 62, 64, 77
Wagner, A.	57, 77	ADA	108
Weddigen, W.	77	ADHD	134
Welch, J.	225	AGG	51
Yunus, M.	57, 77	BBW	151
		BEM	110, 243
日本人名		BGG	51
浅川智恵子	60	BIH	40, 56, 76, 104, 239

索 引

CMEPSP ·· 126
CMSA ··· 268
CSR ·· 60, 61, 254
EPFI ·· 68
ESG ·· 68
EU ··· 51
EU の基本的人権憲章 ································ 51
GdB ··· 27, 53
GdS ··· 27, 53
GdS 表 ·· 28
GE ·································· 225, 226, 227
GE ジャパン ·················· 225, 226, 227, 228
Heckman モデル ··· 80, 124, 126, 135, 150, 169
IDEA ··· 74
IDMSC ·· 252
ILO（国際労働機関）····· 2, 31, 32, 40, 69, 76, 77, 80, 91, 182, 206
IQ ·· 122, 123, 124
KMK ·································· 146, 147, 149
LD ··· 134
Niehaus 調査 ·· 246
OECD ·································· 73, 78, 79
PAR ··· 271
PRI ··· 68
PWB ·· 8, 159
PWI-ID ·· 10
QOL（Quality of Life）······ 10, 136, 137, 138
ROE ·································· 59, 67, 69
RTW ······················· 9, 14, 41, 71, 254
SRI ··· 68
SWB ··· 5, 159
VAMB ·· 233
WHO（世界保健機関）······ 12, 20, 22, 23, 25, 26, 32, 82, 83
WVO ·· 88

あ 行

愛の手帳（療育手帳）······················· 27, 124
愛の手帳所持者 ··· 19
アクション・リサーチ ······················ 270, 271

アメリカ・ケース・マネジメント協会 ··· 268
アメリカ人障害者法 ······························ 108
荒川区自治総合研究所 ······· 10, 31, 32, 33, 77
荒川区社会福祉協議会 ············ 164, 169, 197
荒川区障害者就労支援センター ··········· 197
荒川区民総幸福度 ·· 7
（荒川区立）荒川福祉作業所 ················· 169
アンヴァリッド事業所 ··· 47, 48, 96, 107, 162, 206
安全・衛生管理 ··························· 70, 71, 72
安全衛生推進者 ·· 273
安全管理者 ·· 273
医学モデル ·· 22
医学リハビリテーション ················ 67, 82, 84
医師意見書 ·· 27
一般教育 ·· 74
インクルーシブ学校 ································ 149
インクルーシブ教育 ··· 74, 109, 120, 138, 144, 149, 150
インクルージョン ············· 72, 73, 74, 75, 114
インテグレーション ····· 50, 51, 72, 73, 74, 114
インテグレーション企業 ···· 96, 106, 107, 206, 231, 234
インテグレーション機構 ······· 40, 98, 99, 113, 114, 115
インテグレーション協定 ····· 74, 109, 248, 110
インテグレーション計画 ············· 178, 234
インテグレーション事業所 ··················· 96
インテグレーション専門支援員 ····· 102, 248
インテグレーション・チーム ··· 238, 248, 251
インテグレーション・プロジェクト ····· 106, 107, 108, 230, 231, 238
インテグレーション・マネジメント ······ 41, 71, 109, 110, 232, 243, 244, 245, 246, 247, 249, 251
インフォーマル経済 ································ 38
ウェル・ビーイング ··· 3, 4, 5, 7, 9, 10, 23, 72, 80
ウォーキングキャンペーン ··················· 276
衛生管理者 ·· 273

エフピコ ……………………… 219, 220, 223
エフピコグループ ………………………… 223
エモーショナル・インテリジェンス …… 124
エンプロイアビリティ …… 120, 121, 178, 179
親なき後 …………………………… 10, 187
親の会 …………………………… 165, 188

■■■ か 行 ■■■

解雇告知期間 ……………………………… 43
解雇制限 …………………………………… 49
解雇保護 ………………………………… 113
外的ディスアビリティ・マネジメント … 255
快適な職場環境 ………………………… 273
学習 ……………………………………… 121
学習障害 ………………………………… 134
学校教育法 ……………… 133, 136, 144, 153
かながわモデル ……………… 202, 209, 210
かみ合った職業教育 ……………… 233, 234
がん検診 ………………………………… 277
企業アクセシビリティ・コンソーシアム
  …………………………………………… 60
企業グループ算定特例 …………………… 95
企業権力の正当性 ………………………… 58
企業の社会的責任 …………………… 60, 61
基礎自治体 ……………… 196, 197, 198
技能検定 ………………………………… 122
義務教育化 ……………………………… 166
義務的しごとポスト ……………… 92, 93, 99
客観的QOL ……………………………… 136
キャリア・アンカー ……………………… 131
キャリア・ステージ ……………………… 128
キャリア発達 …………………………… 128
救護学校 ………………………………… 146
教育相談会 ……………………………… 146
教科クラスター ………………………… 136
協議権 …………………………………… 180
共同決定権 ……………………………… 180
禁煙キャンペーン ……………………… 276
金属労働組合（IGメタル） …………… 231
クォータ・システム …… 41, 57, 80, 81, 91, 99

経営協議会 …… 44, 49, 56, 110, 111, 112, 113,
  180, 247, 264
経営協議会法 …………………… 43, 44, 45, 48
経営協議会法補足法 ………………… 44, 48
経営協定 ………………………………… 112
経営社会政策 …………………… 38, 58, 58, 76
経営社会政策の経済化 ………………… 58, 59
経営社会政策論 …………………… 46, 57, 58
経営組織法 …………………… 48, 88, 111, 180
経過的福祉手当 ………………………… 187, 192
経済協力開発機構 ……………………… 79
ケース・マネジメント …… 262, 268, 269, 270
ケーパビリティ ……………… 125, 128, 159
ケーパビリティ・アプローチ ………… 126
健康維持組織法 ………………………… 268
健康管理 ……………………… 70, 71, 72, 273, 274
健康経営 ………………………………… 274
健康経営銘柄 …………………………… 272
健康診断 ………………………………… 274
広域障害者職業センター ……………… 86
公益財団法人ヤマト福祉財団 ……… 187
公共職業安定所 ……………… 54, 67, 86, 114, 195
公共職業安定所長 ……………………… 114
合計特殊出生率 ………………………… 244
公正な費用 ……………………………… 256
工賃 …………………………… 182, 183, 184, 185
工賃向上計画 …………………………… 185
工賃倍増5か年計画 …………………… 184
合同会社セグチパッケージ …………… 229
校内職場体験 …………………………… 138
鉱夫共済金庫 …………………………… 38
幸福 ………………………………………… 5
合理的配慮 …… 69, 72, 81, 108, 109, 110, 111,
  171
高齢者雇用 ……………………………… 11
コーディネータ ………………………… 240
コーポレート・ストラテジー ………… 218
国際障害者年 …………………………… 3, 166
国際障害者年行動計画 …………………… 3
国際ディスアビリティ・マネジメント

286

標準協議会 …………………… 252
国立社会保障・人口問題研究所 ……1, 11, 32
国連の環境計画・金融イニシアティブ … 68
個人別教育計画 ………………… 74
個人別割増金 …………………… 180
個人予算制 ……………………… 83
国家資格 ………………………… 122
子どもの相対的な貧困率 ………………… 2
子どもの貧困・社会排除 ………………… 1
コミュニティ企業 ……………… 191
雇用型ジョブコーチ …………… 106
雇用契約 …………………… 161, 179
コラボレーション ………… 103, 269
コンプライアンス ……………… 60, 61

さ 行

サービス管理責任者 …………… 172
最低賃金 …………… 183, 209, 214
最低賃金法 ……………………… 183
作業所協議会 …………… 88, 171, 180
作業所契約 ……………………… 179
作業所施設長 …………………… 169
作業所通達 ……………………… 88
作業所ボンエルフ ……………… 168
差別的納付金システム ………… 98
参加 ……………………………… 3, 72
参加的アクション・リサーチ … 272
産業医 ……………… 245, 247, 273
産業クラスター ………………… 199
産業心理学 ……………………… 128
シーメンス ……………………… 236
シェルタード・エンプロイメント …80, 162, 201, 206
シェルタード・ワーク ………… 162
支援区分 ………………………… 41
支援重点 …………………… 147, 148
支援付就労 ……………………… 102
自我観念 …………… 128, 129, 130, 131
視覚障害 …………………… 7, 8, 28, 41
事業協同組合等の算定特例 …… 96

事業所 ………………………… 44, 45, 47
自己資本利益率 ………………… 58, 59
自己生産性 ……………………… 125
しごと能力 …………………… 79, 121, 122
しごと復帰 …………………… 9, 41, 71
「しごとへの適応」プロジェクト … 234, 235
しごとポスト …………… 42, 92, 93, 97
肢体不自由 ……………………… 28
実雇用率 ………………………… 95
指定管理制度 …………………… 169
児童福祉法 ……………………… 126
自閉症 …………………………… 134
社会協同組合 …………………… 191
社会支出 ………………………… 13
社会責任 ………………………… 254
社会責任投資 …………………… 68
社会福祉法人 …………………… 87
社会福祉法人荒川のぞみの会 … 167
社会福祉法人めだかすとりいむ …183
社会法典第9編・障害者のリハビリテーションと参加 ……… 26, 40, 42, 56, 70
社会保障給付費 ………………… 13, 14
社会保障費 ……………………… 13
社会モデル ……………………… 22
就学前教育 ……………………… 127
従業者代表 ……………………… 43
重度障害 …………………… 41, 42, 43, 52
重度障害者委員会 ……………… 44
重度障害者雇用調整（負担）金 …50
重度障害者雇用法 … 40, 41, 43, 44, 46, 48, 49, 50, 52, 55, 57, 65, 70, 97, 112
重度障害者代表 ……… 110, 112, 113, 247, 264
重度障害者代表選挙 …………… 112
重度障害者多数雇用事業所 …… 66
重度障害者法 …………………… 50, 51, 92
重度心身障害者福祉手当 …… 186, 187, 192
就労アシスタンツ ……………… 102
就労移行支援 …………… 89, 162, 164
就労移行支援事業 ……………… 175
就労継続支援A型 …………… 91, 164

就労継続支援B型 …… 90, 120, 164, 167, 174, 175, 184, 191
就労支援員 …………………………… 172
就労支援クラスター … 153, 209, 210, 240, 270
就労弱者 ……………………………… 1, 2
主観的QOL …………………………… 136
主観的ウェル・ビーイング …………… 5
受診率 …………………………… 274, 275
障害 ………………………… 1, 17, 21, 30
障害カテゴリー ……………………… 27
障害基礎年金 …………………… 185, 186
障害グレード ……………… 27, 28, 41
障害児福祉手当 ………………… 187, 192
障害者基本法 ………………………… 24
障がい者給料増額支援助成金 ……… 187
障害者権利条約 …… 3, 4, 71, 73, 108, 119, 243
障害者個人教育法 …………………… 74
障害者雇用促進法 ……… 15, 70, 81, 85, 94, 99, 114, 195, 211, 228
障害者雇用調整金 …………………… 179
障害者雇用調整金等・納付金 ……… 97
障害者雇用の制度的枠組み ………… 79
障害者雇用の内部化 ………………… 59
障害者雇用連携ネットワーク会 …… 221
障害者作業所 …… 48, 87, 88, 89, 93, 104, 177, 178, 180, 181, 191
障害者差別解消法 …………………… 110
障害者就労支援センター ……… 224, 225
障害者職業総合センター …………… 86
障害者職業能力開発校 ……………… 156
障害者自立支援法 ……… 86, 89, 162
障害者総合支援法 …… 26, 27, 81, 86, 89, 173
障害者対等法 ………………………… 51
障害者手帳 …………………………… 27
障害者白書 …………… 15, 17, 19, 56
障害者報告書 ………………………… 56
障害者優先調達法 …………… 66, 188
障害に係る欠格条項 ………………… 122
障害の程度区分 ……………………… 41
障害予防 ……………………………… 71

小学校令 ……………………………… 132
小規模通所授産施設 …………… 167, 184
少子高齢化 …………………………… 11
情緒障害 ……………………………… 134
情報権 ………………………………… 180
職員協議会 …………………… 112, 247, 264
職業開発学校 ………………………… 201
職業学校 ………………………… 144, 148
職業教育 ……………… 151, 178, 179, 181
職業教育実習所 …………… 151, 152, 233
職業教育と実務のかみ合わせ ……… 151
職業訓練 ………………………… 86, 87
職業訓練手当 …………………… 179, 180
職業指導 ……………………………… 86
職業指導員 …………………………… 172
職業紹介 ………………………… 52, 86
職業セラピー ………………………… 82
職業相談 ……………………………… 150
職業能力開発校 ……………………… 156
職業リハビリテーション … 39, 67, 80, 81, 85, 86, 178, 179
職場委員 ……………………………… 43
職場定着支援 ………………………… 153
職場適応援助者 ……………………… 101
職場（workplace）におけるディスアビリティ・マネジメント ……… 70, 252, 254
職場のウェル・ビーイング …………… 277
職務明細書 …………………………… 122
職務分析 ……………………………… 122
所得保障 ……………………………… 186
じょぶ・あらかわ ……… 197, 198, 199, 203
ジョブコーチ ……… 101, 182, 198, 225
ジョブ-バリアフリーのジョブ …… 152, 231, 235, 236
自立訓練（生活訓練）……… 91, 163, 164, 173
人権ベース・アプローチ …………… 73
人口減少社会 ………………………… 11
心身障害者福祉手当 ………… 186, 187, 192
心身障害者扶養年金 ………………… 187
身体障害 …………………… 19, 25, 28, 30

身体障害者雇用審議会 …………… 52, 54
身体障害者雇用促進法 … 4, 52, 53, 54, 55, 56,
　93, 99
身体障害者採用計画 ……………………… 53
身体障害者手帳 …………………………… 27
身体障害者手帳所持者 ……………… 17, 19
身体障害者福祉法 …………………… 25, 27
人的資源管理 ………………… 75, 253, 273
人的投資 ………………………………… 123
信用組合 ………………………………… 191
心理的ウェル・ビーイング ……………… 8
ストレスチェック ……………………… 277
ストレングス・ファインダー …… 62, 235
スミス・ヒュジス法 ……………………… 39
スミス・フェス法 ………………………… 39
生活援護主局 ……… 40, 41, 42, 43, 49, 50, 97
生活訓練 ………………………………… 176
生活支援員 ……………………………… 172
生活実習所 …………………… 156, 157, 162
生活習慣病検診 ………………………… 277
生活の質 …………………………………… 10
生活保障給付 ……………………………… 84
精神障害 …………………… 19, 25, 30, 39
精神障害者保健福祉手帳 ………………… 27
精神障害者保健福祉手帳所持者 ………… 19
精神保健及び精神障害者福祉に関する法律
　　　　　　　　　　　　　　　　　　25
制度的環境 ………………………………… 65
世界保健機関（WHO）………………… 12
責任投資原則 ……………………………… 68
積極組織 ………………………… 233, 236
積極的労働市場政策 ……………………… 14
戦傷者 ………………………… 3, 39, 41, 52
戦傷者福祉 ………………………………… 40
専門支援員 ………………………… 104, 105
総括安全衛生管理者 …………………… 273
ソーシャル・インテリジェンス ……… 124
ソーシャル・エコノミー ……………… 191
ソーシャル・ダーウィニズム …………… 38
ソーシャル・ビジネス …… 59, 65, 70, 191

た 行

第3セクター …………………………… 191
対等の扱いに関する一般法 ……………… 51
ダイナミックな相補性 ………………… 125
ダイバーシティ …… 22, 30, 60, 72, 75, 223, 228
ダイバーシティ企業100選 …………… 218
多機能型事業所 ………………… 162, 172, 183
ダックス ………………………… 219, 221, 223
短時間労働 ………………………… 93, 109
地域活動支援センター ………………… 183
地域障害者職業センター ……… 86, 105, 196
知的障害 ………………… 10, 19, 25, 28, 30, 41
知的障害者福祉法 ………………………… 25
知能指数 ………………………………… 122
注意欠陥多動性障害 …………………… 134
長時間勤務者検診 ……………………… 277
調整ファンド ……………………… 98, 108
賃金 ……………………………………… 183
通級指導学級 …………………………… 144
ツー・グループ・モデル ………… 74, 146
ディーセント・ワーク ………… 182, 277
定期健康診断 …………………… 274, 275
ディスアビリティ・マネジメント ……… 13, 14,
　26, 69, 70, 71, 72, 80, 238, 252, 253, 260
適応訓練 …………………………… 52, 55
デフォーミティ ……………………… 36, 37
デュアルシステム ……… 144, 147, 148, 151
電機連合 ………………………… 172, 177
電機労連 ………………………………… 172
ドイツ労働総同盟（DGB）…………… 231
東京都王子福祉作業所 ………………… 169
東京都保健福祉局 ………………………… 33
特定職種 …………………………… 52, 54
特定非営利活動法人 ……………………… 87
特別教育 ………………………………… 132
特別支援学級 …………………… 133, 144
特別支援学校 …… 67, 133, 136, 147, 152, 208, 224
特別支援教育 ……………… 74, 80, 119, 148

特別支援教育介助員 ……………… 145
特別支援教育支援員 ……………… 145
特別障害者手当 ………………… 186, 187, 192
特例子会社 ………… 48, 95, 96, 206, 207, 219
図書館流通センター ……………… 224
トライアル雇用 ………………… 65, 181, 204

■ な 行 ■

内的ディスアビリティ・マネジメント … 255
難病 …………………………………… 26
二重の障害者雇用率 ……………………… 54
日本IBM株式会社 ……………………… 60
入所手続 ……………………………… 178
乳幼児健診 …………………………… 26
人間疎外問題 ………………………… 76
人間ドック …………………………… 277
人間モデル …………………………… 22
認知エリート ………………………… 124
認知力 …………………… 123, 124, 125, 126
ねむの木学園 ………………………… 35

■ は 行 ■

バイエルン州の「学校教育法」 …… 146, 147
バイオーサイコーソーシャル・モデル … 22, 24
配置型ジョブコーチ …………………… 105
発達障害 ……………………………… 25
発達障害者支援法 …………………… 134
ハビリテーション ……………………… 82
ハローワーク ………………… 196, 198, 224, 230
非規制的就労促進キャンペーン ………… 80
ビジネス・キャリア制度 ……………… 122
ビッグセブン …………………………… 5
非認知力 ……………………… 124, 125, 126
ヒュンゲリンク・ロウター ……… 234, 235
費用補償 ……………………………… 65
貧困の連鎖 ……………………………… 2
ファクトリー・ガバナンス …… 44, 45, 180
フォード有限責任会社 ………………… 59
福祉作業所 ……… 48, 66, 120, 161, 171, 172, 180, 183, 185, 187, 189, 190
福祉的就労 …………… 154, 155, 161, 162
副籍制度 ………………………… 67, 77
不当な差別的取扱い ………………… 110
プレボブ・プロジェクト ……………… 235
プロテウス・キャリア・モデル ……… 130
兵士リハビリテーション法 ……………… 39
ヘイルブロン知的障害者・身体障害者
（登録）作業所 ………………… 179
ベスト・プラクティス ………………… 63
ベストプラクティス企業 ……………… 75
ヘッセン・モデル ……………… 181, 182
ヘドニック・トレッドミル ……………… 8, 9
ベトリーブ ……………………………… 45
包括的QOL尺度 ……………………… 10
法定雇用率 ………… 15, 46, 94, 96, 100, 101
訪問型ジョブコーチ ……………… 105, 106
ホーフグート・ヒムメルライヒ ……… 237
ぽこ・あ・ぽこ ……………………… 172
保護者会 ………………………… 89, 188
ポジティブ心理学 ……………………… 7, 62
補償経営 ……………………………… 65

■ ま 行 ■

マザーズ・ハローワーク ………… 198, 199
マネジメント ………………………… 266
満足度調査 …………………………… 142
メタボ対策 …………………………… 277
メトロ（METRO）グループ …… 233, 236
メンタルヘルス ……………………… 277
盲唖学院 ……………………………… 132
盲学校及聾唖学校令 ………………… 132
モンタン共同決定法 …………………… 48

■ や 行 ■

ヤマト福祉財団 ………………………… 67
有所見率 ………………………… 274, 275
優生学 ………………………………… 38
優生原則 ……………………………… 36
ヨーロッパ社会憲章 …………………… 51

索　引

ヨーロッパ連合 ……………………… 51
予防 ………………………………… 245
読み上げアプリ ……………………… 62

▧　ら　行　▧

ライフ・サティスファクション ……… 5, 7, 8
楽善舎 ……………………………… 132
リスクマネジメント ………………… 275
リハビリテーション ……………… 82, 83
リハビリテーションの給付機関 ……… 83
療育手帳 …………………………… 27, 124
利用者の自治会 …………………… 171
連邦雇用機構 …………… 93, 103, 115, 116

老後の保障 …………………………… 40
労働安全衛生法 ……………… 70, 273, 274
労働基準法 ……………………… 120, 273
労働協約 …………………………… 112
労働組合 …………………… 165, 172
労働災害 …………………………… 41, 70
労働災害発生状況 …………………… 70
労働力人口 ………………………… 12

▧　わ　行　▧

ワーク・リテンション ……………… 70, 71
ワイマール時代 …………………… 44, 45

291

〈著者紹介〉

二神恭一（ふたがみ・きょういち）

公益財団法人荒川区自治総合研究所理事・所長，あらかわ経営塾長，早稲田大学大学院商学研究科博士課程修了，商学博士，同大学名誉教授，しごと能力研究学会名誉会長，ほか。
主著：『西ドイツ企業論』（東洋経済新報社，1971年），『参加の思想と企業制度』（日本経済新聞社，1976年），『産業クラスターの経営学』（中央経済社，2008年），編著『ビジネス・経営学辞典』（中央経済社，1997年），『人材開発辞典』（キャリア・スタッフ，1998年）など。

二神常爾（ふたがみ・つねじ）

1991年東京大学大学院理学系研究科博士課程修了（理学博士）。荒川区区政調査専門員，聖学院大学非常勤講師，早稲田大学非常勤講師。しごと能力研究学会，日本工学教育協会，留学生教育学会他正会員。
主著：「子どもの貧困・社会排除問題からみた『しごと能力』」『しごと能力研究』2014年2号（共同執筆）。

二神枝保（ふたがみ・しほ）

横浜国立大学大学院国際社会科学研究院教授，京都大学経済学博士，チューリッヒ大学客員教授，ILO（国際労働機関）客員教授，WHU客員教授，ボルドー・マネジメント・スクール客員教授，ケッジ・ビジネス・スクール客員教授，日本学術会議連携会員。
主著：『人材の流動化と個人と組織の新しい関わり方』（多賀出版，2002年），Shiho Futagami et al., *Economic Integration in Asia: Towards the Delineation of a Sustainable Path* (Palgrave Macmillan, 2014) など。

障害者雇用とディスアビリティ・マネジメント

2017年2月25日　第1版第1刷発行

著者　二神恭一
　　　二神常爾
　　　二神枝保
発行者　山本　継
発行所　㈱中央経済社
発売元　㈱中央経済グループ
　　　　パブリッシング

〒101-0051　東京都千代田区神田神保町1-31-2
電話　03 (3293) 3371 (編集代表)
　　　03 (3293) 3381 (営業代表)
http://www.chuokeizai.co.jp/
印　刷／㈱堀内印刷所
製　本／誠製本㈱

© 2017
Printed in Japan

＊頁の「欠落」や「順序違い」などがありましたらお取り替えいたしますので発売元までご送付ください。（送料小社負担）
ISBN978-4-502-20161-5　C3034

JCOPY〈出版者著作権管理機構委託出版物〉本書を無断で複写複製（コピー）することは、著作権法上の例外を除き、禁じられています。本書をコピーされる場合は事前に出版者著作権管理機構（JCOPY）の許諾を受けてください。
JCOPY〈http://www.jcopy.or.jp　eメール：info@jcopy.or.jp　電話：03-3513-6969〉

一般社団法人 日本経営協会 [監修]　特定非営利活動法人 経営能力開発センター [編]

経営学検定試験公式テキスト

経営学検定試験（呼称：マネジメント検定）とは，経営に関する知識と能力を判定する唯一の全国レベルの検定試験です。

1　経営学の基本（初級受験用）

2　マネジメント（中級受験用）

3　人的資源管理／経営法務（中級受験用）

4　マーケティング／IT経営（中級受験用）

5　経営財務（中級受験用）

キーワード集

過去問題・解答・解説　初級編

過去問題・解答・解説　中級編

中央経済社